小微企业管理模式构建与创新

SMALL AND MICRO ENTERPRISE MANAGEMENT SYSTEM CONSTRUCTION AND INNOVATION

一本合伙人、创业者、老板、管理者和员工必读的书

苏怀川 编著

成都时代出版社
CHENGDU TIMES PRESS

图书在版编目（CIP）数据

小微企业管理模式构建与创新 / 苏怀川编著. ——成都：成都时代出版社, 2016.4
ISBN 978-7-5464-1619-9
Ⅰ. ①小… Ⅱ. ①苏… Ⅲ. ①中小企业－企业管理－管理模式－研究 Ⅳ. ①F276.3
中国版本图书馆 CIP 数据核字(2016)第 065025 号

小微企业管理模式构建与创新
XIAOWEIQIYE GUANLIMOSHIGOUJIAN YU CHUANGXIN

苏怀川 编著

出 品 人 石碧川
责任编辑 张 露
责任校对 李 航
装帧设计 成都蓉创文化传播有限责任公司
责任印制 干燕飞
出版发行 成都时代出版社
电 话 （028）86619530
（028）86615250
网 址 www.chengdusd.com
印 刷 成都童画印务有限公司
规 格 210mm×285mm
印 张 26
字 数 510 千
版 次 2016 年 5 月第一版
印 次 2016 年 5 月第一次印刷
书 号 ISBN 978-7-5464-1619-9
定 价 298.00 元

“世界这么大，问题这么多”
我（们）该怎么办？
为大众创业助力前行，添砖加瓦。
为小微企业健康运行，插上翅膀。
请人吃饭，不如请人读书，
生意难做，不如好好学习。
——小微企业规范管理可鉴范本

作者简介

苏怀川

1989年成都成人教育学院政教专业毕业。1991年被破格评为“政工师”，曾先后获市“优秀宣传工作者”“优秀政工干部”等称号。先后10余篇论文获全国、省、市优秀奖。1993年在国有企业从事企业管理工作。1995年毕业于四川省委党校经济管理系，之后，先后在国有、股份、民营企业、事业单位担任经营管理领导职务，具有20多年的实际经营管理经验。为大量企业和政府项目作过企业经营管理咨询诊断和项目策划，为数家企业定制设计管理模式，并担任企业顾问。

《小微企业管理模式构建与创新》是作者为适应市场经济的需要和现代企业制度的要求，响应大众创业、万众创新的号召，在学习借鉴和吸取前人先进管理方法之精华，运用现代企业管理的理论、方法，总结作者长期理论研究和实践经验的基础上，根据各类小微企业成长的过程、目前的状况和未来发展的态势而专门编著的，具有较强的针对性、引导性、实效性和操作性；此抛砖引玉，为小微企业规范管理、健康发展尽微薄之力。欢迎专家、学者、管理者指教。

序 言

让小微企业在规范管理轨道上健康运行

据媒体报道，在这大众创业、万众创新的时代，全国平均每天新增注册企业 10 万户，仅成都市作为全国小微企业创业创新基地示范城市以后，2015 年上半年就新增小微企业 37801 户，平均每天新登记 646 户； 新增注册资本 3546.58 亿元人民币；实有市场主体 1146352 户，总注册资本 24470.54 亿元人民币。最近国务院又出台“四众” 政策，更是使小微企业数量不断猛增。然而，作为企业的两大主题——管理和经营，许多企业却“成在经营、败在管理”上；特别是小微企业忙于经营的同时，却忽略了管理的重要性。

正如此，《小微企业管理模式构建与创新》这本书力求为小微企业解燃眉之急并达到以下效果：(1)权威性。这本范例都是经过许多企业应用完善后长期管理实践的结晶，是小微企业规范管理的模板。(2)借鉴性。范例不过多地纠缠管理思想和管理理念，更多地注重具体的管理方法，更直观地显示其操作性，以便为小微企业提供一个可操作的指导；而配套的管理制度范例为小微企业建章立制，规范制度管理提供了通用范本。(3)实用性。管理模式部分是为小微企业提供管理方法和标准流程模板，管理制度部分则是为小微企业制定规章制度提供参考借鉴范本，不仅具有参考价值，而且具有实用价值。

企业管理问题是制约企业生存发展的重要原因之一。之所以许多企业出现“流星”现象，其失败的原因虽然各有不同，但有一点是相同的，那就是企业存在内部管理混乱、失控失效的问题。这说明加强和改善企业管理已成为小微企业的当务之急。愿本书能为小微企业建立一套适合本企业的管理模式尽一份绵薄之力。

企业管理千头万绪，错综复杂，建立管理模式是小微企业必须要做的事情。但是，作为企业和管理者，最核心的一点是对人的管理、对人的尊重。写下这段话，作为本书的开篇，借此抛砖引玉。

管理赢天下

——小微企业需要建立管理模式

大众创业，万众创新。小微企业迅猛发展，无数小微企业在政策的感召下，踏入创业之路，以灵活的经营机制，在艰难的创业过程中，渡过了一个又一个难关，克服了一个又一个困难，及时抓住机遇，不断成长。然而，小微企业却面临管理不规范、不到位的困惑。为了解决小微企业对规范管理的迫切需求，作者特编写了这本《小微企业管理模式构建与创新》，供小微企业鉴用。曾几何时，随着市场经济的深入发展、竞争的加剧、企业规模的变大，经历了自身数次的“蜕变”，在成长的过程中，企业在管理上暴露出的问题越来越多，如不及时革故自新，实施有效管理，就很难在竞争中取胜，难使企业站稳脚跟、再创辉煌。

据美国专业信用分析公司多年来对破产企业的调查分析，他们发现几乎90%的企业都是由于管理不善造成的。如企业战略、管理认识、治理体系、激励机制、约束监督等的缺失，使许多企业不适应新常态的要求，出现危及企业生存的状况。而我们周围不少企业失败的原因尽管很多，各有各的难处或困境，但有一条却惊人的相似，那就是“疏于管理、荒于经营”，缺乏一套科学的管理模式。“兴于机遇、衰于管理”几乎成了这类企业所共有的规律。这是经验和教训的证明，更是公认的事实。管理赢天下，已被越来越多的老板和管理者所认识，从而更加证明了“成在经营，败在管理”的正确性。

如果说经营打通了通往财富的途径，那么管理则是决定能否真正攫取财富的基础，二者不可偏废。经营渗透着管理，管理覆盖着经营。所以，一个企业不仅要经营得好，更要管理得好。管理是企业的命脉，你不创新，别人在创新，你就会落后，就会被无情的市场淘汰。所以，无论从经营上讲，还是从管理上说，做完一件事很容易，做对一件事难、做好一件事就很难。

管理无小事，创新是大事。管理是个系统工程，管理的每一个事件无论大小都具有关联性，事事相关，环环相扣，一件“小事”失控、错乱必会影响全局；一点失误，步步被动，其害就大了。管理还具有整合性，即所做的每一件小事未必会有立竿见影的效益，但尽量做好每一件小事就会显示出“1+1＞2”的整合放大效应；而创新是企业生命之源，生存发展和兴旺发达之本。所以，经营要创新，管理更要创新；否则，我们的经营管理水平、干部职工素质将无法提升，我们的效率和效益无法提高。

企业必须建立一套全新的、适合自身发展的、实用有效的、科学的管理模式。首先要根据企业自身情况设计管理模式，这是企业运行的核心。那么什么样的企业适合建立管理模式？①企业要有强烈的发展欲望；②新兴的企业必须建立管理模式；③高速发展的企业必须建立管理模式；④重组、改造、国有企业必须建立管理模式；⑤“一把手”要有管理投入的理念、决心和信心；⑥企业要有规范运作、持续稳定发展的清醒认识。新兴企业需要建立管理模式，股份制企业需要完善管理模式，企业集团需要统一管理模式，国有企业需要改造管理模式，事业单位需要更新管理模式，承续企业需要创新管理模式。这不仅是企业信息化、国际化、连锁化、法制化、现代化的需要，更是企业自我复制、管理创新、生产要素、企业职工的需要。

企业不仅要生存，更要发展。大众创业、万众创新的新形势不允许我们固步自封、艰难维持，而是要我们跟上时代步伐，与时俱进，转型创新，这正是我们必须建立管理模式的至切至真的原因。而管理模式需要专业化设计，就像你的工程、你的产品一样，需要专业的设计，而这比厂房、工程、设备更重要、更复杂、更精细。

而小微企业无论是在初创期间，还是承续期间，大多又不愿花钱请专业公司设计，有鉴于此，为适应新常态下解决小微企业之需，作者特为小微企业编写了这本《小微企业管理模式构建与创新》。小微企业用买本书的钱就可建立一套自己的管理模式。这套管理模式是为适应新常态下市场经济的需要和现代企业制度的要求，运用现代企业的理论、方法，在吸取先进管理之精华，总结设计者长期理论研究和实践经验的基础上，根据各类企业成长的过程、目前的状况和未来发展的需要而专门编写的，具有较强的针对性、引导性、指导性、独特性、实用性和操作性；前期数家企业运用后，效果彰显，备受称赞；当然，企业在实施过程中，需要得到老板和各级管理者坚定不移的推行，并在实践中根据企业自身情况增添内容，被予以不断完善和有效执行，使企业在新常态下，管理规范创新，经营转型升级，始终处于管理的领先地位，经营立于不败之地，有所作为，业绩大升，上下肯定，同行借鉴。

内容简介

成在经营，败在管理。如何让小微企业打破成功率较低这一宿命？如何让小微企业走上规范管理的正确道路？如何让小微企业建立一套自己的管理模式？……《小微企业管理模式构建与创新》满足你对管理的迫切需求和渴望！

管理模式需要专业的设计。本书作者曾为迪康药业、科迪置业、攀钢成都销售公司南充办事处、南充攀信等企业量身定制设计管理模式，在这些企业实施后，都效果彰显、备受称赞。

本书分为上、中、下3篇：

上篇注有引言，为《小微企业管理模式十大系统》，分为组织系统、文化系统、指挥系统、联络系统、预算系统、激励系统、约束系统、人才系统、治理系统、创新系统；

中篇为《小微企业部门职能及岗位描述》，分为部门职能和岗位描述范例；

下篇有前言《小微企业基本管理制度汇编》，分为五个部分：第一部分行政管理制度，第二部分财务管理制度，第三部分人事管理制度，第四部分安全管理制度，第五部分后勤管理制度。小微企业可根据企业需要增篇。

作者为南充攀信公司做管理模式培训

目 录

上篇 小微企业管理模式十大系统

第一部分 组织系统

第二部分 文化系统

第三部分　指挥系统

第四部分　联络系统

第六部分 预算系统

第七部分 激励系统

第九部分　治理系统

中篇　小微企业部门职能及岗位描述

第一部分 小微企业部门职能

第二部分 小微企业岗位描述

下篇 小微企业基本管理制度汇编

第一部分 行政管理制度

第二部分 财务管理制度

第三部分 人事管理制度

第四部分 安全管理制度

第五部分 后勤管理制度

附录 企业评价

上　篇

小微企业
管理模式十大系统

第一部分　组织系统

一、企业模型

当企业发展到一定程度时，组织一定是必须的。它是由企业内外成员共同组成的科学的企业结构。它需要根据企业特点，确立科学的决策机构，构筑企业模型；根据企业员工的能力，平等合理分工；根据岗位描述，按上下级关系述职。

原则：

（1）一个上级的原则；

（2）责任一致的原则；

（3）既无重叠又无空白的原则。

▲ 组织系统表：

组织系统表用机构图和岗位图来表示，分别显示部门之间的关系和岗位之间的关系。机构图中所描述的是组织而不是职务，与其相联系的是部门职能；岗位图上所描述的是人所承担的职务，与其相联系的是责任和权力。它非常像一棵根深叶茂的树，又叫“管理树”。它构成管理系统的框架和支撑。在管理体系良好的企业内部墙上，都有一幅制作精良的管理树图表。在管理树上，各部门都有确切的位置；从总经理到基层员工，每一位都能在管理树上找到自己唯一确定的位置。

组织系统中的机构图和岗位图是企业管理系统中同时产生、互相一致、但又本质不同的网络图。小微企业可根据自身目前情况设计适应自己的机构图和岗位图。

例：这是根据××公司的需要，主要设三大经营部门（“业务”“综合管理”和“开平厂”）和两大控制部门（“财务”和“办公室”）。前期××公司按这五大部门进行运作，待发展到一定阶段时再根据情况分设和增加。

××公司机构图

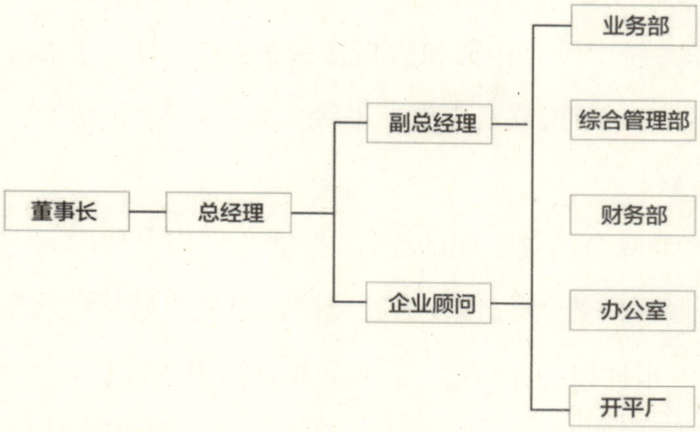

××公司岗位图

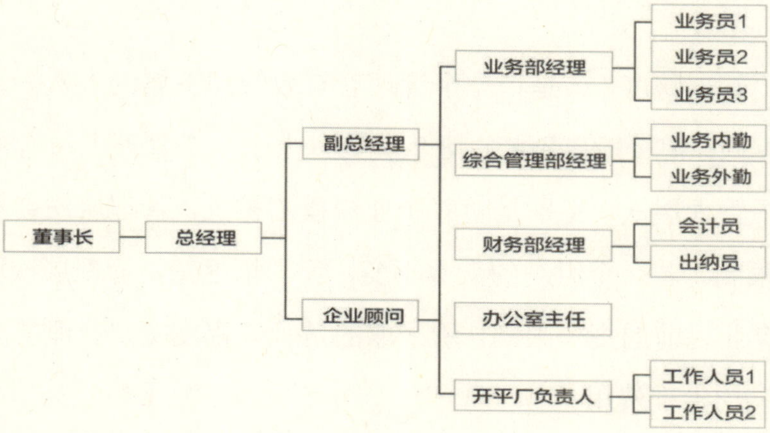

1. 组织系统表五大要素说明

部门、岗位、编制、级别、指挥线是组织系统表的五大要素。

• 部门——指企业组织结构具有独立职能的工作单元组合。

• 岗位——把所有的任务分工制定的一套相应的职位结构，而其中某一具体职位，简称“岗位”。岗位要注意两点：（1）所有岗位都在表内；（2）组织系统表内不能找到自己位置的人，不能在企业里发号施令。

• 编制一根据组织结构，人员定额设置每个岗位的数量。

• 级别—是指企业管理系统上下左右之间的权力划分以及实施领导职能的等级形式，是企业的一种领导体制。级别的特点有六种：（1）不同岗位位于同一层次，表示这些职务有同一级别；（2）级别与工资待遇可以有联系，但不一定相互对应；（3）上下级别之间如没有指挥线相连，在正常工作系统中没有指挥和被指挥的关系；（4）在临时组合或非正常系统的情况下，下级服从上级；（5）在礼节上遵守上下级关系；（6）下级有三种情况：直接下级、所属下级和临时授权的下级。

• 指挥线—连接上下两个岗位之间的连线，指管理机构中从最高一级到最低一级逐级应该建立关系明确的职权等系列，既是行使权力的线路，也是信息传递的渠道。指挥线的特点有五种：（1）表示上对下的指挥权力；（2）表示下对上的报告途径；（3）表示行政隶属关系；（4）同级别岗位之间没有指挥线；（5）部门之间的关系用流程来体现。

2. 管理幅度和管理层次选择说明

管理幅度或称“管理跨度”，是指一个管理者有效管理下属的人数。管理幅度应多宽才是有效的，每个企业不同，但一般以不超过 8 人为好。由于一个管理人员有效管理下层的人数是有限的，因此产生了管理层次；特别是随着企业规模的扩大，管理层次会不断增多。管理层次起因于管理幅度的限制。若一个组织的人数不变，管理幅度宽，管理层次就少；反之，管理层次就多。鉴于小微企业目前的规模限制，所采取的是管理幅度宽、管理层次少的扁平式组织结构，其最大优点是节约管理费用。

3. 小微企业前期操作办法说明

就小微企业来讲，最大限度地减少人力成本是企业的要求。基于此，特别是在成长发展阶段应在“功能要全，用人要少”的原则下，按以下两种办法进行操作。

▲ 兼、并、代、托、空

①兼，就是人兼职。岗位不能合并，而是用兼职的办法，让每一个人去干几份事，同时有几份岗位描述。兼职有几种形式：

• 本部门的上下兼职

一个人负责某一部门工作，而这个部门下面又分成几个组（班），部门负责人就可兼任下一层某小组（班）的负责人。当然，一个人在企业不能有多个职务，否则工作就会产生混乱。

• 跨部门兼职

兼职必须找相近的、性质差不多的、有关联的部门。起控制作用或工作范围不相干的两个职位，是绝对不能兼职的。

②并，指部门合并。根据企业的规模和工作量的多少，把有的部门加以合并，减少职务名称。但互相起控制作用的两个部门或工作内容完全不相干的两个部门不能合并。部门合并有几种形式：

· 同系统合并

同系统合并便于管理。一般来说，每个系统的上级主管对本部门的情况比较了解。合并之后，他也能明确下属职责范围。

· 功能相近合并

功能相近合并，以便于集中领导，减少扯皮。

③代，企业内有些事情比较简单，不需要单独设一个部门或岗位，但此项工作在必须做的前提下，可以用代管的形式。

④托，就是把企业的某些功能委托给专业公司或专业人员来承担。

⑤空，是为企业发展作准备而预留的岗位。空缺就是有岗位，但该岗位无岗上人员。因为一般的中小企业资金少，企业的功能不可能齐全，但将来发展壮大后，又必不可少，故先设岗位，但不设人。

▲ 互为组长、互为组员

就是把一个部门几种功能依次分配给 A、B、C、D 四个人；但是每一项独立功能由一个人来完成往往很困难，我们就按功能一人牵头、其余人为下属的办法来解决，以此类推。这叫“互为组长，互为组员”。于是，我们就形成这样一个结构模式：

这种“穿插式”组织系统模式，也体现了“功能要全、用人要少”的原则，要求员工是一专多能、一岗多责。

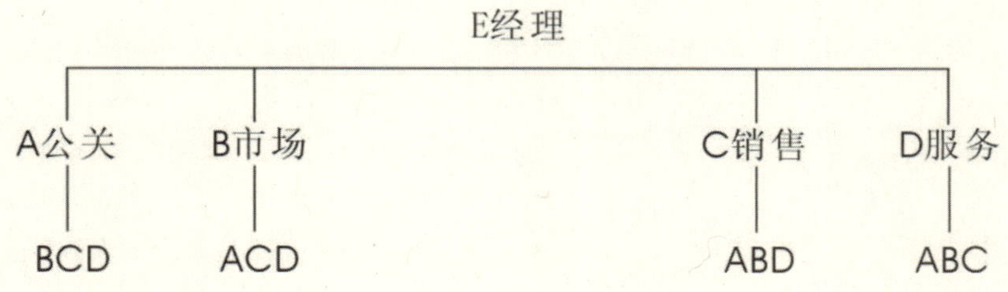

二、小微企业分工

小微企业大部分还是合伙企业，最好不要按家族关系、喜怒好恶、亲疏远近、随机、随意地分工和不按程序任命，应根据能力、特长、兴趣进行平等分工。

老板要敢于把不称职的家庭成员和合伙人驱出企业，或从领导岗位退下来。当然，这需要老板的勇气和智慧。但尽管如此，该咬牙的时候一定不能松口，否则，企业就会积重难返。为使企业的分工科学化，我们采用部门职能和岗位描述分别阐述部门分工和岗位分工。

1. 部门职能

▲ 部门职能的特点

· 部门本职：反映部门的本质职能，用一句话表示；

· 主要职能：按行业惯例或传统基本上不能变更的职能；

· 兼管职能：可以在不同部门之间改变责任范围的职能，它的内容可按一定程序进行增减。

▲ 部门之间的职能和管理范围的界定

· 职能部门的职能互不重叠，指时间上和范围上不重叠，即“一事无二管”；

· 职能部门的职能互相衔接（无空白），企业运转所需的一切职能都有相应的部门负责，不能留下任何空白；

· 企业内部不能有两个职能相同或类似的部门；

· 部门之间职能的衔接需要进行清楚具体的界定。

▲ 部门职能格式

· 部门名称；

· 上级部门或直接上级；

· 下属部门或下属岗位；

· 部门本职；

· 主要职能；

· 兼管职能（有否，视情况而定）。

2. 岗位描述

▲ 岗位描述的组成

岗位是组成企业管理的每一块砖或每一个部件。组织系统表上的每一个空格都表示职务名称；针对每一个岗位都必须有一份岗位描述。管理人员的岗位描述组成有以下两点：

① 管理人员岗位描述格式

• 岗位名称（每个岗位有自己特定的名称）；

• 直接上级（每个岗位上方都有一个领导，组织系统表上所表示的是每个岗位上方指挥线所联结的岗位的负责人的职务名称）；

• 直接下级（指每个岗位下方指挥线所联结的岗位）；

• 本职工作（用最简练的语言，概括出该职务所管辖范围）；

• 直接责任（凡属管理人员本人亲自做的工作和所连带的责任叫“直接责任”，只对管理人员）；

• 领导责任（对其所负责的区域、所领导的下属、职责所涉及的范围，以及对其领导行为所产生的最终结果负责，对工作结果负责，对本部门的秩序、面貌、质量、效益、发展、生存负责）；

• 主要权力（其对管理人员，与其责任相一致的权力）；

• 管理范围（主要是指所应管辖的地域范围）；

• 人员素质（该岗位所需要的特殊素质要求，可考虑到身体、文化、品德、性格、技能、经历、性别、年龄、民族等各方面）。

② 职员及员工岗位描述格式

• 岗位名称

• 直接上级

• 本职工作

• 工作责任（包括：本职专业所列工作、由上级下达的长期工作任务）

• 工作范围（有工作面的员工）

• 素质要求（其中包括岗位所需资格证明、品质、健康或其他证明）

▲ 制定岗位描述所依据的几个原则

①**整体原则**（每个岗位只是整个组织系统的一部分，岗位的设置应根据企业整体运作的

需要；所有岗位的工作加在一起，构成整个企业的工作；在设置岗位时，要从横向及纵向进行全方位的考虑）。

②无重叠原则

（一个岗位所具有的直接责任和领导责任以及下属人员和任何其他同级岗位不能有任何重叠）。

③无空白原则

（所有岗位描述所列的责任按层次加在一起严格镶嵌成整个企业管理的责任范围。在企业中，任何时间、区域、人员和工作责任不能出现无归属、无人负责的现象）。

▲ 制定岗位描述的步骤

• 先上后下，逐级制定，人事部备案。

• 责任和权力界定清楚。

• 在工作实践中，不断修正。

• 发现问题，立刻报告上级，由其上级召集相邻部门进行调整，做到小事不过日、大事不过周。

• 对组织系统表和岗位描述的任何修改，必须由人事部核准、总经理批准，以补充决定方式附加在原文件上；任何补充文件要写明：①修改对象（原文件名称）；②新条款和应作废的条款；③起草人；④人事部核准人；⑤批准人；⑥应通知范围；⑦生效时间。（注：高层岗位和部门设置变动有些还要通过董事会）。

三、小微企业的述职规定

述职是约束企业成员行为的行之有效的管理方法。

述职是上级对下级作出岗位描述以后，邀请人事部门一起向下级逐条宣讲岗位描述的内容。下级接受岗位描述，述职成立。下级执行岗位描述，要定期或不定期向上级逐条对照陈述完成情况，并由人事部门做好记录。（家族成员同样需要按上下级关系述职，需要和普通员工一样按正规程序、严格依岗位描述平等述职）。

述职可分为三种情况：

1. 首次述职

• 在与员工签订合同之前，最好出示岗位书面描述；

• 先谈是否能完成任务；

• 再谈待遇和报酬；

• 签订聘任合同。（合同中应写明：岗位描述可根据工作需要和员工本人情况加以改变，届时双方协商。没有经过首次述职的家族成员或族外成员，没有进入企业工作的资格）。

2. 定期述职

可根据企业情况，每个季度或每半年进行一次。

▲ 述职方式

定期述职最好双边进行，即上级、下级和人事部门三方参加；最好不采取集体述职，因为容易走过场，也不利于照顾下级的自尊心。

▲ 述职内容

• 逐条审查岗位描述的执行情况；

• 调整不合适条款；

• 对新增或删减的工作内容进行协商，并记录，形成新的岗位描述。

▲ 述职程序

• 上级重读岗位描述；

• 下级逐条报告执行情况；

• 上级当场表态；

• 人事部记录；

• 必要时上级出具书面评语。

3. 特别述职

特别述职是为调整、修改、重定岗位描述而设，是上下级任何一方在工作中觉得有必要修改岗位描述，可以申请由人事部安排。原则上工作内容、责任、权力、隶属关系的任何变化都要及时进行特别述职。

四、小微企业的所有者和管理者

两权分离是小微企业发展之必然。所有权和经营权必须分开，股东只是所有者，不一定必须参与经营。股东是企业的投资者，以股份形式体现对企业的资产占有率；是企业的真正老板，是开明的、具有前瞻意识的所有者。

1. 股东会

股东会是由全体股东或股东代表组成的公司的最高权力机构，决定公司的重大问题和投资方向、前途命运。它不是公司的常设机构，但它有责任依法选举好董事。股东会的召开依据公司章程规定，定期召开或者由一定比例的股东或董事提议临时召开。

2. 董事会

董事会是由公司全体董事参加的、法定的、常设的业务执行机关。董事会在成立后，除公司依法破产、解散和清算外，持续存在，并依法行使其职权。董事由股东大会选举产生，多数情况下由股东担任，但也不绝对。董事要由“懂事”的人担任，才能起到董事的作用。董事会是具有双重身份的组织，对于股东大会来说，它代表经营者，是公司的常设经营机构；对于总经理来讲，它代表投资方，维护股东的权益。因此，它处于承上启下的地位。

董事会的三个作用：①代替股东运作资金，最大限度地赚取利润，追求股东利益最大化；②批准总经理的各项工作，使企业运作更加安全；③监督作用，包括对账目、质量、资金运作情况，考核总经理经营业绩、市场调研、拓展规模、把准方向等，当然，还包括委托社会专业机构加强监督。董事会有权聘任或解聘总经理，当然就有批准总经理工作的各项权力，董事长最好不兼任总经理。

3. 董事长

董事会以全体董事的过半数选举董事长。董事长一般由公司最大股东担任，但也不绝对。除此之外的任何机构，包括作为公司权力机构的股东会也无权选举董事长。董事长作为董事会的负责人和公司的法定代表人，是企业最高行政负责人，依法处理董事会的有关事务，并依法代表公司行使公司的权力。董事会的成员（董事）并不与董事会共存亡，董事可以依法任免，也可连选连任。

4. 总经理

总经理是指在公司中设置的以辅助董事会执行业务、进行日常经营管理的人员。总经理由董事会聘任或解聘，并对董事会负责。总经理是公司的必设职位，其在董事会产生之后才能产生。股东出资，一定要愿交给懂管理的人去经营。行业专家也不一定能成为总经理。作为总经理，应有自己的专业——企业行政，这是他的第一专业，计算机、金融、文学、建筑……是他的其他专业。最好选择综合能力强、具有整合能力的人担任。标准化的管理型人才则是通才。私营企业家族中有能力胜任总经理的最好；没有，可聘请高级经理进入公司，且应充分尊重他的人格，使他们享有和家族成员同等待遇、同等晋升机会、同等权力范围。

5. 小微企业股东大会职权说明

（1）对公司合并、分立、解散和清算等事项作出决议；

（2）修改公司章程。

6. 小微企业董事会职权说明

董事会对股东大会负责，行使下列职权：

（1）负责召集股东大会，并向股东大会报告工作；

（2）执行股东大会决议；

（3）决定公司的经营计划和投资方案；

（4）制订公司的年度财务预算方案、决算方案；

（5）制订公司的利润方案和弥补亏损方案；

（6）制订公司增加或减少注册资本的方案以及发行公司债券的方案；

（7）制订公司合并、分立、解散的方案；

（8）决定公司内部管理机构的设置；

（9）聘任或解聘公司总经理，根据总经理提名聘任或解聘公司副总经理、财务负责人，决定其报酬事项；

（10）制订公司的基本管理制度。

7. 小微企业监事会职权说明

（1）对董事、总经理履行公司职务进行监督，对违反纪律、法规或公司章程的行为进行监督并予以纠正；

（2）提议召开临时股东大会；

（3）公司章程所规定的其他职权；

（4）监事列席董事会会议。

8. 小微企业总经理的职能补充说明

（1）发现并消除企业的安全隐患，向董事会提出预算外开支计划；

（2）保证员工和客户在企业内的安全。

9. 小微企业董事长的职权补充说明

主持股东大会和召集主持董事会会议。

第二部分 文化系统

企业文化伴随小微企业成长、发展的历程，包括小微企业的过去、现在和将来。

一、小微企业的企业文化

企业文化是小微企业建立时或经营活动中形成的价值观、经营思想、群体意识和行为规范的总和。它包括企业的形象、产品的品牌以及发展过程中所产生的人物故事等。

没有企业文化作引导的竞争是盲目的竞争，最终必然是失败。有了企业文化，企业就有了精神中心，它使员工思想一致、步调一致、语言一致、目标一致；同时，企业就有了竞争方法。这时，虽然要继续奋斗，但竞争不再是痛苦的挣扎，而是在竞争中体会乐趣，找到自信，充满希望。

1. 小微企业企业文化的功能作用

▲ 导向功能

企业各部门和企业每一个员工既有相同的目标，也存在不同的目标；企业文化就是在企业一面旗帜下统一整个企业和全体人员的行动方向，使大家深化共同的利益和目标。

▲ 约束功能

通过建立共同的价值体系，形成统一的思想和行为，来约束和规范员工的思想和行为，使之行为协调，自我控制。

▲ 凝聚功能

企业的成员，既有共同的利益，也有不同的利益，但企业文化会使大家认清共同的利益大于各自的一己利益。企业的利益是共荣共存的根本利益。特别是当前，企业的兴衰，关系到每个人的收入和饭碗。

▲ 统一语言

有没有共同语言是人与人能否结合在一起的关键因素之一，只有共同利益而无共同语言，结合不会紧密。企业文化所形成的共同语言，能为全体员工创造和谐的工作环境。

▲ 辐射功能

树立良好的“企业”形象必然在同行业和社会中产生巨大的影响。

2. 小微企业企业文化的类型选择

由于企业文化所含的内容如此丰富，许多因素是相互作用的并难以量化，所以综合最新研究成果，也只能将企业文化描述为三种类型。

▲ 强化型企业文化

强化型企业文化是与丰富的企业资源和雄厚的实力相适应的，与其内部目标有高度的一致性，有健全组织机构和管理机制，从而为取得较好的经营业绩提供基本保证。

▲ 策略合理型企业文化

策略合理型企业文化强调对环境的适应性，与企业业绩相关联的企业文化必须是与企业环境、经营策略相适应的文化。适应性越强，经营业绩成效越大。

▲ 灵活适应型企业文化

多为中小企业所奉行，要求企业在市场竞争中追求对信息的敏锐捕捉并保持较快的反应速度，使企业在灵活机动中生存并得以发展。

根据企业的情况可由灵活适应型逐步向策略合理型转变。特别是在之初和其后一个时期，员工的信心和信赖感，以及不畏风险、注重行为方式、具有排除一切困难与抓住各种机遇的能力是至关重要的。

3. 小微企业企业文化的形成发展说明

▲ 企业文化具有丰富的内涵

企业文化不可能一蹴而就。没有历史的小微企业也是可以建立自己的企业文化的。虽然企业文化的形成需要时间，但时间并不能必然造就企业文化。所以，小微企业可根据创业设想或前期实践经验建立具有个性色彩的企业文化。

企业创立或历史促进企业文化的形成，它来自几个方面：

①企业创始人或最高领导者造就了企业文化。这些企业代表人物的创业意识、经营观念、管理风格，以及其个人性格、风格、魅力等对其所在企业的文化形成有着直接影响。

②企业对重大历史进程的参与。

③重大事件对企业文化的影响。

④企业的职工制造了企业文化。

▲ 小微企业企业文化的建立和发展在于预测和规划

目标是通过不断满足社会与消费者的需求使自身资源得以增值，从而实现永续经营、健康发展。因此，小微企业应对未来的发展趋势作出不断的预测；同时，结合自身的文化特征作出规划，在观念、人才、技术等方面进行储备。

▲ 企业文化的形成是企业发展进程中不断积累、修正和完善起来的

优秀的企业文化对企业来说是一笔巨大的财富，因此必须对企业文化加以细心保护，特别是在当企业处于不利的境况时。即使在极端情况下，当企业面临经营困境而濒于破产时，其企业文化仍可能蕴藏着巨大的价值，企业可以通过资产重组和所有权的转让来保持其企业文化的延续。

二、企业文化在市场竞争中的体现

企业的经营业绩是在充满着竞争的社会环境中取得的，在竞争中有可能成功也有可能失败。而企业文化对企业参与市场竞争能否取得长久的竞争优势具有非常重要的作用。

1. 竞争的关键是特色

不管您在哪一行业，都有无数的竞争者。这就要求小微企业认真研究如何竞争、如何保存自己、如何杀出一片新领地。

▲ 竞争的各种手段

选择适当的竞争手段，可使企业在竞争中取胜。

① 价格竞争

它是对消费者很有好处的，适时优惠有利于企业发展。而过度的价格竞争的后果是严重的。但是在同行业中企业的产品价格必须要有竞争力。

② 质量竞争

很多老板都想使自己企业产品的质量提高，只是苦于原材料不过硬、人员素质低、管理混乱，这一美好的愿望实在不容易实现。像小微企业，有的刚刚创立，更需要一开始就要建立自己的企业文化；有的已经通过多年的经营，有了良好的口碑，则需要继承、发扬光大。因此，要尽可能克服上述困难，参与质量竞争，否则就会影响企业的信誉和生存。所以，要以质量取胜；反之，质量不好，信誉受损，业务就会萎缩。但超过自己经济实力的过度质量竞争是一种浪费。

③ 服务竞争

在很多方面，私营企业的服务还不到位，需要继续加强；但服务要恰到好处，过“度”会令人生厌。也不能用过高的服务竞争给客户带来一种被扭曲的心理以及额外加重企业负担。

④ 信誉竞争

信誉竞争是质量、服务竞争的引申，因为有了质量和服务保证，才能有信誉。要克服很多企业信誉不高的问题——做“一锤子买卖”，坑了顾客，更毁了自己的信誉，这样的企业是绝对不会成功的。企业要始终坚持树立和继承发扬良好的信誉。

▲ 特色竞争才是最佳竞争手段

小微企业在竞争中的优势有：了解社会需求，起步较早；本行业有广阔的市场前景；较强的市场意识；具有先进的经营理念和管理模式；具有坚实的资金支撑；具有成功的经验和品牌。

小微企业在竞争中的劣势有：缺乏高素质的人才，特别是忠心敬业、综合或整合能力强的人。

总之，要千方百计使小微企业的产品形成自己的特色，这个特色就是价格合理、品质优良。

2. 特色的核心是品牌

特色竞争发展到一定阶段，必须向品牌靠拢，因为只有品牌，才能使企业富有长久的生命力。

▲ 品牌使特色稳定

- 品牌才能稳定有特色的产品；
- 品牌使无特色的产品也能打开销路；
- 品牌使不断变换的产品不失地位。

▲ 品牌是人们追求的目标

企业要先走品牌、后创名牌的道路。这是因为名牌产品的价格虽然普遍比同类非名牌的高，但人们仍然在条件允许范围内，宁肯多花点钱买名牌，也不少花钱买杂牌。这是因为——

（1）品牌可信度高

品牌的产生过程需要一段历史，这段历史可以验证品牌的质量和功能，经过了验证的品牌就有了可信度。

（2）品牌是身份标志

人的虚荣心和好胜心会促使人买有品牌的产品，因为品牌可以反映产品的价格。而价格高的产品可展示人的经济实力。

（3）消费者对品牌有从众心理

假如，有一段时间人们以买××公司产品为荣耀。这种从众心理会使一大批人随着潮流买××公司品牌的产品。

▲ 失去品牌导致竞争失败

企业产品质量低下以及企业在发展中经营落后，都会导致企业失去品牌。所以，品牌需要不断塑造。

▲ 树立自己的品牌

（1）品牌命名

“××××”作为公司的品牌，具备了一定特色和美好的意义，突出了品牌诚信创新的特色。

（2）品牌定位

服务方向的定位，也就是赚谁的钱的问题。市场定位是打响品牌的最基础的工作，它主要包括以下两个方面：

①消费群体定位

企业定位于质量有保证，服务有品质。

②文化定位

就是你的产品要销给哪些用户。

（3）标志设计

设立标志的目的是使人记得品牌，并与其他的品牌相识别。它应符合意义要美好、紧扣主题、简单、鲜明的原则。

（4）产品质量

没有产品就谈不上品牌；没有好的质量，其品牌也难以维持。所以，无论用何种手段树立品牌，其产品的本身更为重要：要重视产品质量（过硬产品质量才能使广告落到实处，更有说服力）；要美化产品包装（包装可间接反映质量，也可间接反映层次）；要使价格合理化（在大量市场调查的基础上，根据成本、消费者所接受的价格、同类产品价格等因素确定自己产品的价格；价格最好一次到位，否则加价或降价都会影响消费者心理）。

（5）广告策划

广告可以提高品牌形象。但广告策划切忌零打碎敲、盲目投资；要在新、奇、特三要素上做文章，提前作气氛渲染，并可利用名人效应，或与传统的盛大节日纪念日联系在一起制造有关企业新闻。

（6）促销活动

在产品还没面世之前，就要策划促销活动。促销需要继续投资，但有技巧的促销投资能取得更好的效果。

（7）信息反馈

产品销出后，要尽快收集反馈信息，并且根据反馈的信息及时对产品的价格、包装、质量、定位、广告词等进行调整，从而确保品牌声誉，维护品牌的无形资产。可从多个方向收集反馈：客户反馈（设计一张信息反馈表，随同产品交给用户）；销售者反馈（可召开销售员、客户座谈会，等等）。

3. 品牌的保障是文化

成功的品牌，不仅仅要有知名度，而且要有文化的内涵。品牌中蕴藏着文化，它通过产品标志图案来展示；而标志的深处，又蕴藏着深刻的含义。企业名称及企业所销售的产品，在用户使用过程中不仅有标志的反映，而且还涉及到企业的管理模式。它们都是品牌的文化。而企业名称及企业所销售的产品与标志本身，就是企业文化的一部分。它还可通过代表人物和传奇故事来表现。

品牌还对企业经营业绩影响巨大，塑造强势品牌应成为企业共同追求的目标。品牌的树立除上述外，还应包括产品本身的质量、知名度和美誉度、时间占有的延续和空间的占有率等基本要素。所有这些要素都是企业文化赖以影响深远的结果；品牌则是企业文化精华的高度凝聚。

企业文化对品牌树立的影响来源于以下几个方面：

①企业的价值观是形成品牌的基础；

②企业文化的具体表现是品牌的保证；

③企业文化发展的历史影响着品牌的塑造。

三、小微企业的企业文化识别系统

（以南充攀信公司为例）

1. 理念系统

▲ 企业环境

包括内部环境（员工在企业中的工作环境）和外部环境（企业在社会中的地位、形象和联系）。南充攀信努力营造的企业环境是：团结向上，和亲一致。

▲ 企业目标

确定企业的发展方向，也决定了企业成长和发展目标。南充攀信的目标：不求最大、只求最好。

▲ 企业的价值观

是企业文化的核心，是企业在经营过程中为使企业获得成功而形成的基本信念和规划准则。南充攀信的价值观：认认真真做人，踏踏实实做事。

▲ 代表人物风格

一般指企业的最高管理者及主要技术设计人员的个人风格，如董事长、总经理、主要发明人、主要产品设计人等。如比尔·盖茨对微软公司，南充攀信的代表人物何仁高。

▲ 经营理念

是企业在生产经营过程中所形成的基本哲理和观念。例如南充攀信的经营理念：诚信为本，品质优越；创新是企业的生命力。

▲ 经营方针

例如南充攀信的经营方针是：品牌品质、合作共赢。

▲ 团队意识

包括理想、信念、道德行为规范和工作态度等。例如南充攀信的企业精髓：内强素质，外塑形象。

▲ 企业精神

是企业的宗旨、观念、目标和行为的总和，体现了企业的精神面貌，也是企业文化的概括。例如南充攀信的企业精神：专业、创新、高效、规范。

▲ 职业道德

是某一种职业在从业活动中所遵循的道德，是同行企业之间、员工之间所公认的竞争标准。例如南充攀信的企业行为：应时代而起，顺市场而为。

▲ 企业社会理念形象

是社会公众和内部员工对企业行为和历史的整体印象。例如南充攀信的企业社会理念形象是：重诺守信，示信于人。

2. 视觉识别系统

“CI”是“Corporate Identity”（企业识别）的简称。CI 设计强调表现企业特征，而不是简单的标志和图案设计。CI 设计是一个系统，它通过各种视觉设计来塑造和强化形象。

▲ CI 系统

小微企业管理模式是一套依据现代企业制度的要求，运用现代企业的理论、方法，在吸取先进管理精华、总结长期理论实践所形成的成果基础上精心设计的管理模式。

例如“南充攀信”这家企业就归纳为：

企业环境：团结向上，和亲一致。

企业目标：不求最大，只求最好。

企业行为：应时代而起，顺市场而为。

企业价值：认认真真做人，踏踏实实做事。

经营理念：诚信为本，品质优越。

企业精神：专业、创新、高效、规范。

企业精髓：内强素质，外塑形象。

经营方针：品牌品质、合作共赢。

企业社会理念形象是：重诺守信，示信于人。

▲ 识别系统

包含公司名称、品牌、企业标志、产品包装、企业外形。

视觉设计要求企业一切对外宣传的视觉要素统一化和标准化，这些要素为六大类：

① 企业名称与标志

全称：南充攀信工贸有限责任公司

简称：“南充攀信”

② 企业的人

包括企业的管理人员及全体员工的言行举止、服装仪表。人的要素中最主要的是企业代表人物：老板、总经理或模范人物的形象。

③ 环境和建筑物

包括办公室、营业场所的外观和内部装潢。

④ 商品

包括产品名称、型号、商标、外形、图案、包装、质量与特点。

⑤ 企业印制品

指与企业业务有直接关系的印刷品、文件、名片等用品，包括信封、信纸、印刷格式。

⑥ 传媒形象

包括各类广告、电视、报纸和楼书、说明书、招牌、业务说明资料、运输车辆等。为使这些愿望从开始就统一化、标准化，一般都要首先进行设计，它主要包括：企业名称及标准书写设计；商标、图案、品牌、造型特征设计；企业标准色及标准色系统设计；对外宣传卡、楼书、产品目录设计，等等。（需要注意的是，企业的识别形象一经敲定、经过注册后，轻易不能改变）。

▲ 企业行为规范

① 员工手册包含以下内容：

- 公司简介：老板介绍（照片、简历、功绩）；

  企业构成：（主要投资者）；

  企业投资：（资本总额和投资方向、投资项目）；

  企业经营范围：（产品、服务）；

  企业经营方针：（经营活动的依据）；

  企业发展目标（方向、未来的规模）；

  企业精神和标志。
- 企业机构图包括部分的主要职能介绍和主要领导人物介绍。
- 员工的权利和义务
- 仪表及行为规范
- 奖惩条例
- 考勤制度
- 工资、津贴和奖金制度

· 员工福利

② 规章制度

规章制度是管理的需要。管理行为因为是通过规章制度和指挥来完成。它包括成文的规章制度、没有成文的行规和不成文的先例。

规章制度的制定需经过立案、调查、拟文、讨论、试行、报批、颁布、监督执行、修正或废止等环节。

制定规章制度的几个原则：系统性、权威性、强制性、平等性、持续性（一致性）、可行性、可监督性、可衡量性（量化性）和弹性。

新规章否定旧规章的原则：凡与新规定矛盾的旧规定一律废止，有时要明确申明，有时不必，这是规章制度的自然法则。新旧混杂的制度会使管理失去统一标准，是制造混乱的基础。

附例1：南充攀信工贸有限责任公司员工手册

南充攀信工贸有限责任公司是于2003年在四川省南充市工商局登记注册成立的一家以钢材销售、代理经营为主的有限责任公司，注册资金200万元。公司有一支长期从事钢材销售的经营管理团队。

公司以诚信为本、品质优越为宗旨，始终坚持经济效益、社会责任相统一的方针，内强素质，外塑形象，以“专业、创新、高效、规范”的企业精神，精心打造“南充攀信”优质品牌，走好“品牌、品质、品位”的发展之路，使“南充攀信”更加深入人心，努力成为川东北地区的知名品牌。

南充攀信工贸有限责任公司法定代表人、董事长何仁高先生，从20世纪70年代初期就进入物资企业，从事钢材销售几十年，积累了丰富的经验。以“诚、智、仁、义、信”的风范，注重发展创新、管理创新，用全新的理念，带领南充攀信团队，真诚与各界合作，共谋发展，并通过不断满足社会与消费者的需求，使自身资源得以增值，从而呈现永续经营、健康发展。

“南充攀信”的企业文化是公司长期经营活动中形成的价值观、经营思想、团队意识和行为规范，是公司的一笔巨大财富。并以其核心价值特色，塑造了“南充攀信”可信赖的品牌。

“南充攀信”自成立以来，一直秉承“四个第一”的经营理念（销量第一、信誉第一、品牌第一、服务第一）和“诚实做人、踏实做事、诚信经营”的企业宗旨，把诚信经营放在首位，做到重诺守信，示信于人，努力塑造良好的口碑、发挥品牌最大效应，走品牌、品质、品位发展之路。

- 企业环境：团结向上，和亲一致。
- 企业目标：不求最大，只求最好。
- 企业行为：应时代而起，顺市场而为。
- 企业价值：认认真真做人，踏踏实实做事。
- 经营理念：诚信为本，品质优越。
- 企业精神：专业、创新、高效、规范。
- 企业精髓：内强素质，外塑形象。
- 经营方针：品牌品质、合作共赢。
- 企业社会理念形象是：重诺守信，示信于人。

董事长致辞

感谢您加入本公司：

我想您加入的是一个充满生机与活力的集体。为了“南充攀信”宏伟的目标，为了实现人生的价值，我深知将接受的考验和将被赋予的崇高责任。我愿在董事会领导下和同事们的配合下，用强烈的敬业来全力维护企业的形象和利益，为企业的发展贡献自己的智慧。

我期望您用实际行动敬业、爱业、全身心投入、全身心付出，献出智慧，充满激情地工作，并以辛勤的汗水、卓有成效的工作，在为企业创造最大利益的同时，获得成就感和相对于付出所应有的经济收入。

我承诺，在我所担当的这一承负重任的岗位上，竭尽全力，不负重望。

▲ 南充攀信员工的权利和义务

员工的权利：

- 平等就业

员工的义务：

- 完成工作任务

- 参加企业民主管理
- 按劳取酬
- 按规定休息和休假
- 享受劳动安全、卫生和保护
- 提请劳动争议处理
- 遵守企业规章制度和纪律
- 执行劳动规程
- 提高职业技能
- 执行行为规范
- 服从上级指挥

▲ 奖惩条例

A 奖励

对于有下列表现之一的员工，应当给予奖励：

1. 在完成项目任务或工作任务、提高项目质量或服务质量、节约财资和能源等方面，做出成绩的；

2. 在项目资源开发、产品设计、产品销售等环节，有发明、技术改进或者提出合理化建议，取得成果或销售业绩实业或显著成绩的；

3. 在改进企业经营管理、提高经济效益方面，做出显著成绩、对企业贡献较大的；

4. 保护公共财产，防止或者挽救事故有功，使企业和民众利益免受损失的；

5. 长期遵章守纪，有带动性作用的；

6. 一贯忠于职守，积极负责，廉洁奉公，舍己为人，事迹突出的；

7. 其他应当给予奖励的。

B 惩罚

1. 违纪过失

违反企业有关纪律、规章制度，称为“违纪过失”。

2. 责任过失

凡失职而使自己负有直接责任和领导责任的部分工作受到损失的，为责任过失。

3. 处罚内容

依据企业规章制度和员工手册及岗位描述。

4. 处罚从轻不从重，“南充攀信”永远不搞从重处罚。

5. 处罚和过失单必须通知到本人。

6. 本人有权辩护，“南充攀信”坚决不可以说为自己辩护是制度的不好。

▲ 人事考勤制度

第一条　为加强考勤管理，维护工作秩序，提高工作效率，特制定本制度。

第二条　公司员工必须自觉遵守劳动纪律，按时上下班，不迟到，不早退，工作时间不得擅自离开工作岗位，外出办理业务前，须经本部门负责人同意。

第三条　周一至周五为工作日，周六、日为休息日。公司周末和夜间值班由办公室统一安排。因工作需要周末或夜间加班的，由各部门负责人填写加班审批表，报分管领导批准后执行。节日值班由公司统一安排。

第四条　严格请、销假制度。员工因私事请假 1 天以内的（含 1 天），由部门负责人批准；1 天以上的，报总经理批准。副总经理和部门负责人请假，一律由总经理批准。请假员工事毕向批准人销假。未经批准而擅离工作岗位的按旷工处理。

第五条　上班时间开始后 5 分钟至 30 分钟内到班者，按迟到论处；超过 30 分钟以上者，按旷工半天论处。提前 30 分钟以内下班者，按早退论处；超过 30 分钟者，按旷工半天论处。

第六条　1 个月内迟到、早退累计达 3 次者，扣发 5 天的日工资；累计达 3 次以上 5 次以下者，扣发 10 天的日工资；累计达 5 次以上者，扣发当月的工资。

第七条　旷工半天者，扣发当天的日工资；每月累计旷工 1 天者，扣发 5 天的日工资，并给予一次警告处分；每月累计旷工 2 天者，扣发 10 天的日工资，并给予记过 1 次处分；每月累计旷工 3 天者，扣发当月工资，并给予记大过 1 次处分；每月累计旷工 3 天以上、6 天以下者，扣发当月工资，第二个月起留用察看，发放基本工资；每月累计旷工 6 天以上者（含 6 天），予以辞退。

第八条　工作时间禁止做与工作无关的事情，如打牌、下棋、串岗聊天、上网聊天、玩游戏等（公司因业务需要安排除外）。如有违反者当天按旷工 1 天处理；当月累计 2 次的，按旷工 2 天处理；当月累计 3 次的，按旷工 3 天处理。

第九条　参加公司组织的会议、培训、学习、考试或其他团队活动，如果有事请假的，必须提前向组织者或带队者请假。在规定时间内未到或早退的，按照本制度第五条、第六条、第七条规定处理；未经批准擅自不参加的，视为旷工，按照本制度第七条规定处理。

第十条　员工按规定享受探亲假、婚假、产育假、结育手术假时，必须凭有关证明资料报总经理批准；未经批准者按旷工处理。员工病假期间只发给基本工资。

第十一条　总经理或分管领导批准，决定假日加班工作或值班的每天补助 20 元；夜间加班或值班的，每次补助 10 元；节日值班每天补助 40 元。未经批准，值班人员不得空岗或迟到；如有空岗者，视为旷工，按照本制度第七条规定处理；如有迟到者，按本制度第五条、第六条规定处理。

第十二条　员工的考勤情况，由各部门负责人进行监督、检查；部门负责人对本部门的考勤要秉公办事，认真负责。如有弄虚作假、包庇袒护迟到、早退、旷工员工的，一经查实，按处罚员工的双倍予以处罚。凡是受到本制度第五条、第六条、第七条规定处理的员工，取消本年度先进个人的评比资格。

▲ 员工休假制度

目的

第一条　为确保公司进行有秩序的管理休假而制定。

适用范围

第二条　适用于公司所有员工。

责任

第三条　各部门主管、经理。

程序内容

第四条 病假

（1）员工休病假，超过 1 天要出具医院开具的假条。

（2）员工休病假的时限，应以假条上的时间为准，遇节假日不顺延。

（3）从员工转正开始，员工每年可享受 5 天带薪病假。

（4）员工带薪病假休满之后，如果因病仍不能上班，则应申请进入医疗期，公司将根据病情决定是否批准其进入医疗期。员工只有在患难以治愈的疾病或非常严重的慢性病时方可进入医疗期；进入医疗期的，其待遇按公司医疗期制度执行。不批准进入医疗期的，员工又确实不能上班，按无薪病假待遇；员工连续休经公司批准的无薪病假超过 15 天以后，公司按照国家有关规定，每月发给全市最低工资 60％的基本生活费、按其基本生活费的标准缴纳养老保险，并按规定报销医药费，其他待遇不再享受；待合同期满，不再续定劳动合同。

（5）员工无论休何种病假，必须按时递交有效的医生诊断证明，请部门经理批准。否则按旷工处理。

第五条　年假

（6）公司规定员工的年假为 5 天/年。10 年以上员工年假由总经理根据实际情况酌情增加天数。

（7）年假遇节假日顺延。

（8）员工休年假必须考虑有关客户的要求及所在部门的工作安排；休年假必须提前一周申请，并经总经理同意批准。

(9) 公司希望员工利用年假的机会使身心得到调整。办公室将在每个自然年度开始时，通知每位员工所应享受的年假。该年假以一个自然年度为限，当年内有效，不跨年度累计。

(10) 员工如愿意放弃年休假，年假期间的工资按日工的基本工资的 2 倍计算。

第六条 工伤假

(1) 员工在工作期间发生工伤事故，直接主管应立即到现场调查受伤情况，要立即作出处理，并报告至办公室、总经理。

(2) 公司根据医生的诊断确定是否需要给予工伤假。

(3) 员工休工伤假享受全薪。

(4) 员工休工伤假期间，应按照公司的要求定期到指定医院进行检查。

第七条　婚假

(1) 女职工年满 23 岁前结婚有薪婚假 3 天（24 小时）；

(2) 女职工年满 23 岁后结婚有薪婚假 10 天（56 小时）；

(3) 男职工年满 25 岁前结婚有薪婚假 3 天（24 小时）；

(4) 男职工年满 25 岁后结婚有薪婚假 10 天（56 小时）；

(5) 男、女职工婚前体检可享受半天全薪假。

第八条　产假

(1) 产假所涉及的假期，均应包含节假日，即遇节假日不顺延。

(2) 员工妊娠期间每月可享受半天全薪假以供产检。

(3) 员工生育可享受 90 天全薪产假。

(4) 年龄 24 周岁以上生育第一胎者，可延长一个月带薪产假。

(5) 如遇难产，可凭医院证明增加有薪产假 15 天。

(6) 多胞胎生育的，每多生一个婴儿，增加产假 15 天。

(7) 男员工可以在妻子生育后享有一天陪产假。

(8) 女员工生育后的第一次流产，公司将依据医生的诊断证明给予 15 天带薪假，以后的流产全部按无薪病假计算。

第九条 丧假

(1) 父母、养父母、继父母、配偶父母、配偶或子女死亡：5 天。

(2) 祖父母、兄弟姊妹死亡：5 天。

(3) 特殊情况需延长时间的，由本人申请，说明理由，由总经理特事特批。

第十条　倒休假

（1）员工在休息日加班后，经部门经理批准，可以享受因休息日加班产生的倒休假。

（2）员工休倒休假时，须考虑部门工作的安排，并应提前一周申请。

（3）员工休倒休假时，应在请假单后附有部门经理批准倒休的加班申请单。

（4）倒休假只限当年有效。

第十一条　公共假日

员工享受下列法定公共假日：

• 元旦：放假 1 天。

• 春节：放假 3 天。

• 清明：放假 1 天。

• 五一：放假 1 天。

• 端午：放假 1 天。

• 中秋：放假 1 天。

• 国庆：放假 3 天。

• 女员工可在妇女节享有半天公休（遇休息日不顺延）；如国家政策有调整，则遵循国家政策。

第十二条　事假

• 事假系无薪假，公司根据工作安排决定是否批准员工休无薪假。

• 事假最长不超过 2 周。

第十三条　请假批准权限：

请假 1 天以上者一律由总经理批准。

第十四条 请假程序。

第十五条 员工填写请假单，报主管、经理或总经理批准后，于下班之前转至办公室备查。

附例 2：南充攀信工贸有限责任公司视觉识别系统

PXGM

南充攀信

NANCHONG PANXIN

Visual

identification

system

视觉识别系统

a

基本要素系统
Basic elements system

企业标志释义：

南充攀信
NANCHONG PANXIN

XGM

VIS
Visual identity system
视觉识别系统

a

基本要素系统
Basic elements system

标志结构规范 | 标志网格标准制图法：

标志标准制图之制定经过精密的绘制与视觉修正，主要用于制作招牌、户外看板、标语牌、建筑外观等无法使用负片放大的大型项目的精密绘制，标志图形整体比例关系及定位线基线的关系已通过数字明确的规定。网络图之制定经过精密绘制与视觉修正，主要用于快速绘制出准确标志，从单位方格中将标志的造型比例、空白距离等相互关系表达出来，制作时请按照此标准原样放大、缩小、复制。

VIS
Visual identity system
视觉识别系统

a

基本要素系统
Basic elements system

标志结构规范 | 标志阴阳图（中英文）：

品牌标志可以用阴阳两种形式表现。阴阳两种图形，可用有色系统和无色系统来表现。此页所示为黑白阴阳制图，使用规范主要应用于报纸广告等单色（黑白）印刷范围内，使用时请严格按此规范进行。

南充攀信
NANCHONG PANXIN

南充攀信
NANCHONG PANXIN

VIS
Visual identity system
视觉识别系统

a

基本要素系统
Basic elements system

标志结构规范 | 中英文标准字

标准字是企业视觉识别系统的重要组成部分。不正确的使用标准字组合将会误导公众,从而削弱或损害企业形象，因此标志制作的规范极为重要。方格图用于标准字的快速准确绘制，在相等的单位方格中规范标准字的造型比例、结构、空间距离等位置关系。在制作过程中必须严格遵循，并以此作为监督标准，以便求取正确的企业标志。

南充攀信

南充攀信

NANCHONG PANXIN

NANCHONG PANXIN

VIS
Visual identity system
视觉识别系统

a

基本要素系统
Basic elements system

标志结构规范 | 标志的标准组合方式（中英文）：

标志标准制图之制定经过精密的绘制与视觉修正，主要用于制作招牌、户外看板、标语铭牌、建筑外观等无法使用负片放大的大型项目的精密绘制，标志图形整体比率关系及定位线基线的关系已通过数字明确规定。

XGM
南充攀信
NANCHONG PANXIN

上下组合

XGM 南充攀信
NANCHONG PANXIN

左右组合

VIS
Visual identity system
视觉识别系统

b

应用要素系统
Application element

办公应用系统 | 工作证（吊牌）

材质：封套选用透明塑胶材质，卡片200g卡纸
规格：封套85mm×120mm 卡片70mm×95mm
色彩：按规定标准色、辅助色应用
印刷：四色印刷

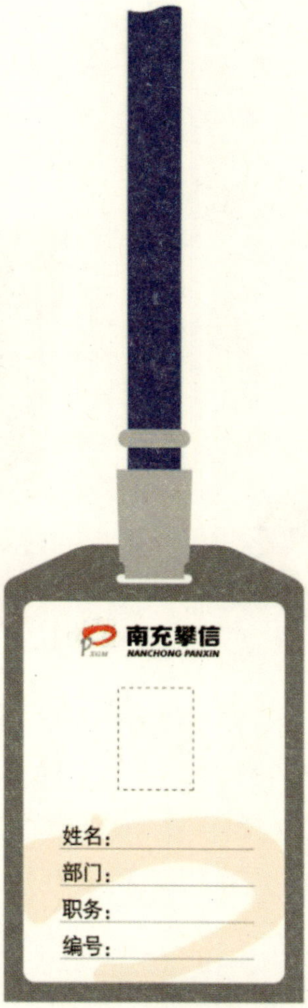

VIS
Visual identity system
视觉识别系统

b

应用要素系统
Application element

办公应用系统 | 水杯

材质：按实际制作标准选用相应材料
规格：按实际标准尺寸制作
色彩：按规定标准色、辅助色应用
印刷：四色印刷

VIS
Visual identity system
视觉识别系统

b

应用要素系统
Application element

办公应用系统 | 信封

材质：封套选用120g哑粉纸
规格：如下
色彩：按规定标准色、辅助色应用
印刷：四色印刷

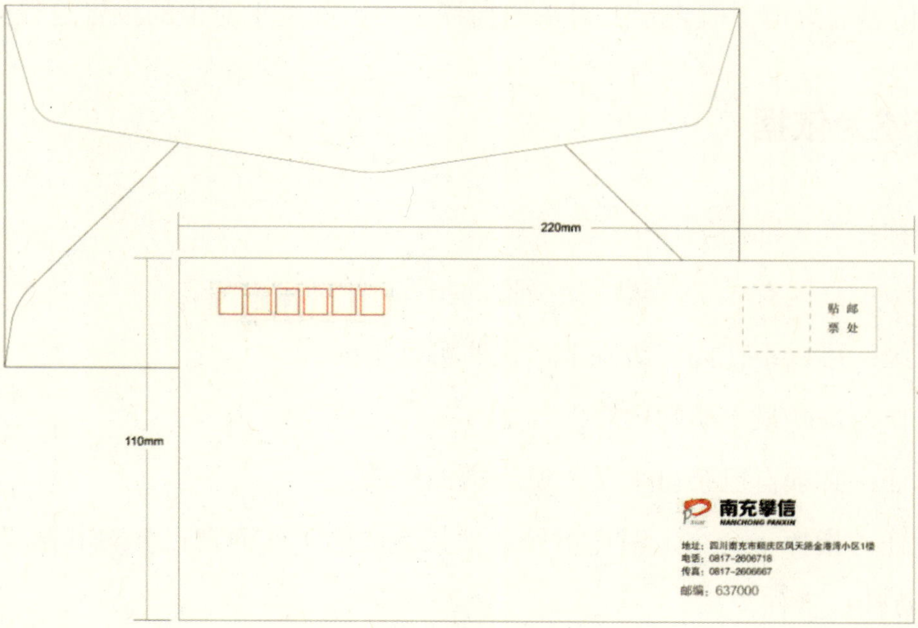

VIS
Visual identity system
视觉识别系统

第三部分　指挥系统

一、小微企业指挥系统的设计依据

指挥系统以组织系统表为序列，以岗位描述为依据。

1. 以岗位图为序列

指挥要按照岗位图中指挥线进行。从最高一级到最低一级逐级指挥，既是行使权力的线路，也是信息传递的渠道；既表示上对下的指挥权力，又是下对上的报告途径。

2. 以岗位描述为依据

• 职务名称：××部门经理……

• 直接上级：只能有一名，说明接受谁的指挥。

• 直接下级：可以不在同一级别上，说明可以指挥谁。

• 本职工作：反映最本质的内容。

• 直接责任：必须自己亲自来做，说明指挥什么。

• 领导责任：指挥、命令，嘱托下属或他人完成的工作而自己要对其结果所负的责任，说明指挥之后负什么责任。

• 主要权力：大多数以签字权为标志，说明行使指挥权的内容。

二、小微企业指挥的设计原则

1. 服从指挥的原则

没有服从，就没有管理。在一般情况下，下级无权判断上级的对错，上级的对错由上级的上级来裁定。

2. 一个上级的原则

每个岗位、每个人只有一个上级，只服从一个上级的指挥，只向一个上级报告。如果这条准则受到破坏，那么权力将受到损害，纪律将受到危害，秩序将受到扰乱，稳定将受到威胁。

• 组织系统表上的每个位置所表示的都是正职。正职之下可设副职；副职与正职在同一个岗位位置上。

• 虽然通过授权，副职可以对该部门有授权范围的指挥权，但该部门的领导责任仍由正职负责。

• 企业财务最高负责人，可以叫“总会计师”或叫“财务总监”，是这个原则的唯一例外，它有两个上级：一是在财务上和财务制度上对董事长负责，或对上级财务机关负责；二是在行政上对总经理负责。

3. 逐级的原则

▲ 上级对下级，可以越级检查，不能越级指挥

但下列情况，可以越级：① 紧急情况。上级领导没有找到他的直接下级，不能眼看着损失发生，即可越级指挥。② 直接下属表示或实际上不服从指挥。这种情况发生后，直接下级应该表示自己错了或辞职。③ 下级无力完成上级安排的任务。④ 必要的情况下，进行整体指挥。

▲ 下级对上级，可以越级申诉，不能越级报告

“申诉”和“报告”的界定：“报告”是指在正常情况下，向直接上级请示工作取得指示；“申诉”是指告状。申诉只有在以下三种情况下是被认为合法的：上级有贪污、盗窃、违法乱纪的行为；上级有重大出卖和危害企业的行为；上级滥用职权，对申诉者有重大不公正的行为。以上三种情况，如果属实，即可成立。如属诬告，申诉者必须对此负责。

三、小微企业指挥的设计类型

• 单向指挥——只与单个的直接下级有关。

• 多向指挥——与两个或两个以上直接下级有关。

• 整体指挥——命令同时发给下属各级人员。也就是说，命令内容与各级下属都有关联。

- 在紧急情况下的现场指挥。

四、小微企业指挥系统的设计法则

1. 不间断

企业的管理要做到指挥不间断，包括休假、下班、夜间；时间不间断；最高决策不间断；指挥渠道不间断。

企业的管理要做到指挥不间断的方法有以下几点：要派值班经理；利用现代化通讯工具（传真、电话、手机、邮箱等）；

授权：任何领导人的离职都要有授权代理人。这是企业现代管理的重要手段。

2. 及时

管理者决策及时，不失时机。若决定不及时，则该决定是最大的失败。管理者作出决定要有时限，任何指挥上的延误都会造成混乱和损失。

3. 前后一致

领导人在进行指挥的时候：要考虑到同类事件的连续性；要考虑到领导者本人的连续性；要考虑到换届负责人之间的连续性，在这一条上，基本原则是人换法不换。

4. 确保执行

- 确保能执行，确保已执行。
- 凡不能执行的命令不要下，这就是可行性的问题。

5. 可监督

命令下达后要有有效的监察手段。

五、小微企业指挥的常用形式

1. 命令

命令一般分为口头命令和书面命令两种。口头命令主要指面对面的交谈、小组讨论、电话或其他情况下的讲话形式出现的命令方式。书面命令主要是指通过下任务单和命令书的形式的命令，往往显得比较严肃和正式，而且可以避免口头命令所带来随意性的问题。

命令由以下几部分组成：

• 受令人——即接受命令的执行人，也就是让谁去完成任务。

• 命令内容——即让某人去干什么工作，包括时间、地点、人员、行动、行动的对象。

• 完成的标准——也就是说该项任务要完成到什么程度，即做成什么样，一般分常规标准和特定标准。

常规标准即企业已做好的规定或工作标准——下令时不用讲明，但可以强调。特定标准指没有先例或未作规定的工作标准，下令时必须讲明。

• 完成的标志：验收合格、交回令箭。

• 复命的时限和方式：在什么时间以前，用书面、电讯或口头的形式向谁报告。

• 命令时的语言要求：①简炼、准确，不需要形容和描绘；②使用专用术语，概念清楚；尽可能排除误解；③有可操作性；④保证传达渠道畅通无误。

2. 会议

会议经常用来决定多向指挥和总体指挥。会议要求开得简短，并能解决实际问题。

▲ 参加会议的人

可以是不同部门的人员召开联席会议；可以是一个人领导下的各部门会议；可以是包括不同级别人员的会议。

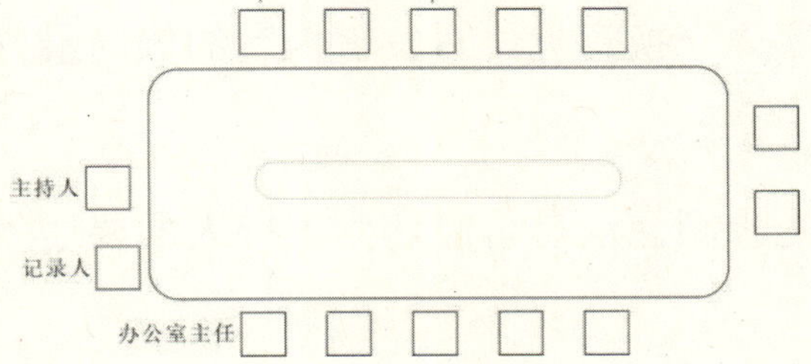

▲ 企业会议的种类：

企业的会议有许多种，除一般会议外还包括：

• 例会——固定时间，有固定汇报程序，同时解决即席提出的问题。每次会议时间最好不要超过 30 分钟。

• 动员会——发言固定，没有讨论程序。

• 研讨会——就某一课题进行切磋和探讨的会议形式，不一定得出结论。

• 鉴定会——为对某一特定事物的价值、性能、质量等进行鉴别、认定而召开的会议，必须得出结论。

• 讨论会——围绕某一问题进行争辩、探讨而召开的会议，不一定得出结论。

• 专题会——为协商讨论解决某一问题而召开的专题性会议，必须得出结论。

• 评比会——特定组织为评选典型事迹或先进个人而召开的会议。评比会一般在每一年度的年底或某一重大活动结束后进行。

• 汇报会——下级向上级领导或机关汇报情况和工作的会议形式。

• 调度会——在企业中，对业务活动中的任务进行安排，对人员及设备、物资、能源等进行派遣、调动的会议。

▲ **会议要素**

开会时间、会议地点、与会人员、会议议题、会议议程、会议决议。

▲ **会前准备**

包括议题、主持人、记录人、将要下发的文件；有准备发言，对会议进程的预测和对策。

• 议题：不要多于三个。

• 主持人：可以是事务主管人或共同上级。

• 记录人由主持人委派，最好曾经受过记录培训，会后能够根据原始记录整理出会议纪要。

• 将下发的文件要做到准确，有错误在会前要经过修改。

• 文件要按照与会人数复印，不要造成开会中途文件准备不齐。

• 要预先考虑到保密程序。

• 有准备的发言最好事先交换意见，对发言内容的倾向最好有所了解，至少知道谁将要发言。

• 预策和对策，预测是预测会议是否能达到主持人所要达到的目标，准备好相应的对策以努力达到预定目标。

▲ **会议通知**

根据会前准备拟定会议通知。会议通知包括：会议的名称、议题、时间、参加人、需带资料，以及通知的发放办法或途径。

·事先决定座次：

①主持人一定要坐主席位置，不管级别高低。

②记录人坐在主持人右手。

③其他人员按不同性质的会议有不同的安排方法。

·宣布会议开始，要明确、准时。

·主持人提出问题。

·与会者发表意见，

·主持人下结论。

·记录人对结论性发言要重点记录，暂时不做结论也是结论之一。在所有的议题讨论完毕后，或主持人认为必要时宣布会议结束。

主持会议要注意：①扣题，紧紧围绕议题去进行。②不要争论不休，凡主持人判断会上不能得出结果时，要及时做出“会后再议”的结论。③及时制止扰乱会议的任何情况（不礼貌言词，与会议无关的行动）。④要注意及时做出结论，作为决议纳入会议正式记录。⑤适时宣布散会。

▲ **主持会议的技巧：**

一个精明的领导者，当他主持会议的时候，总是十分清楚会议的目标、议题、议程，他会巧妙地利用会议激励每一个人的发言兴趣，总是千方百计达到会议的预期目的。

·主持人要在会议进行过程中，不断引导与会者始终围绕会议议题进行讨论。

·会议必须准时召开，准时开会，可以使迟到者吸取教训，形成一种良好的习惯。

·保持良好的会风。会议研究中的问题要言简意赅。

·主持者举止适当，讲话要洪亮，以表示出领导者的信心和魄力，以形成一种无形的感染力。

·开会的时间不可太长。

·会议中，领导者要适时终止辩论。

▲ **会议纪要**

·由会议记录人整理会议纪要。

- 会议纪要只记决议，不记讨论过程，个别重要语句可记。
- 会议纪要一定要有执行人和完成时间。
- 如果是连续性会议（如例会），会议上要总结上次会议决议的执行情况。

会议纪要（范例）

<table>
<tr><td colspan="4">会议名称：　　地点：　　　　年　月　日　时　分</td></tr>
<tr><td colspan="4">主持人：　　　　　　　　　　　　　　记录人：</td></tr>
<tr><td colspan="4">参加人：</td></tr>
<tr><td colspan="4">缺席：　　　　　　　　　　　　　　　迟到：</td></tr>
<tr><td>序号</td><td>决议</td><td>执行人</td><td>完成时间</td></tr>
<tr><td></td><td></td><td></td><td></td></tr>
<tr><td colspan="4">抄送：　　　　　　　　　　　　　　　签发人：</td></tr>
</table>

3. 公文

▲ 呈报文件

按文件呈报程序向有关负责人呈报，呈报时间和批复时间要做好记录。只能向一个人呈报，可以抄送其他人。

▲ 批阅文件

批阅文件是下达书面指示最重要的指挥方法之一。批阅的三种处理形式：发回、批转、留中。

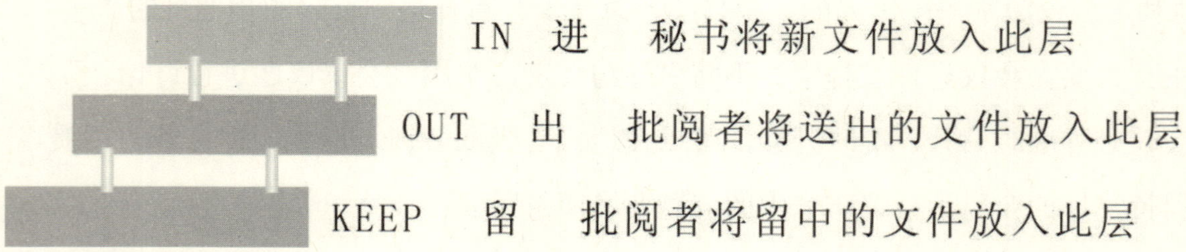

①发回即发回给呈报人执行（或否）。

②批转即被呈送人不能作出决定则批转给有关负责人。

③当中有两种情况：a 作为资料收存；b 暂不处理（要及时通知呈报人）

▲ 文件交换定时

▲ 收存文件

①用带FILE柜的办公桌和文件柜。

②每天批留的文件要立即插入办公室下的FILE中。

③每日秘书把办公室中的FILE移到文件柜中。

④每年封存一批文件。

⑤月内的文件办公桌下找，年内的文件柜中找，上年的文件储藏室中找。

4. 企业中的常用文件

企业内部日常事务文书，是一种信息决策、执行配合、审批手续、立此存照、公务联系、宣传教育、工作依据、规范指导等一系列重要手段的媒介体裁。

常使用的公文种类有：计划、通知、总结、报告、简报、章程、办法、规则、规定、准则、守则、备忘录、函等。

·公文格式包括：标题、发文字号、签发人、主送部门、正文、发文部门落款、发文时间、附件、印章。

·公文的撰写程序（公文制作流程或基本程序）：交拟、拟稿、核稿、缮校、签发、用印、封发。

·公文的发文程序（流程）：审核、签发、用印、分发、立卷、归档、销毁。

·公文的收文程序（流程）：传递、签收、登记、分发、催办、查办、立卷、归档、销毁。

以上设计的方法很简单，签收、登记可合并为一步；签收的方法最好是在原件上由收件人背签，背签后放入FILE夹中便于查找。

第四部分　联络系统

一、小微企业联络系统的设计依据

1. 机构图（局部）

▲ 以营销管理部为例

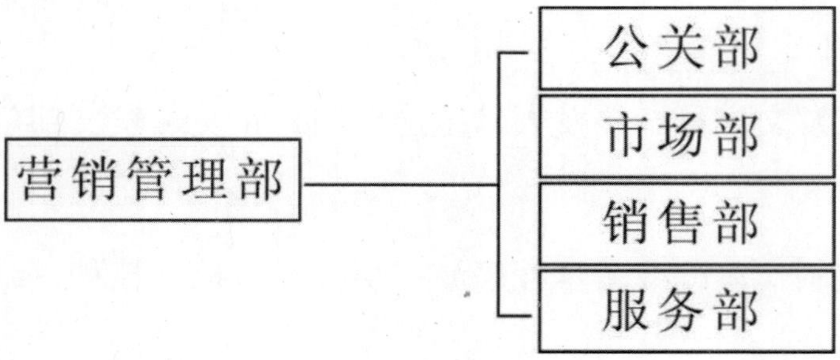

2. 部门职能

部门名称：业务部

直接上级：副总经理

部门本职：满足目标市场需求，完成企业赋予的使命

主要职能：略

兼管职能：略

3. 部门本职

二、小微企业部门之间的运作原理

1. 各尽其职，各负其责

交通规则的基本原理是“各行其道”；管理的基本原理是“各负其责”。

2. 相互服务，相互制约

企业内部按部门职能提供的服务，应与业务部门对客户的服务同等标准。是考核该部门工作质量的重要依据。超时缺编要追究人事部的责任。

3. 统一指挥，步调一致

不同部门职能不同，但都要在企业最高管理层的统一指挥下采取步调一致的行动。

4. 工作流程和工艺流程构成了企业自动化运作机制

5. 不同的职能部门内部有各自不同的运作形式和管理方式

6. 部门的工作业绩考核评定

工作业绩考核评定主要应按其完成职能的情况而定，特别是其部门本职是否完成。

三、小微企业工作流程设计

1. “工作流程”的含义

在企业中，几乎所有在部门及岗位空间传递的工作都要事先设计好。在企业中，为所有行政工作行为统一设计的工作标准和步骤称为“工作程序”。为完成一定的工作任务要将 2 个或 2 个以上工作程序组合在一起，这种组合就是工作流程。

2. 工作流程的要素

▲ **流程名称（任务名称）**：为完成特定任务，按一定程序安排的程序组合。

▲ **流程图**：采购工作流程

▲ **文字说明**：

A. 申请人按“申购程序”提出申请，经过申请部门经理审查、签批后，交采购部经理，进入“寻价程序”。

例如：采购工作流程

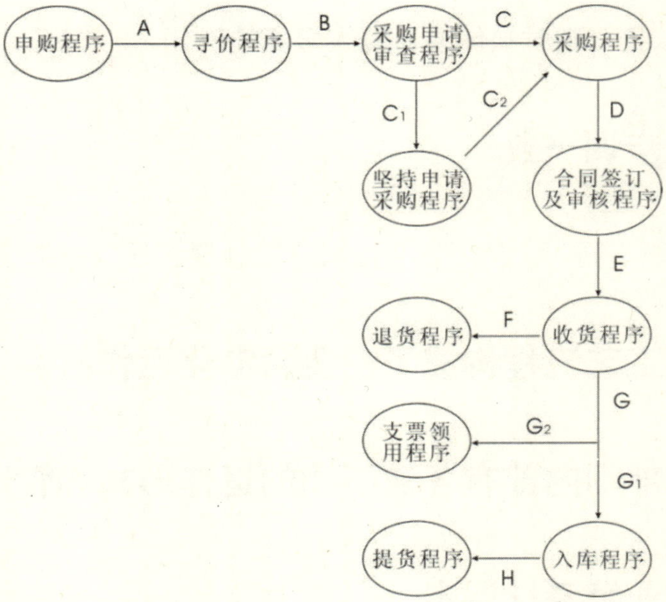

B. 采购部经理按资金情况，经“寻价程序”后转交财务部商务审核员，进入“采购申请审查程序”。

C. 财务部按“采购申请审查程序”，由财务部有关人员分别进行成本核算、盘库、出纳备款审核后，交财务经理；财务经理审核后，报总经理签批后进入“采购程序”。

D. 在财务经理审核后被否情况下，由财务部商务审核员退回申请部门经理，申请部门视情况进入“坚持申请采购程序”或放弃申请。

E. 经过“坚持考核申请采购程序”后，报总经理签批，进入“采购程序”。如果总经理否决，仍交申请部门经理，由申请部门经理放弃申请，用其他方法解决。

F. 进入“采购程序”后，若属长期采购及大宗情况，由采购员进入“合同签订及审核程序”。若属小额采购，则由供应商处直接采购。

G. 进入“合同签订及审核程序”后，按合同进行采购，采购物品由库管员按“收货程序”

办理。

H. 库管员按“收货程序”判定所采购物品；如不合格，进入“退货程序”。

I. 库管员按“收货程序”判定所采购物品合格，进入“入库程序”和“支票领用程序”。

J. 进入“入库程序”后，通知申请部门经理，可以进入“提货程序”。

K. 进入“支票领用程序”后，由采购员、出纳员共同完成对供应商的付款。

L. 申请部门经理得知所申请物品已办理“入库程序”后，可进入“提货程序”提货、使用。

▲ **程序包：**在流程图中标有程序名称的集合。

▲ **工作程序名称：**“采购申请审查程序”“收货程序”。

▲ **程序号：**程序的编号。

▲ **主程序和子程序：**工作流程中的程序互为主程序和子程序。

▲ **程序图：**

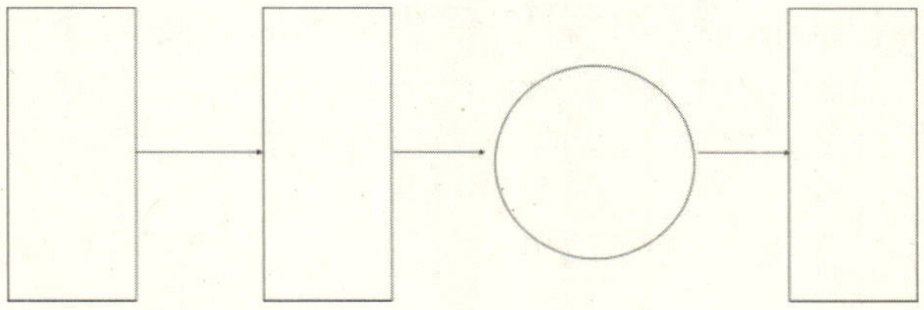

▲ **岗位：**

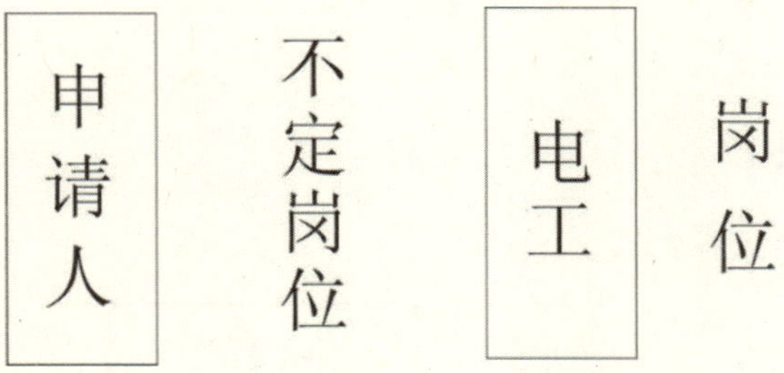

▲ **方向线：**→

▲ **工作行为：**如：签批或签否。

▲ **所用表格：**如：采购申请单。

▲ **所用工具：**如：电话。

▲ **工作环境和条件：**如：温度、试验条件等。

▲ **不定岗位：**申请人、批准人、发起人、召集人之类。

▲ **多向盘：**两种以上不同结果使工作向不同方向发展。

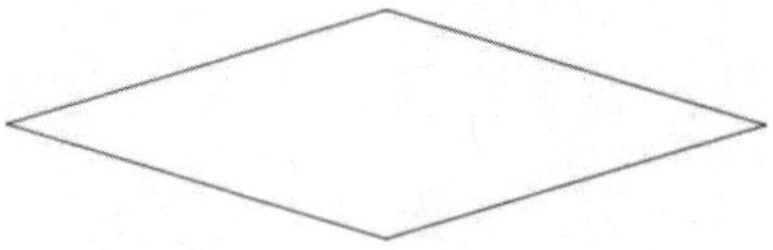

▲ **并联通路：**如：某一岗位工作需三个岗位同时完成后，进入下一岗位。

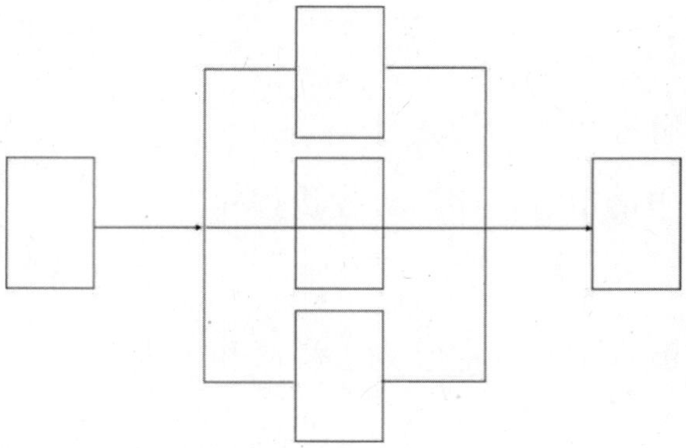

▲ **串联通路：**如：某一岗位工作需三个岗位连续完成后，进入下一岗位。

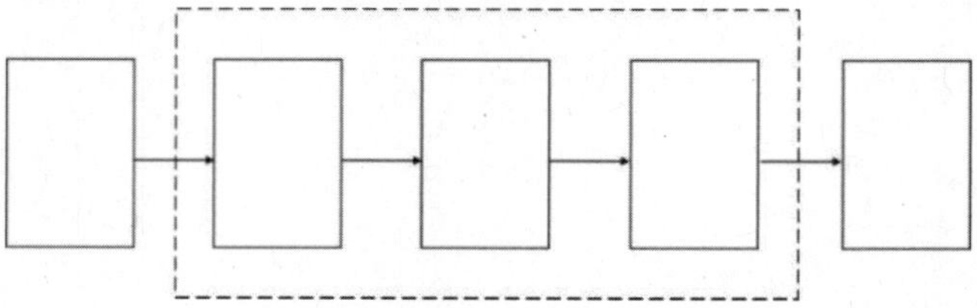

▲ **工作标准：**指工作所应遵循的依据。

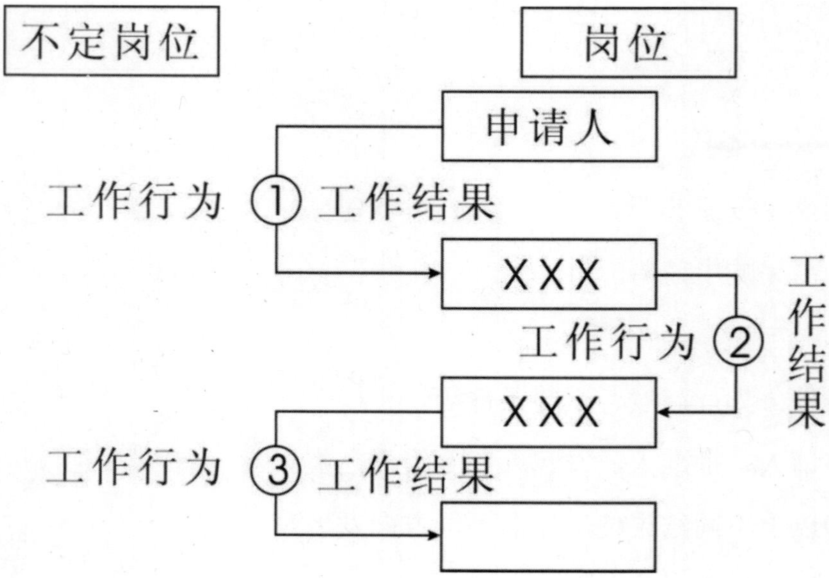

3. 工作流程的格式

（1）程序号：_______　程序名称：_______　主管部门：

（2）表格

（3）工具

（4）工作行为

（5）图例

▲ 采购程序

程序代号：0014　程序名称：采购　主管部门：采购部

▲ 主用表格（见后表）

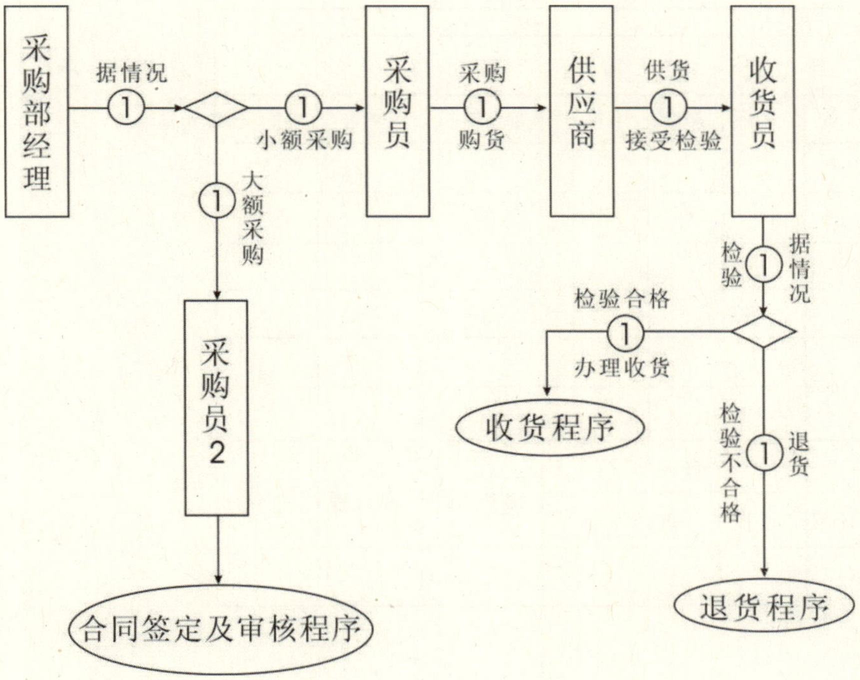

表　　采购申请单

采购申请日期：　　　　年　　月　　日

总号	
编号	

采　　购　　栏						记事栏
材料名称				材料编号		
材料规格				材料标准		
采购数量		单位		需用日期	经理	库管
用途						
备注						

申请人	部门经理	采购部	财务	总经理	采购员

年　月　日			报价厂商					
零购单号	品名	规格	数量	单位	单价	单价	单价	备注

采购部		财务部		财务经理	总经理	批注
采购员	部门经理	审核	部门经理			

工具：电话、车

▲ 相关联的辅助程序：

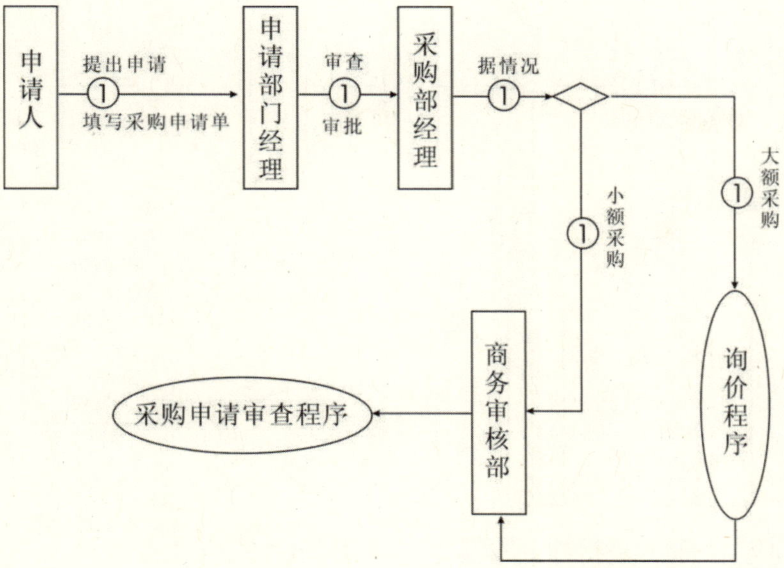

▲ 申购程序：

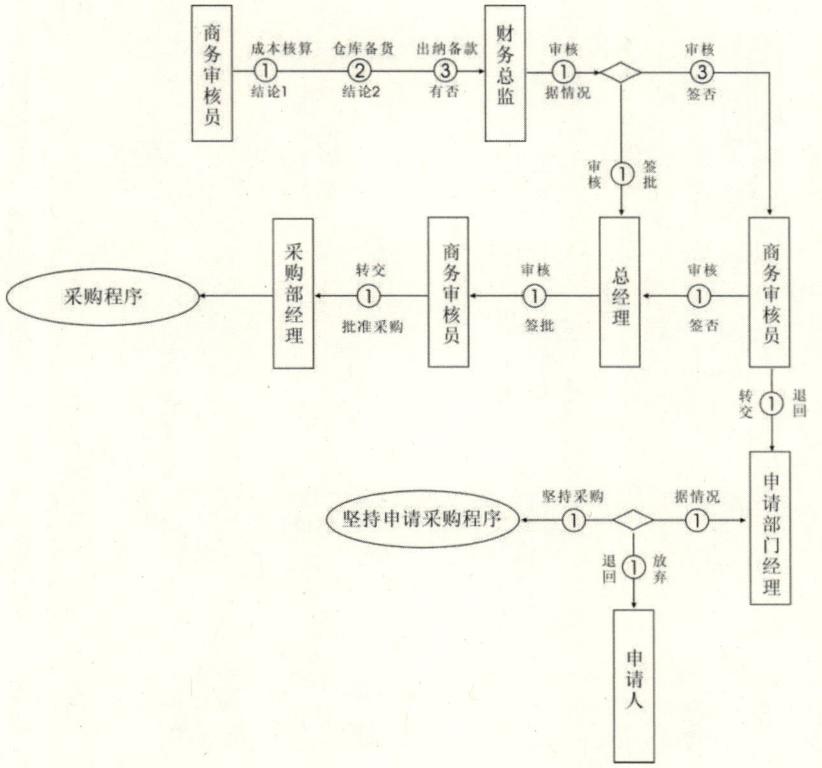

程序代号：0011　　程序名称：申购　　主管部门：申请部门

程序代号：0013　　程序名称：采购申请审查　主管部门：财务部

▲ 坚持申请采购程序：

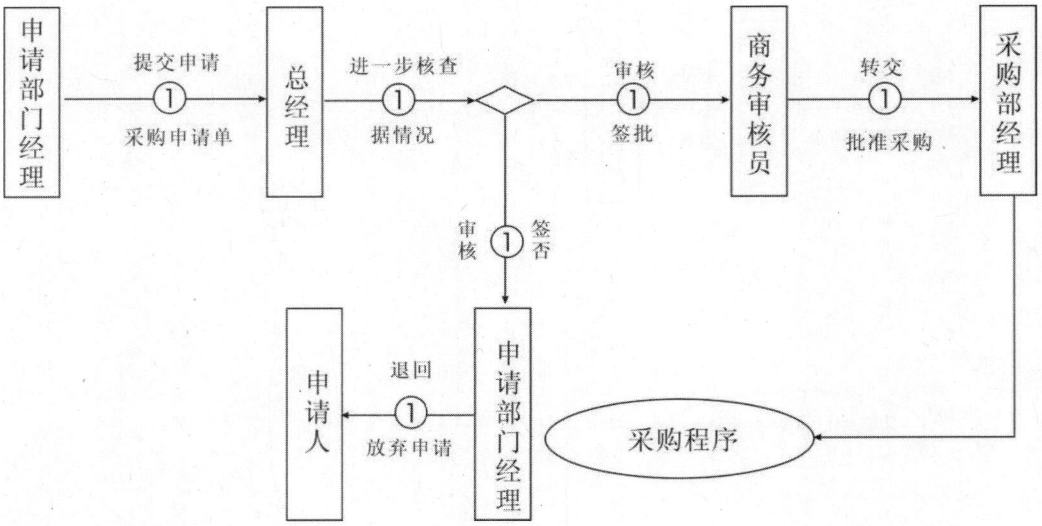

程序代号：0015　　程序名称：坚持申请采购 主管部门：总经办

▲ 入库程序：

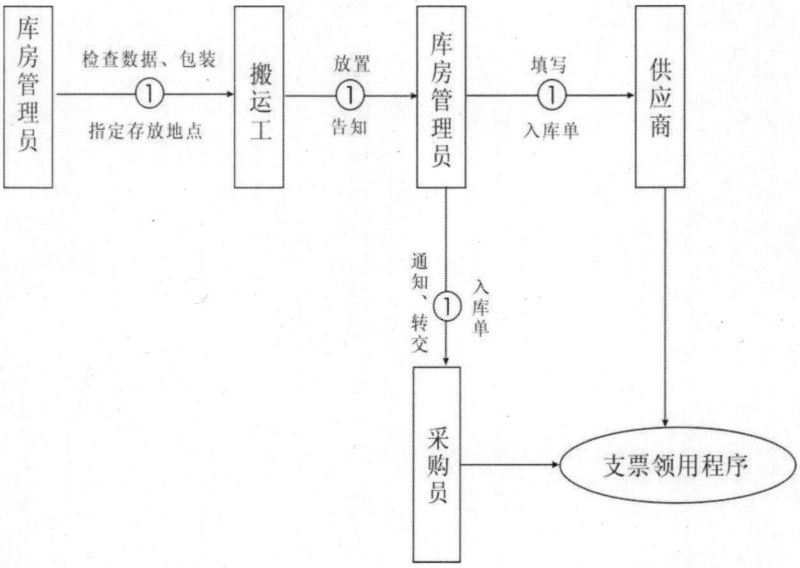

程序代号：0016　　程序名称：入库　　主管部门：收货部门

程序代号：0018　　程序名称：收货　　主管部门：收货部门

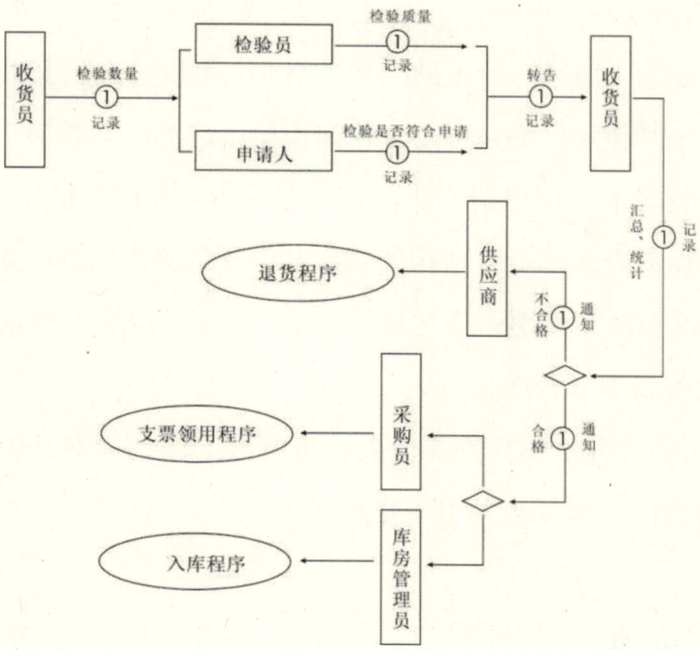

▲ 退货程序

程序代号：0019　　程序名称：退货　　主管部门：收货部门

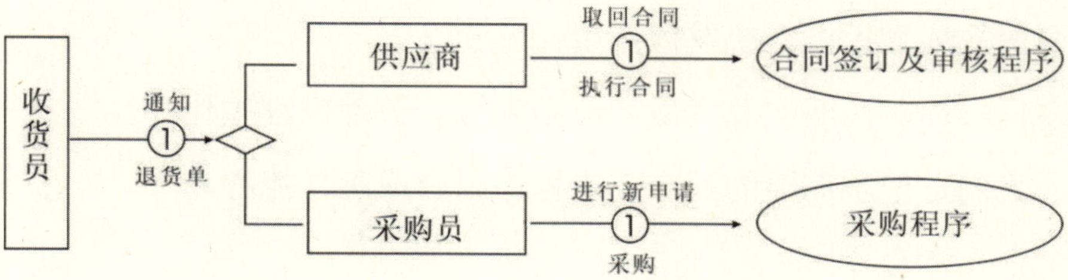

4. 工作行为标准

▲ **时间标准：**在规定的时间内完成工作行为。

▲ **范围标准：**在规定的范围内完成工作行为。

如：成本核算员在了解物品价格时，不允许出企业，只能用电话询价；而采购员询价，必须深入供应厂家。

▲ **保密标准：**如：参与档案的工作行为。

▲ **质量标准：**如：填写有关表单时，要字迹清楚，必填项不允许空缺等。

▲ **特别工作要求：**如：会计、出纳不可兼任；采购、收货不能属同一部门的人等。

5. 程序化行为和非程序化行为

▲ **特点**

我们把一个组织的全部活动分为两类：一类是重复出现的例行公事，如订货、材料收发等。这类活动因为是重复出现的，而且有一定的结构，因此，可以建立一套处理这些决策的程序，以便当这类活动重复出现时使用，不必再重复作出决策，这类活动就属于程序化行为。如采购部门采购材料应由使用材料的部门申请购买，经过有关业务部门审批，再实施采购行动。另一类是非程序化行为，表现为新颖的、无结构的、具有不寻常的影响，如新产品开发、经营环境产生重大变化等，有关这类决策不用程序化决策方法，而应该以普遍的决策过程所采用的几个阶段来处理，这类决策就属于非程序化行为。

一个现代化企业要对几乎所有工作行为责任人、步骤、动作、标准、表格、工具走向、检测手段进行科学和周密的设计，制订出各个工作程序。

▲ 说明

a．企业的工作行为都不是随意、随机的，应尽可能程序化，甚至包括突发事件，如火灾、报警、罢工、领导的突然去职、事故、原料断档、合同终止等，也要有程序和对策。这类叫“非程序化事件的处理程序”。

b．非程序化的东西往往依靠指挥系统发挥作用。

c．已发生的非程序化事件，在两次发生后，就必须被有关部门程序化。

d．在完成任务时，我们是把所需要的几个工作程序组合成工作流程。

附：指挥系统与联络系统的关系

1. 部门职能的确定和调整以及部门负责人的述职，是在管理当局的统一领导下完成的；一经确定在正常情况下，指挥不能随意改变部门职能。

（1）主要职能的改变具有里程碑性质。

如：不能随意要求人事部门去管理安全工作。

（2）监管职能的改变也必须通过一定程序进行。

如：企业安排打扫卫生工作，应安排好人员如何分派，工具如何调配。

2. 在正常情况下，指挥系统不干预工作流程，工作流程依据一定程序执行。改变流程应是“立法”过程。

3. 指挥系统有责任检查各部门职责的完成情况和工作流程，且要求有一定的频率、制度，对其结果要进行分析、上报、处理。例如，营销管理部经理要定期向总经理报告其销售计划途径、方法及结果，而上级也会根据预先制定的职能范围和工作标准来检查其部门的工作，最后作出评价。

4. 指挥系统中上级部门有责任不断地修改、调整和废止某些已不适用的程序，并根据不断发生的新情况领导建立新工作流程。如：在必要情况下，上级可以决定把原来属于总务部的处理废旧物资的工作调整给财务部管理。

5. 下级部门在完成工作流程中所发生的各种不正常现象要及时投诉。

6. 上级部门通过指挥系统接受投诉并及时表决。

7. 下级对裁决结果必须服从。

8. 在职能部门未履行其职责时，上级有权干预其工作直至各项流程正常运行为止。

第五部分　约束系统

一、小微企业检查和反馈

（一）检查

是企业为了解各层、各部位、各种经营活动的过程和结果所进行的全部活动。

1. 行政检查

▲ 遵循原则

上对下可以越级检查，不能越级指挥。任何一个管理人员对直接下级和所属下级中的任何岗位都有检查的权力，同时也有检查的责任。按组织系统表，由各级行政管理人员对自己下属所实施的检查叫“行政检查”。其检查范围不能超过自己所属的部门，是一种上对下的检查。这是不包括部门之间、岗位之间的检查，那是横向检查。没有特别授权不能检查别人所属的下级。

▲ 检查是责任

在岗位描述中，各级管理人员的直接责任都有一项为检查下属工作情况。从责任上讲，一个经理所管辖的部门和自己的属下做出的任何与工作有关的事情，都必须置于自己的监督之下，对之都有检查的责任。失查是失职的重要内容。

行政检查的方式有 3 种：

· **常规检查**。工作流程和工艺流程要求定时、定项、定标准的检查。这种检查是设计好的工作流程，有固定的项目、表格、手段，也包括检查数据的处理、记录和上报程序。如重要设备每日检查表（见附录）。这种捡查是定时的，如班前、班后、交接、复命等。

· **巡视检查**。基层主管经理工作的大部分时间应是在现场巡视，高层经理在工作中也应安排时间进行现场巡视。巡视是检查的重要手段。巡视检查的好处是：①通过巡视可以取得对工作现状的直接感性了解。②向下属表示你的存在。③给下属表现自己的机会。④能及时解决工作和项目建设中的问题。⑤在感情上拉近与下属的关系。

· **目标检查**。是管理者带着某些问题有明确的目的，事先作好各项检查手段的准备，在非常规时间集中人力、物力进行检查。

2. 专业检查（职能检查）

小微企业内部各职能部门根据自己所特有的部门职能，按照程序标准进行检查。如财务部对固定资产现状和使用情况的检查，办公室对考勤执行情况和仪容仪表的检查，等等。这些检查均属于横向检查，它的授权来源于企业的各部门所制定的工作权限及工作程序中的明确规定。

专业检查必须具备以下性质：

- **专业性**。因专业不同，有不同的检查项目、检查工具、检查标准和检查手段。
- **强制性**。在专业范围内，职能部门的专业检查有处理权，被检查部门必须按专业检查人员所提出的改进意见去做；若被查人拒绝执行，检查部门应采取措施并向上级紧急投诉，后果由被查人承担；如检查部门负责人受拒绝后不作紧急投诉，对后果负主要责任。
- **明确性**。发生事故的时候，凡属检查人员未按检查规定检查或未坚持原则，检查人员负主要责任；凡属操作人员不按专业检查人员的指导而发生的责任事故，操作员负主要责任；如果检查人员明知操作人员未按指导办事而不加制止，不及时向上级报告，那么对出现的责任事故检查人员仍负有重大责任。

3. 值班检查

值班检查分为值班经理检查和执勤检查。

值班经理检查：有些企业为了使肩有分工的高级经理能全面了解企业的工作情况，并对下级经理进行锻炼，常采用值班经理体制。值班经理的排班由办公室负责。

- **挑选值班经理**

一般由副总经理以及各部门经理担任，其中包括办公室主任等。其要求是：有处理问题、解决问题的能力、有上进心的。这种选择也要参照总经理对下一级人员未来的提升计划。凡有意提到总经理身边负责全面工作的人，最好能在值班经理的岗位上进行锻炼。

- **培训**

一般由办公室主任组织，由总经理讲第一课，各专业经理参加讲课。内容是值班经理的职责、检查方法和对值班经理的态度及纪律要求，也包括对值班经理工作的检查、评价和对值班经理本人的影响。培训内容还有各部门各部位的专业检查要点，例如门卫、锅炉房、配电房、电话机房、消防值班室等等，还要培训值班经理怎样填写值班日志或值班检查表。这种培训由相关单位或专业人员承担。

• **检查标准的制定**

各部门都应在企业开始运作前制定各部门、各班组、各岗位的工作流程、工作及服务标准——这些标准由各部门自己掌握一份，人事部掌握另外一份。值班经理有责任熟悉这些流程和标准。

• **运作**

办公室主任于值班开始前，把值班日志或值班表格交给该日值班经理；如企业有特别检查任务，办公室主任应在工作记录本或表格上注明。值班经理在记录时要写明时间、部位、当事人、事情经过和处理意见，值班结束后要把工作记录本或表格交还办公室。

• **值班经理权限**

有权处理企业日常工作所发生的问题，以及认为自己有权力和有能力处理的各类问题。如遇紧急而值班经理自己无法解决的问题，可报告总经理；非紧急问题只采取记录，由办公室报告总经理。值班经理在值班时间内有权享受总经理的某些待遇，如出门派车等。

• **值班记录**

要有办公室主任阅过，并写成简报交总经理。如总经理认为有必要了解详情，可调阅值班日志或值班表，或叫该值班经理询问，也可采取把值班经理汇报列入例会议程。

• **值班经理的替换**

值班经理没有明确的级别限制。对于不负责任的值班经理或无力处理全局的值班经理，其惩罚是把他从值班经理的名单中去掉，而选用那些渴望接受培养的人。企业应明确表示：欢迎有雄心的管理者（Ambition）。

• **值班经理的考评**

当每位值班经理已经轮流四次以上，应由总经理对值班经理的工作态度及能力进行谈话考评，并把总经理的正式评价列入该值班经理的技术档案。

• **值班经理制度的好处**

①减轻总经理的负担，使总经理从日常繁杂的工作中解脱出来，更多地去考虑企业的明天。

②锻炼下级干部，使有志向并希望提升的干部获得表现自己才能的机会。

③使企业的各部门分工不分家，更有机地结合成一个整体。

④为企业提拔干部提供参考。

4. 专职检查

企业可在办公室下设兼职纪律检查员。

• 纪律检查员由新招收员工、文化不一定很高的年轻人担任，甚至可以由临时工担任。但其要对这项工作十分珍惜；其应被告知，只要有两次不实检查记录出现，将失去在本企业工作的机会，即被解雇。

• 设计专用检查表格（见附录）；此表要列入详细检查项目—— 一个企业可以有几十到上百项，越细越具体越好；表中要列入每天的检查次数，不少于 3 次；对所列检查项目的判断、标准明确简单，能用勾（√）、圈（○）、叉（×）表示，特别事项可另加注明。这样便于电脑扫描录入。

• 由办公室对纪律检查员进行培训，培训内容为填表的方法、标准的掌握和纪律要求。办公室主任至少两次带领该检查员到所有检查项目的位置上进行实地培训。

• 公开一条纪律：企业的检查员不许和任何人拉关系；如被发现，检查员有可能失去工作。

• 检查员只有检查权而无处理权；但可要求被检查岗位的人员拿出该部门的行政检查表，首先要查其是否已被检查并记录；如被检查岗位人员拒绝出示或拒绝检查，纪律检查员不要争论，只需在检查表上注明“拒绝检查，拒绝出示”等就够了，由办公室主任统一处理。

• 如发现检查员具有不负责任的现象，立即换人。

• 这项检查的关键是大量和坚持，以概率显示结果。

5. 秘密检查

董事会或总经理有权采取非公开手段进行检查，但只限于工作范围，不应该涉及个人稳私，而且做到结果保密。

6. 社会检查

社会检查又称“委托检查”。例如，委托会计师事务所查账、委托监理公司对工程进行有法律效率的监理等等。

（二）反馈

反馈指在社会及用户、员工对企业的形象、服务、产品及政策所产生的反映。其来源如下：

1. 统计

小微企业或各部门进行，或设专门的统计机构，建立起各种数据的统计汇总系统。本企业统计由行政管理部负责。这些统计资料由于制度化、科学化、表格化，很容易从大量的数据中，用概率原理总结出反映企业本质问题的真实情况。但统计必须要保证真实性。

2. 各部门上报资料

如：营业时间表、财务现金日报表、销售时报表，以及能源、人力、考核结果的月报和年报等等。

3. 建立渠道、收集反映

▲ 内部

员工需要反映各种情况，发表对企业政策的各种看法，提出合理化建议；要建立正规渠道，对企业内部的投诉、建议的处理要由办公室、人事部等职能部门按规定进行专业处理，做到保密、符合上报程序。在概念上，这种正规渠道向上反映的投诉和建议不属于越级上报。

▲ 外部

主要建立某种渠道和程序，收集社会及客户的反映。如对服务的满意度、投诉、回头率、市场占有率、传媒的报道、客户评论等。

二、小微企业检查和反馈结果的分析

1. 职能部门负责汇总、分析和上报

办公室负责对值班经理和部门间互查的结果进行分析和上报，负责行政检查的收集、汇总和上报，负责工作程序及企业政策执行情况的检查结果的汇总和上报。

· 办公室：负责纪律检查员的检查结果的分析和上报、消防及安全检查结果的汇总和上报。

· 业务部门：负责产品质量检查结果的分析、汇总和上报。

· 财务部门：进行财务经营数据的分析、汇总和上报，负责固定资产的每月盘点数字的上报等等。

2. 电脑的汇总、分析和上报

现代化企业，每天必须有大量数据、检查结果汇总到企业最高决策机关。其分析、汇总的工作量已超出手工所能完成的量。因此，建议设一名专业录入人员对每天的汇总数据进行录入，并实行“下午四点录入制”。

我们设立企业录入电脑终端，并设一名专职录入员，每天下午三点半，各部门上交的所有表格资料汇总到电脑录入人员的台面上。录入员下午四点开始集中录入所有资料。一个企业资料再多，这位录入员用 2～3 小时就可全部录入电脑。鉴于大量的标准表格，采取判断法、勾（√）、圈（○）、叉（×）法，可以使用扫描技术以加速数据的录入。由于我们按需要选用了各种数据的管理软件，这些数据按照需要的公式在电脑中进行数据库的处理，就可以把各种报表及分析结果在第二天上班的时候，放到各级管理人员的办公桌上。当然“下午四点录入制”是一种名称，根据需要可以把录入时间安排在上午九点或午夜十二点，但也可以叫“下午四点录入制”。

3. 各级行政管理人员进行分析

企业要通过各项专业培训和检查，使各级管理人员建立数字意识，做到脱口而出。企业及各部门每天会有大量的数字，但这些数字是为各级管理人员提供参考，以便他们作出科学决

策。数字的真实意义必须在管理人员的头脑中形成深刻的概念，触动每个管理人员的心。

三、小微企业检查结果的保密

企业的各种检查结果都会反映出企业的经营数字，这些数字可以分析出企业的经营状况。在竞争激烈的今天，这些数字均属于企业的经济秘密，一旦被无关人员或被对手及客户获得，将会给企业造成巨大的声誉损失和经济损失。因此，应该制定一套对检查表格、结果、数据的保密措施。

1. 应该明确颁布一条纪律：企业员工不能查看任何检查表格及汇总结果，更不能把这些数据泄露给无关及企业以外的人员，否则要受到相应的制裁。

2. 保卫部门中内保人员的一项重要工作内容，便是制定一套实用的保密程序，并监督、执行保密规定及纪律。

3. 对保密工作本身也进行检查、上报；如有违反，要不失时机地进行处理。内保人员还要制定出相应的保密检查程序并执行，以确保“保密程序”的执行。

4. 如发生泄密事件，内保人员的责任也要被追究。

四、小微企业检查结果的上报

各项检查结果，要由办公室主任按总经理要求总结出每日简报；如需通知有关部门负责人，如在工作流程规定允许范围内，由办公室负责转送，范围之外由总经理批准转交。

总经理根据简报，随时调阅详细情况及材料。

五、小微企业检查结果的处理

有检查无处理，检查将流于形式。

1. 明确处理问题的责任

把企业中各种检查结果的处理责任分别写进有关部门领导岗位描述的直接责任中，就是使责任落实。

2. 检查结果的知达（通知和送达）

检查结果的知达系统由办公室负责；凡未能及时知达有关人员，办公室主任负失职责任。

3. 检查结果的处理方案

最初处理方案。由有关责任部门的负责人提出。处理方案分为：

- 提出改进和改正措施。
- 填写责任或违纪过失单。

4. 行政主管落实处理方案

有关责任部门的处理方案直接送给责任人所在部门的领导。该领导通过本部门行政系统进行核实后，如无不同意见，即通知当事者执行；如有过失单，则交给当事者签字；当事者拒签，则由其上级管理人员及在场第三者见证人签字证明已送达责任人；如经当事人所在部门领导核实，有不同意见，则签署意见后，交还办公室。办公室主任上报总经理处理。

5. 处分核准执行

在处理方案中如产生过失单，则由当事者所在部门负责人及有关职能部门负责人签字后，按程序送办公室核准执行；办公室是否上报总经理按处分批准权限进行。

6. 总经理特赦权

对任何处理和处分，总经理有特赦权。总经理有权免去处理方案中给予有关当事者的处分。

六、小微企业检查结果的长期效应

如能采用“下午四点录入制”，这样，检查结果就可以在电脑中长期储存备查，并可用各种方法检查。

1. 和奖惩挂钩

没有奖罚条例的检查结果是毫无意义的。把检查结果量化、分等级，对相关的奖惩等级进行奖和罚。

2. 和收入挂钩

通过与收入挂钩，体现每个人的利益分配上的不同，直接与分工工作质量相关联，更加激励每个人的工作积极性，约束每个人的工作质量和工作行为，以获得近期的管理效果。

3. 和升迁挂钩

对一定时期检查结果进行分析、综合评定，可以了解某个人、某个部门在一段时间内的工作业绩和工作质量，是员工升迁最原始、最基本的参考数据。因为人们很难相信连日常工作都完成不好的人，能干更高一层、更负责的工作。

4. 对工作程序的修改提供一定数据

在工作程序的设计中，难免有不完善的地方，而且在工作过程中环境、条件及量的变化，对工作程序的执行都有影响，而通过检查结果的分析，可以给程序修改工作提供一定的数据参考。

5. 对企业决策有影响

企业中的各种检查结果可以反映企业各方面的状况，而且还可以发现某些规律性，从而影响企业的决策。利用积极方面的因素、规律，使不良的因素被克服。

6. 影响检查方式的本身（是否反映真实情况）

如果检查结果与公司的实际需要相差较大，或不能反映真实的情况，检查本身就应该调整改进。大量检查结果的积累，必然反映出与工作业绩的关系，或正或负；如一个部门员工违纪比例上升，但工作效率也提高，这就提醒我们要检讨纪律条款订得是否合适，或检查方法是否正确等等。

7. 检查结果的跟踪要延续一定时间

只有延续一定时间的检查结果的累计才具有指导意义。有时看起来非常小的检查，但是造成的后果是非常严重的。

七、小微企业检查和反馈的表格

企业中不论是最高首长、单位主管还是管理人员、操作人员，都在工作上有一个共同特性：不能离开表格。检查反馈表格是传递管理情报的基本工具。

1. 表格的构制、缮印、储存、分发、填写、计算、抄写、递送、审核、归档、保存。表格是决策信息的重要来源，也是影响工作效率的重要因素。必须从两点着手：（1）取消多余的表格；（2）必要的表格要尽可能有效和经济。

2. 表格是检查、反馈工作的基础。

3. 要设计表格，千万别任意创造表格

表格的设计者，必须是对专业十分内行的专家。各种数据、各种标准要订得十分准确。须将创造表格所需的资料予以分类综合，并合乎逻辑地安排在表格中。表格应符合资料检索的要求，做到排列有序，眉目清晰，重点明确，使填者、阅者一目了然。

4. 检查反馈表格的几种范例（见后附表）

每日检查记录表

月份

年　月　日

检查项目＼日期											检查说明 良 否
星期											
											1.油量不足 2.压力异状 3.温度差异 4.转速不足 5.绝缘不良 6.电流过大 7.漏油 8.磨损 9.接触不良 10.松动 11.松弛 12.异音 13.灰尘 14.松弛 15.变形 16.破损 17.烧坏 18.冷却不良 19.动力不良
											处理记号 △换新（不急） △△换新（紧急） ○修理（不急） ◎修理（紧急）

工作评价表（第一面）

<table>
<tr><th colspan="3">因素</th><th>评价之依据</th><th>程度</th><th>分数</th><th>小计</th></tr>
<tr><td rowspan="5">智能</td><td colspan="2">知识</td><td></td><td></td><td></td><td></td></tr>
<tr><td rowspan="3">技能</td><td>作业方法</td><td></td><td></td><td></td><td></td></tr>
<tr><td>设备</td><td></td><td></td><td></td><td></td></tr>
<tr><td>物（资）料</td><td></td><td></td><td></td><td></td></tr>
<tr><td colspan="2">经验</td><td></td><td></td><td></td><td></td></tr>
</table>

工作评价表（第二面）

责任	对他人安全财产与业务	警觉程度				
		严重程度				
		财产设备				
		物资料制品				
		公关关系				

守卫日志

来访宾客登记　　　　　　　　　　　　　　　　　年　　　月　　　日

访	服	坐车		接	事	来	离	备考
		车种	车号					

员工外出登记

姓	职级	交	欲	事由	挟来物	出厂时	返厂时		备考
							预定	实际	

进厂货品登记

送	姓	运货车		货	单	数	收	收货单位	返厂时	离	核	备
		车种	车									

公务车辆每日检查基准表

1. 方向盘	（1）不能太松，紧度要适当 (2)不能有声音、倒弯、太重声音	良	否
2. 刹车	（1）刹车板踏度适当，刹车要灵 （2）手刹车杆拉长要适当		
3. 轮胎	气压要适当，没有特别的损耗及损伤		
4. 底盘、弹簧	没有损伤		
5. 引擎	（1）排气的颜色没有不良 （2）水箱的水适当 （3）润滑油没有减少到加油的程度		
6. 火花塞、点火装置	点灭情形要良好，没有污脏及损坏		
7. 喇叭、方向灯、雨刮器	没有不良		
8. 内外后视镜	照清楚		
9. 倒车灯、车牌灯、车牌	没有污脏及损伤		
10. 仪表	没有不良作用		
11. 空气补助、刹车桶	（1）没有积水 （2）气压要适当		
12. 昨天行驶中发现的异状的部件	该部件要恢复正常		

消防水栓（箱）检查记录表

部门：　　　　　　　　　　　　　　　　　　年　　月　　日

<table>
<tr><th>检查结果 / 项目 / 水箱编号</th><th>出水瞄子</th><th>水带</th><th>水栓</th><th>水管</th><th>外箱</th><th>炮台水箱</th><th>其他</th><th>异常处理对策</th></tr>
<tr><td></td><td></td><td></td><td></td><td></td><td></td><td></td><td></td><td></td></tr>
<tr><td></td><td></td><td></td><td></td><td></td><td></td><td></td><td></td><td></td></tr>
<tr><td></td><td></td><td></td><td></td><td></td><td></td><td></td><td></td><td></td></tr>
<tr><td></td><td></td><td></td><td></td><td></td><td></td><td></td><td></td><td></td></tr>
<tr><td>检查项目说明</td><td colspan="8">正常："√"，异常：填写异常原因代号
一、出水瞄子
二、水带　（1）接头不灵活（2）损坏（3）缺（4）接头不灵活（5）破孔（6）缺
三、水栓　（7）接头铜环卡死（8）漏水（9）出口接头损坏（10）阀门卡死（11）漏水（12）锈蚀
四、水管　（13）箱门损坏（14）把手开关损坏
五、外箱　（15）漏水（16）喷嘴不灵（17）上下转动不灵（18）左右转动不灵
六、炮台水箱（19）存放方式不当（20）水压（2 kg/cm^{2}以下）不足（21）周围通道物品阻塞
七、其他</td></tr>
</table>

八、小微企业检查和反馈的流程

检查和反馈的三个步骤：建立标准；根据已建立的标准检查工作；纠正偏离标准，即差异分析和差异处理。

1. 建立标准

检查和反馈是依据一定的标准去检查。因此，任何检查实施都要有可衡量、可比较的标准。一个较好的检查标准通常包括数量标准、质量标准、综合标准和时间标准。

定量标准：有些标准是可以量化的。例如顾客满意率、产品合格率等。

定性标准：有些标准是不可量化的。例如企业的规章制度、岗位责任制等。

对不可量化的定性标准，我们重视判断或评价人和核实人、批准人的不同权限的确定，以求客观，减少个人色彩。

2. 根据已建立的标准检查工作

标准是衡量业绩的依据，有了检查和反馈就可以将工作成果与标准相比较，来衡量管理的成果。

在实际管理活动中，管理者获取信息可以通过下列途径：

（1）各种财务报表、报告，由下往上报。

（2）管理者通过巡视检查，直接观察、检查，询问获取信息。

（3）通过会议和听取下级口头汇报。

企业管理人员对所取得的信息必须正确、及时、适用和有效。如果获得信息失真，对实际工作结果就无法作出准确的评价；如果是不适用的信息，就无法认定工作结果的好坏。

信息和数据是否真实，也要通过自检或互检系统来监督。另外，尽可能多地使用电脑监督和分析，这也是一种可选用的办法和今后检查工作的方向。

3. 纠正偏差

通过检查和反馈，发现实际工作结果与标准的差异，然后对差异的原因进行分析；根据差异原因的不同，采取不同的方法进行处理，纠正实际与标准的偏差。

检查反馈包括建立标准、衡量业绩、纠正偏差三个步骤，实际上形成了一个完整的检查反馈系统，完成了一个控制周期。通过每一次循环，使偏差不断地缩小，企业的活动趋向企业的目标和计划。

九、小微企业检查和反馈的原则

1. 客观的原则

是艰苦的调查过程，不是想象，不带主观臆断。

2. 真实的原则

对于真实性的研究要符合科学方法，要引入现代的心理学研究，像人们的视觉差、色差和温度的感觉都影响我们检查结果的真实性，力求从主观真实到客观真实。

3. 概率原则

企业的检查是长期的、多次的，对所有方面的制度化检查，必须有足够的普遍性，才能准确反映得出正确结论。

4. 代表性原则

是否代表事物的本质。

例如：每一个人都说工资低时，不代表工资低，只代表人们对工资满意率低。

5. 与企业利益相关的原则

任何检查和反馈都必须有利于企业的发展和控制，有利于企业的管理检查结果的处理，上报的级别、保密的程序，都直接关系到企业的利益。

任何检查和反馈如果给企业带来不利的影响，应立即停止。

6. 两权分离原则

把检查权和处理权分开。如企业质检部检查产品合格率，根据产品合格率，由财务部门发奖金或进行处罚，而不是由质检员去直接罚款，这就体现了两权分离原则。

7. 责任原则

检查者的责任是对检查的结果负责。

8. 控制点的原则

多数检查事实上都是抽查某些点，而不是泛泛的普查。选择控制点至关重要。

十、小微企业董事会对企业的检查和控制

1. 误区

例如：董事会对总经理：用人不疑，疑人不用。

总经理："让我领导企业，必须把权力给我，董事会不能干扰我的工作。"董事长："当然相信你，否则不会请你干。请放心，我什么都不管，但你年末把利润交上来就可以了。"

董事会的责任是：一年开二三次会；聘任总经理；听总经理汇报。以上两种情况在企业要求松绑、要求不要"婆婆"的呼声中似乎成了必然的趋势。

错的！

因为，根据《中华人民共和国公司法》（第四十五条至五十一条）："董事会是有限责任公司和股份有限公司的业务执行机关、业务决策机关和常设机关。董事长是公司的法定代表人。法定代表人是公司的最高行政负责人。经理（有些大企业称"总经理"）由董事会聘任和解聘。经理对董事会负责，是公司董事会的助理机关，主持公司的日常生产经营管理活动，组织实施董事会的决议。"

作为股东（大）会的常设机构，董事会必须对股东（大）会负责，对投资者负责，行使对公司（总）经理的指导、监督、检查、控制和作出最后决策的权力。

2. 董事会必须有健全的常设机构

（1）财务审计机构

董事会的财务机构承担两项任务：运作资金；对企业财务进行监督和审计。

董事会的财务机构可以对预算、成本、费用、人力、原料、动力、固定资产、营业借贷等各项开支进行严格的审查和控制；可以向董事会提出可靠的数据，供董事长向（总）经理质询。

（2）质量监督机构

这个机构不干涉企业的正常经营，但对生产经营活动及企业行政工作的秩序、产品和服务质量、客户、社会的反映进行收集、分析，从中发现问题，以供董事会对（总）经理的日常经营工作提出指导意见及质询。

（3）人事机构

这个机构对总经理及高级管理人员进行考察，以供董事会在批准总经理提名的高层管理人员时参考。

同时还可以在不干扰企业正常运行的情况下，对企业制度的执行、各级人员的素质水平进行调查，使董事会掌握第一手材料。

在现代企业中，没有任何人可以不受监督和控制。董事长要理直气壮，因为他的责任是保护股东的投资并使之增值。根据《公司法》，董事、董事长向股东大会负责，同样要接受监事会的监督和审计。

第六部分 预算系统

现代企业运作的核心是预算。企业的本质是赢利。如何计划投资，如何预测盈亏，有赖于科学的预算系统。

一、小微企业要以预算为核心

1. 改变滞后的理财方法

像小微企业，拥有更多的是行业专家，而非配套人才，更缺乏高级的财务专家。有的企业，甚至不知道搞经营要研究预算，更不知道用数字也可以管理企业，且管理得更好，它们更多地还在使用一些非常低级和原始的办法管理企业，喜欢用“看”和“盯”的办法。

但“看”是有局限性的，有视力所及，就有视力所不及，更何况还有能力限制。

许多企业看住的往往只是一些小钱，是差旅费、办公费、加班费，而大钱却不知不觉丢掉了，因为它们根本不知道有人用电脑挖账，用账户挖钱，不知其怎么达成私下交易，获取巨额回扣。

鉴于此，我们必须要把企业经营引上科学的管理轨道。

2. 提高小微企业相对的竞争优势

相对于上了规模的大企业来讲，小微企业的人力、物力、财力有限，竞争中处于相对劣势。

因此，我们更需要通过预算，有序指导企业的经营行为，最高效地运用有限的资金壮大实力，增强企业竞争优势。

3. 预算的作用

▲ 上项目要预算

企业赢利，好项目固然重要。但项目最终能否赚钱，更重要的还是预算。项目有项目预算，投资有投资预算。心血来潮，一拍脑门就想投钱，先得问问预算答不答应。

▲ 控制经营要预算

如果缺少预算，也就缺少了对资金的控制能力。经营费用多少，管理费用多少，企业的一切经营活动都要看预算。由此产生的一切资金需求，预算都会及时指示“红灯停，绿灯行”。

▲ 考核管理人员工作绩效

运用预算考核管理人员工作绩效是众多方法之一。

企业年度预算需要分解到各个部门分别完成。管理人员能否根据预算控制本部门支出，安排经营任务，取得或超额取得预期利润，是一个管理人员工作业绩的重要反映，也是企业考核管理人员工作绩效的重要依据。

▲ 协调部门关系

部门之间的关系是很难协调好的，最容易出现矛盾。

预算可以从某种程序上协调部门之间的关系，因为完成有些预算指标，是不同部门的共同任务，必须协同作战。

所以，在市场经济的今天，一个企业要生存、发展和获利，就必须改变那种“事先无预算，临事无研究，事后无察觉”的状况。

二、小微企业项目投资预算

1. 可行性分析

在研究投资预算前，必须对企业要投资的项目进行可行性分析，它是做好预算的第一步。

在某一项目进行投资之前，都必须要问自己四个问题：（1）这个产品能卖多少钱?行情看涨还是跌?（2）产品是什么?能否适应市场需求?（3）有没有利润?有多少利润?利润率是多少?（4）各项政策和法律是否允许这样做?这四个问题基本上包含了项目可行性分析的四个基本方面：市场可行性分析；技术可行性分析；经济可行性分析；环境和法律可行性分析。

▲ 市场可行性分析

市场可行性分析主要包括：调查国内外市场近期需求状况，并对未来趋势进行预测；对现有的建设能力进行估计；进行销售预测、价格分析，判断产品的市场竞争能力；确定拟建项目的规模，提出市场营销战略与策略。

▲ 技术可行性分析

技术可行性分析包括：技术可靠性和先进性分析，新材料应用情况，所需主材、辅材的种类、数量、质量及其来源和供应的可能性。通俗地说，就是从各种技术上考虑某个项目是否可以做，能否赚钱。

▲ 经济可行性分析

经济可行性分析包括：总投资费用，各项建设支出和流动资金的估算、资金来源、筹建方式。

各种资金来源所占的比例、资金的数量和资金筹资成本；总成本、单位成本的估算；财务内部收益率、净现值、投资回收期、固定资产偿还期、外汇效果分析、不确定性分析等。

▲ 环境和法律可行性分析

所投产品或项目在法律上是否符合当前国家的产业和投资政策，是否符合国家的法律法规的规定，直接影响项目的可行性；如果企业为此付出更高的成本，那么这个项目会得不偿失。项目和法律相遇，应绝对服从。

环境包括自然和人文环境。项目要符合国家有关环保及其法规的规定；人文环境也很重要，也直接关系到项目的可行性。

只有这四个方面的分析都论证为可行了，才能决定立项，作出投资决策。

2. 资金的时间价值

▲ 什么是资金的时间价值

随着时间的推移，投入周转使用的资金价值将会增值，这种增值的能力或效额，称为“资金的时间价值”。它是在周转使用中产生的。

例如：年初将 1000 元存入银行，年终可得到 1100 元（假设存款率利率为 10%）。这 1000 元资金经过一年时间增加了 100 元。这 100 元就是资金的时间价值，它可用相对数来表示。

▲ 研究资金时间价值的目的

• 换算不同时刻的现金流量。资金的时间价值表明，不同时间单位资金在经济上是不等效的。

·评价投资效果的尺度。对于任何投资来说，理所当然地要求它的预期投资收益率达到或高于社会平均资金利润率，即要高于资金的时间价值。

3. 投资预算的编制

要想预测一个项目是否赚钱，基本的要求是对投资整个期间的现金流出量和现金流入量进行预算，并加以比较，得到现金净流量。

现金净流置=现金流入量－现金流出量

只有当现金净流量为正值时，对该项目进行投资，才有可能赢利，否则不能投资。

▲ 整个期间的现金流出量

包括首期现金流出量和追加现金流出量。

·首期现金流出量

指启动某个项目所需要的企业现金支出的增加额和一些流动资金的支出，也就是指项目在回收之前筹建期的全部花费。

·企业应全面预算首期现金流出量，特别应该注意的是不仅要考虑土地、设计、报建等预算支出，还必须考虑人员工资、前期建设资金、广告投入、销售费用等所需的现金流出量。因为这些方面同样需要巨额支出。

·追加现金流出量

在考虑首期现金流出量后，企业还必须考虑有些项目开工后，根据各自的具体情况还需按预算不断追加投资。这就需要企业在首次投资后，必须有足够的后备力量或者充足的自有资金，或者极强的融资能力，以满足项目所需全部投资。

▲ 未来的现金流入量

对项目的未来现金流入量进行预算时，需对产品市场状况进行预测。市场预测包括预测市场需求量和产品单价，以及在此基础上的自我调控能力。

·预算市场需求量和产品单价

也就是看一件产品有没有人需要、需要多少、以什么样的价格销售才能为买方所接受。由此得出市场需求量以及产品单价，预算未来的估算收入，从而进一步得知未来的现金流入量。

销售收入=产品单价×销售量

用预算所得的销售收入扣除付现成本，就得到该投资项目的现金净流入量。付现成本在这里是指需要每年支付现金的销售成本。

现金净流入量=销售收入－付现成本

在此要提醒企业注意的是：所有的项目并不是一开始就能赚钱，在预售后一定期限内可能会有一个赔钱期（亏损期），在这个时期不仅不赚钱，还要继续增加投资。所以，不要认为项目建成，就能立即带来现金流入量。当然，市场需求旺盛，价格上升，不赚钱那是不可能的。

• 建设能力预测

建设能力如何是影响未来现金流入量的又一重要因素，也将直接影响项目投资预算。

企业领导只需通过预算牢牢控制首期现金流出量和追加现金流出量，根据市场预测和建设能力，把握未来现金流入量，就基本可以保证企业项目投资预算的完成。

三、小微企业年度预算

我们可以把项目投资预算看成企业的纵向预算，把年度预算看成企业的横向预算。项目投资预算是从相对长远的角度，考虑一个投资项目最终能否赚钱；年度预算是综合平衡一个或几个项目，考虑本年度企业是否赢利。

通常，年度预算从每年的 10 月中旬开始拟订预算草案，并按部门、按项目进行分解。分别预算要自上而下、自下而上反复多次进行平衡，经过最终的调整，制订出一个新的预算。新预算经过董事会的批准，要在 12 月中旬左右下达，以保证企业在次年 1 月 1 日起遵照执行。

年度预算主要应考虑销售收入、税金、建设成本、销售成本和期间费用，最终预算出利润水平。

1. 销售收入

通过对年内生产能力和市场销售情况的估计，预算产品单价和销售量，得出预算销售收入。

2. 税金及附加

企业只要取得销售收入，就要缴纳各种税金。因此，必须从销售收入中扣除全部税金及附加。

3. 建设成本

4. 销售成本

5. 期间费用

是指不能直接归属于某个特定产品成本的费用，如广告费等。

6. 利润

从销售收入中扣除上述几项支出，就预算出利润。

利润=销售收入－税金及附加－建设成本－销售成本－期间费用

如果计算出的利润呈正值，那么该年度预算可行；如果呈现负值，则必须修改和调整。

四、小微企业盈亏平衡点分析

1. 盈亏平衡点结构分析

盈亏平衡点是企业决策者和经营者必须牢记在心的数，是根据销售量、成本、利润三者之间的关系，分析预测企业销售量、成本和利润时应用的一种方法。

盈亏平衡点结构图，横轴代表产量，纵轴代表销售额。假定销售额与销售量成正比，那么销售是一条起于原点的直线。总成本线在等于固定成本的那一点与纵轴相交，且随着销售量的增加而成比例的，表现为增长趋势。高于盈亏平衡点时，利润与销售额之比随每一售出的产品而增加。

▲ 盈亏平衡点简图

（1）什么是利润

利润是销售收入与总成本之间的差额，或者说它是总成本和利润的关系，即利润=销售收入－总成本

销售收入＞总成本：有利润

销售收入 < 总成本：有亏损

销售收入=总成本：不盈不亏

(2) 什么是盈亏平衡点

不盈不亏的销售量称为“盈亏平衡点”。如果销售数量超过这一点就会有利润，低于这一点就会有亏损。盈亏平衡点销售数量计算公式为：

$$盈亏平衡点销售量=\frac{固定成本}{单价-单位变动成本}$$

(3) 什么是企业盈利能力

企业盈利能力是指企业通过生产经营活动而获取利润的能力。主要分析指标是资本收益率，它是指企业运用投资者投入资本获得收益的能力。

$$资本收益率=\frac{利润总额}{实投资本}\times 100\%$$

(4) 什么是投资回收

评价一个新的项目，一种常用方法是计算回收期，然后判断是否恰当。

$$回收期=\frac{净投资}{税后的每年净经营利益}$$

所谓回收期即税后净利益刚好等于投资总额的那段时间；在这段时间之后，所得的税后利润才“全部是赚头”，因为投资已收回。

2. 盈亏平衡点分析法的用途

⑴对许多经营问题和全公司性问题分析时，“盈亏平衡点”这个概念是极为重要的。

⑵它最重要的作用是使企业各级管理人员“心中有数”。

⑶便于及时发现问题，解决问题。

五、小微企业如何用预算控制企业

企业的投资者可以不做预算，但不能不懂预算，必须努力学习预算知识，才能管理预算，监督专业人员，为企业作出科学预算；才能使用预算，用预算控制企业，发挥预算的作用。

企业要将项目投资预算的指标分解到各年度、各部门，自新年 1 月 1 日起，就用新的预算控制企业。

1. 天天看预算

就是要求公司董事长、总经理和各部门的负责人每日都要关注各种报表，并与预算比较，看看自己是否完成任务。当然这种比较是不太准确的，因为假如今天销售多，可能成本就高；假如今天有订单，但是并未付款，则明天收入会增加，而今天则会少。

2. 周周评预算

在每天看预算的基础上，周末把每周的经营成果加以统计，若处于亏损状态，财务部就要找亏损部门的负责人来分析。首先，分析亏损的原因。其次，调整下周的预算。由于本周没有完成预算，亏损已经造成了，这需要在以后几周去弥补，就需要调整以后各周的预算。最后，想方设法争取完成调整后的新的预算。

3. 月月结预算

如果到了月末，这个部门还处于亏损的状况，总经理就会召开以这个部门为中心的会议，专题讨论如何扭亏为盈。只有这样，才能达到以预算控制企业经营的目的。

第七部分 激励系统

激励系统可以比喻为“两油系统” ——动力油和润滑油。

它遵循两个原则：（1）企业第一的原则；（2）以人为本的原则。

“动力油”指：人像汽车一样，必须不断输入动力，否则就会停下来；油质不好就要慢下来。“润滑油”指：人也像机械一样，动起来有摩擦，不加润滑就要发热、磨损，甚至爆缸和切轴。

企业需要动力系统，也需要润滑系统。企业的管理既是对人的管理，也是通过人的管理。什么是激励?就是一切内心要争取的条件、希望、愿望、动力等都构成了对人的激励。

一、小微企业激励功能

激励系统主要研究“动力”和“润滑”。动力使企业向前进，润滑则是减少阻力。

1. 动力

▲ “马斯洛需要层次”理论

它告诉我们人有五种需要：生理需要；安全需要；社交需要；自尊需要；自我实现需要。

▲ 现时需要的需求

工资和待遇；工作相对稳定（别下岗）；工作环境（硬件环境，如远、近、交通、生活条件等；软件环境：管理有序、责任清楚、受尊重、合作愉快、有共同语言）；有学习机会（如培训机会）；有升职希望；企业有发展、项目有发展等。

▲ 激励的原则：

⑴企业第一：要让员工骄傲地说“我在××公司工作”“我是××公司人”等等。

⑵尊重权利：人的尊严、权利是神圣的，组织中上至总经理，下至工人，尽管个人有不同的志趣、不同的能力，从事不同性质的工作，但大家都在为企业目标的实现作贡献，不同个性的人都是人理应受到人的待遇。

⑶保持希望：人的愿望和需求是不断变化的，昨天他最需要的不一定他今天还需要，管理者的责任就是帮助人们找出特定时候的需求和愿望，并努力帮他获得，但不能许愿。

⑷市场机制：人力资源管理是企业对人的吸引发展保持的直接活动，它必须符合市场机制，按市场规律办事。这样才有吸引力，其具体表现在报酬、奖金、待遇等，这样才能形成有效的激励。

▲ 管理人性化

行为科学让我们注意人生物钟的规律对工作的影响，注意工作时间的安排，有良好的午餐和娱乐来激励工作，在环境方面注意颜色、景色、音乐、服装等给人良好的环境和愉快的心情来提高效率。除此之外，通过培训并增加员工建言献策的机会，营造良好的礼貌氛围，推行幽默管理、情感管理等，都是激励的有效方法。

2. 润滑

企业和机器一样，所有摩擦部位需要不停地润滑。企业需要润滑的部分，有企业和环境之间、企业和消费者之间、同业之间、业主和雇员之间、上级和下级之间、管理者和执行者之间、技术工种和熟练工种之间、高薪者和低薪者之间、部门之间、岗位之间等等。

其他还有不同国籍之间、不同地域之间、受教育高低之间、男女之间；受表扬者和受批评者之间，所有矛盾之间都可能变成阻力。激励系统就是研究使企业每个人有动力怎样把阻力变成正常的制约力和动力。

二、小微企业的激励手段

1. 幼稚的激励手段

▲ 打仗亲兄弟，上阵父子兵

靠家族团结，不如靠企业凝聚力。

▲ 许愿

为了调动非家族成员的积极性，老板常常许诺金钱、房子、汽车……眼花缭乱，未来的世界如画如梦。可是真的让老板从自己的腰包里掏出这些东西，又实在太心痛。冥想苦思之后生出计来，那就是各种各样的许愿；然而，却不能兑现，结果是失望。一个大而不真的许愿，不如做一件实实在在的事情。所以，放弃许愿，把事做到实处，才符合激励的原则。

2. 什么能激励

激励是一门科学，是通过研究人的心理和行为，恰到好处地满足人们的需求，使人增加干劲的手段。

▲ 人生活在期望里

当人们心中有了一个追求的目标，就会为此目标不断努力，在这努力的过程中对达到目标产生一种期望。期望的高低，就是期望值的大小。期望值有如下规律：①期望值越高，动力越大；若期望值过高，则满意度低。②期望值一旦实现，动力也将失去。正确的方法是：及时满足它的期望值；多方位不断建立新的期望值，如提升、奖励、赞扬等等。

▲ 人需要有前进的力量

动力分两种：一种是向前拉的动力，一种是向前推的动力。

拉力，是拉着向前进的力，是来自内在的期望的动力。就像前面有个目标，人们为了达到这个目标，会自发地努力克服种种困难，奋勇前进。这种力最为可贵，最为积极；如果员工具有了这种力，老板将会很轻松，企业会兴旺发达。完善自我、成功、奖金等都属于拉力。

推力，是推着向前走的力，在激励中并不是人们所情愿的力。因为这种力来源于畏惧，如同身后有敌兵追赶一样，不进则灭亡。虽然这种力令人讨厌，但它仍能起到促使前进的作用。把它用在企业中，员工也会为自己的生存努力奋斗。畏惧企业衰落、无能、丢脸等都是推力。

▲ 人需要愉快的心情

愉快的心情来自于营造一个宽松和谐的工作环境。人们工作的热情，更多决定于感情因素。掌握人的感情需要，使人能在心情舒畅的环境下工作。相对来说，60%的激励靠感情因素，而 40%的激励靠理智因素。

三、小微企业工资机制

一个组织除了要有一个公平合理的考勤制度外，还必须有一个好的报酬制度。理想的报酬制度不仅能有助于吸引人才，留住人才，而且能在合理成本的基础上激励员工取得良好的绩效。一个成功的报酬制度的设置，必须作出有关工资水平、工资结构和个人工资的决策，建立合理的工资制度系统。

1. 合理的工资标准

合理的工资制度是激励的最基础的手段。

企业应实行结构工资制，根据员工的岗位工资、学历、职称、工龄等，定出基本工资，再根据工作成绩等定出奖金。

部门：　　　　　　　　　　　　　　　　　　单位：人民币

员工姓名	员工号	岗位工资	津贴										奖金				代扣个调税	工资总额	扣款	实发工资
			学历	职称	社会工龄	企业工龄	特别技术	交通	特别环境	书报	其他	小计	效益	常规	特别	小计				
	1																			
	2																			
	3																			
	4																			
	5																			
	6																			
总计																				

在上表中：

- 岗位工资——又叫“职务工资”，靠级别区分多少；
- 津贴——因员工个人情况而享受的级别外照顾；
- 学历——可分大专、大本、硕士、博士；
- 职称——初级、中级、高级，但本单位必须聘用；
- 社会工龄——每年多少钱，对老职工有利；
- 企业工龄——以对企业贡献时间，鼓励职工稳定情绪；
- 特别技术——是企业为特别工种设立的，可超出岗位工资很多，以对企业意义大小衡量；
- 特别环境——热、苦、脏、危险的工种。其他项目依据政策，还可以根据企业具体情况增减。

以上各项及岗位工资的比例是企业调动或重视某部分人的杠杆。

⑴ **计时工资**。即按计时工资标准（包括地区生活费补贴）和工作时间支付给职工的劳动报酬。

⑵ **计件工资**。即对已做工作按计划单价支付的劳动报酬。

⑶ **奖金**。即支付给职工超额劳动报酬和增收节支的劳动报酬，含生产（业务）奖、节约奖、劳动竞赛奖等。

⑷ **津贴和补贴**。即为了补偿职工特殊或额外的劳动消耗或因其他特殊因素而支付职工的津贴，以及为了保证职工工资水平不受物价影响而支付给职工的物价补贴。

⑸ **加班加点工资**。即对法定节假日工作的职工以及正常工作日外延长规定时间的职工，按规定而支付的加班工资及加点工资。

掌握工资杠杆就是要在人力成本允许值下调整好各项比例，以求调动企业最需要和最大部分职工的积极性。这种方法还有一个好处——因为每人情况不同，人与人之间的实得工资额失去了可比性，对职工心理平衡有好处。无论采取什么方式，还一定要咨询一下政府劳动部门，研究一下劳动法，因为由法律问题给企业带来的声誉问题和赔偿问题所造成的损失是很大的。

2. 反对大范围发红包

工资保密不等于发红包。而工资即使再保密，也是按一定的制度、一定级别发放；而发红包有随意性，大面积发红包使员工额外增加如下烦恼——

⑴ **不安全感**。一定的不安全感可激励员工努力工作，但过大的不安全感则使员工造成精神压力，影响工作情绪。

⑵ **不公平感**。由于红包的随意性大，员工拿到红包后并不会认为自己得到了公正待遇，相反，总认为别人拿的比自己多，这样红包就失去了激励作用。但是，在一定范围，特别对有贡献的人发红包还是可行的。

四、小微企业奖惩机制

小微企业奖惩需要遵循三大原则：① 真实、慎重；② 前后一致；③ 质量足够。

奖，引着往前走，

惩，推着往前走。

都是激励，奖为主，惩为辅；该奖不奖，对立功者不公平；该惩不惩，对守法者不公平。

根据员工在企业中的表现、完成任务的情况，给予公正的奖励；同时，要考虑员工的各种层次需求，给予不同的奖励内容，如培训、提升、职称升级、奖金等。奖惩是激励员工的主要手段，谁都愿意得到奖励，而不愿得到惩罚。

1. 奖励机制

▲ 奖励的条件

工作表现突出；技术的发明，改进、销售的业绩明显，并因此增加了效益值；管理上提出合理化建设，并因此提高了工作效益；忠于职守，等等。

▲ 奖励的程序

提出入：凡与本职工作有关的，由其直接上级提出；凡与工作无关的，由见证人提出。均填写奖励申请表。

核实人：办公室。

批准人：总经理。

2. 处罚机制

谁都畏惧惩罚。但惩罚也是激励，在处罚时要注意从轻不从重。

▲ 过失

• 违纪过失：违反企业有关纪律、规章制度称为“违纪过失”，要对其填写违纪过失单（附后）。

• 责任过失：凡失职而使自己负有直接责任和领导责任的部分或全部工作受到损失或企业利益受到损失的，即犯责任过失，要对其填写责任过失单。

▲ 惩罚程序

提出入：可以是任何有权发现问题的人。

落实人：必须是其直接上级。

核实人：一定是办公室。

批准人：为上级领导。

▲ 惩罚内容依据企业规章制度和员工手册

▲ 处罚和过失单必须送达本人。如本人不同意签字，可由第三者见证人签

▲ 本人有权辩护，不可以说为自己辩护是态度不好

▲ 该罚不罚护短的管理人员可由人事部提出，记责任过失单

五、小微企业员工的培养和提升

培养和提升永远是激励人的主要手段，但要掌握得当。

1. 鼓励员工有雄心（Ambitions）。

2. 依据考核、考察其知识；依据业绩，考评其能力；依据表现，评价其品格。

3. 述职中，对岗位描述中工作责任的评价是提升需要的依据。

4. 在担任上一级值班经理或代理上一级经理时的表现是考察其能力的重要手段。

5. 人员适当流动会增加提升的机会。

6. 提升后很快同级调动有利于发挥，这样会解决在原部门的平等关系。

7. 职工培训是老板给职工最好的礼物。

▲ **职工培训的深刻内容**

公司在挑选、录用职工的时候，虽然进行了大量的工作，采用了考试、测试及其他科学方法，但这些新职工并不是一开始就具备完成规定工作所必备的知识和技能，也缺乏在公司集体中同心协作的工作态度。因此，公司为使他们尽快掌握必要的知识、技能和应具备的态度，而要对他们进行教育培训。同时，公司是在一个不断变动的经济技术环境生存和发展的，公司职工的知识、技能和工作态度就必须与这种不断变动的外部环境相适应，知识、态度不断更新，技能不断提高。所以，公司职工培训是针对两种人，一种是新录用的员工，一种是公司现有员工。

六、小微企业员工的权利保护

1. 劳动保护的任务

• 保证安全生产，防止工伤事故和职业病发生。

• 合理确定劳动者的工作时间和休息时间，实现劳逸结合。

• 对女职工实行特殊的劳动保护。

·采取各种安全措施和加强环境监督，防止环境污染，健全劳动保护制度。

2. 劳动保护内容

▲ 安全技术

▲ 工程卫生

▲ 环境保护

▲ 劳动制度保护

3. 员工有参与企业管理的权利，最主要是通过职工代表大会

七、小微企业需创造的良好工作氛围

心情影响人的工作。不好的工作环境使人容易疲劳，良好的工作环境使人心情舒畅并有较高的工作效率。领导者应尽可能为员工创造一个好的工作环境，也就是依靠管理技巧，创造一个和谐的工作氛围，从感情上激励员工。

1. 团队精神

团队精神使一个群体更有战斗力。人们习惯了一种气氛，就不愿离开它；团队精神造就了一种气氛，它使一个集体和谐、愉快，并能紧张有序地从事一项工作。

▲ 建立管理模式

建立这样的团队精神，需要企业有统一的管理模式，这样人们才能思想一致、语言一致，并有一致的行为规范。

▲ 礼貌待人

良好的礼貌氛围使人在一种良好的人际环境中进行工作，使员工的工作更有自信，更能激发人们对工作的热情和对工作的乐趣，满足人们对自尊的需求。员工上班后互问“早安”，见面微笑，互问“您好”，企业应当这样要求。这一简单的规定似乎并不重要，但这恰恰反映了一个企业的风气。尊重人格，不说过头的话不进行人身攻击。服装整洁也是对人的尊重。接电话的第一句是“您好，我是××公司”，多用“请”“对不起”。避免矛盾激化，要在企业

里形成“争执是不光彩”的风气；发生矛盾时，应互相谦让，找出解决矛盾的方法。这些情感会激励人们更愿意为企业服务。

2. 文明管理

文明管理是使管理人性化，使管理者明白上级指示的同时，愉快地完成任务。

▲ 幽默管理

幽默能使生活充满情趣，同时能使下级缓解紧张情绪，消除尴尬局面，提高工作效率。谁都喜欢与谈吐不俗、机智风趣的人交往，而不喜欢跟抑郁寡欢、孤僻离群的人接近。

·提高个人修养。幽默是智慧的体现。智慧需要知识的积累，所以不断积累知识，使个人修养不断提高，具有品味幽默的基础。

·树立人格平等观念。在企业职位有高低，但人格都是平等的。尊重别人、适当放松自己，更能体现出入的素质。

▲ 思想工作（互动系统）

三大原则：（1）保持和提高员工的自尊；（2）互相理解；（3）在解决问题时求得员工帮助。

每一个管理者都应该有做思想工作的能力。思想工作的关键在于理解与沟通，所以，老板要理解员工，还要引导员工理解自己；接纳投诉，对事不对人，征求解决问题的方法，并根据客观情况采纳建议。

3. 建立工会

指挥系统只有一个上级原则。下级服从上级原则等使管理有一定强制性。管理需要一定程序的强制；但强制易使人们的心中产生怒气，如果怒气长期不能发泄出来，会对企业造成危险。

企业需要建立工会。工会是职工与老板联系的桥梁，工会既要为职工服务，又要为老板负责。所以，工会应在不影响企业利益的情况下，尽量为职工谋福利，搞好职工生活。

▲ 举办文体活动

文体活动是企业长期重复工作的调味剂，它能振奋精神、增强凝聚力。通过工会组织，每年安排几次文化活动或娱乐活动来活跃企业气氛。我们要注意季节性，如春秋季的旅游、运动会、冬季元旦期间可组织联欢会等。策划要注意劳逸结合，一段紧张工作之后，安排一些放松精神的活动，避开工作繁忙的时期。

▲ **为职工谋福利**

奖品和奖金都是奖励，但两者毕竟有所不同。有时物质的东西往往比等价的金钱更吸引人，因为物质是可感触的，能使印象更深。

▲ **重视特别的日子**

特别的日子会给人留下较深刻的印象。实际上，每个人都会有同样的感受，希望受到关心，希望别人关心自己、重视自己。重视这一点的职工会以心理上得到激励，珍惜这一集体、这一企业。工会应注意节假日、员工生日、婚庆日为员工组织活动、赠礼品等细节；对员工或员工家属的生老病死，也要及时给予关心、帮助。

▲ **参政议政**

工会代表职工的权益，应允许工会参加一些决策，维护职工利益。这实际上会帮助企业避免造成一些损失，并对员工起到激励作用；同时，通过参政议政，会提高员工的素质，增加企业凝聚力，激发员工的干劲，同时也就保护了企业。

4. 改善工作环境

人们越来越认识到环境对人心理和情绪的影响。每个家庭都把自己的居室布置得尽可能漂亮。同样，企业也应布置一个适合于工作的环境。

▲ **卫生**

清洁的环境使人愉快。

▲ **装饰**

企业的装饰宜简不宜繁，宜素不宜艳。

朴素大方的企业装饰，反映了企业的文化。

优雅的办公环境不仅能吸引客户，而且能吸引员工愿意在企业里工作。冷色调使人平静，暖色调使人热情，而暗色使人压抑。根据企业内不同的需要，调整室内色调，有利于员工保持良好情绪。

总之，良好的工作氛围，会使人心情愉快，减少内耗；内耗的减少，自然会使工作效率提高。

除此之外，通过参与企业决策、参与企业开拓、参与企业计划、参与企业组织，使每个人心理上都成为企业中的一个分子，形成一个团结的群体，从而激发员工参与企业的积极性。

企业通过重用人才、帮助员工提高价值、建立内部竞争机制、帮助员工树立和实现目标等，都是有效的激励方法。

▲ **附：责任过失单**

责任过失单 1　　　只限于分部经理以上管理人员

失职人姓名：	部门：	职务：	员工号：
发生时间：	年　　月　　日或时期 当（不当）班		
责任事故描述：			
所失职则属于：直接责任　　条 条款原文 领导责任　　条 条款原文 失职程度：轻微　　一般　　严重 初次　　第二次　　第三次			
结果损失描述 损失程度：轻微　　一般　　严重　　重大			
影响部门：本部门　　本企业　　社会			
前一个职务或前一个处分情况			

责任过失单 2　　只限于分部经理以上管理人员

处罚决定		
受处分人姓名：	职务：	部门：
行政： 口头警告 调　职	 记　过 撤　职	 记大过 开　除
经济： 罚　款　　元 扣工资　　元	 赔　偿　　元 扣奖金　　元	
补充处分		
处分人：	签字：	日期：
受处分人或送达见证人：	签字：	本处分通知以送达受处分人 日期：
批准： 本部长： 人事部部长： 总经理： 董事长：	 签字： 签字： 签字： 签字：	 日期： 日期： 日期： 日期：
处分执行情况：		人事部经手人：

八、正确认识企业管理中的若干关系

1.“严格管理”与“关心爱护”的关系

严与爱相辅相成，融为一体。只爱不严是溺爱，只严不爱是虐待；只有严中有爱，爱中有严，爱才爱得强烈，严也严得实在。只有这样才会使员工把忠心献给事业，把爱心献给企业。

2.“大气候”与“小环境”的关系

“小环境”造就“大气候”，只有无数“小环境”的净化，才能带动“大气候”的祛浊布新。

3. 物质与精神的关系

物质奖励和精神激励是车之两轮、鸟之两翼。如果把物质奖励看成是“钙”，精神激励看成是“氧”，那么，有形的“钙”可以增强体魄，无形的“氧”可以净化心灵。

4. 干部与群众的关系

作为领导，有言无行，必然会有权无威；言行不一，必然会威信扫地；只有言行一致，才能说话有人听，号召有人应。干部要善于在工作的球场上当“前锋”，在生活的球场上当“后卫”。

5. 深化改革与维护稳定的关系

企业的稳定，说到底是人心的稳定。只有通过改革，理顺关系，做到人心舒畅、政通人和，人心才能稳定；也只有通过改革，凝聚力增强了，人心才能稳定。

6. 经营与管理的关系

如果说经营打通了通往财富的途径，那么管理则是真正攫取财富的基础，二者不可偏废。经营渗透着管理，管理覆盖着经营。所以，一个企业不仅要经营得好，更要管理得好。管理是企业的命脉；你不创新，别人在创新，你就会落后，就会被无情的市场淘汰。

7. 财富与商机的关系

我们身边并不缺少财富，而是缺少发现财富的眼光。市场上缺少的不是商机，而是慧眼；缺少的不是投资项目，而是优质项目。

8. 坚持与成功的关系

就是做一件事要目标明确、坚韧不拔、不达目标誓不罢休；就像烧开水，已到九十九度，坚持就会成功，放弃就会落空。

9. “愚者”与“智者”的关系

“愚者”错失机会，“智者”善抓机会，成功者创造机会。机会只给时刻准备好的人，而时刻准备并非只是说说而已。

10. “儒商”与“小贩”的关系

“儒商”不同于“小商小贩”之处在于：一是目标远大，谋利于社会；二是以创造财富为本，致力于扩大再生产；三是主要靠知识赚钱；四是能做更大的事，赚更多的钱。

11. “知识”与“肌肉”的关系

现在已进入一个可以把知识作为资本来赚钱的时代，这或许是知识经济的最重要特征。因为工作发生了从肌肉的力量向知识的力量的转移。而且，一个更加值得欣喜的现象已经出现：今天的富人往往具有平凡朴素的背景，他们之所以攀上山峰，靠的是智慧、胆识、运气和明智的定位。

12. “梦想”与“希望”的关系

有梦想才有希望，有希望才能追逐梦想。人一旦连梦想和目标都没有了，就只剩下残忍与悲哀了。有梦想和目标的人，便有希望；有希望的人，便有一切。信心就像太阳一样，会给你带来光明和希望。

13. “爱财”与“挣钱”的关系

人都爱财。爱钱才能挣钱，但要取之有道、合法。不义之财不能要，不择手段不要学，不是你的不可求，是你的一分不能少。

14.“牵挂”与“帮助”的关系

人世间，往往最爱护你的人，是时刻挂念你、念叨你最多的人。能为你奋不顾身的人，往往是最爱你的人。关键时刻帮助你的人，是你的亲人和知心朋友，而不是别人。

15. 目标与行动的关系

人生目标确立容易，但实现起来却艰难、有险阻。如果不坚持不断的行动，就连实现的可能都没有。

人生目标，可以给人以明确的方向和强劲的动力，也可以给人以勇气、毅力，它可鼓舞人的斗志，增强人的信心，使人遇到困难时不动摇，不半途而废。

第八部分 人才系统

一、小微企业人才选用与招聘

1. 人才选用与招聘遵循的原则

现代企业人事管理在先进的管理模式确定以后，就是建立一个开放有效而健全的人力资源系统。它的方向是社会化和职业化的。

所遵循的原则是:组阁制的原则；逐级提名，隔级批准的原则；考核的原则；“合适偏高”的用人原则。

对于一个企业来讲，以最小的投入去提高生产力的途径之一，就是建立或改进企业的人事招聘与录用系统。

一个有效的人员招聘录用系统可以产生如下作用：①为企业不断补充人力资源，实现企业内部人力资源的合理配置，为企业扩大经营规模和调整生产结构提供人力保证；②使员工相对稳定，因为所招聘录用的人才都能胜任工作并对所从事的工作感到满意；③节省人员基础培训与能力开发的开支；④使管理活动更多地放在现有员工素质提高上。

2. 用人的注意事项

▲ 合适为宜

企业招人不是标准越高越好，不要大材小用。因为有大材的员工不仅缺少动力而且会感到压抑，而压抑是最大的痛苦。对于企业而言，有大材的员工意味着需要支付高工资、增大人力成本。例如保安部都用大学毕业生，反而会丢了许多东西。总之以合适为好，要把合适的人放在合适的位置。

▲ 不要拔苗助长

因为那会让员工吃力、恐惧、失去信心。

▲ “合适偏高”原则

因为如此会使其努力学习，感到有前途，更负责。

▲ **企业需要大量的初级人才**

因为非高技术检查人员，熟练工种、半技术工种人员是企业大量所需的。

▲ **培训和职责压力可以培养出大部分人才**

因为培训让人提高，压担子给人机会。人才不足是企业发展的必然现象，人才闲置是企业滑坡的前兆。

▲ **为了项目找人才，不能因为人才设项目**

需全面考虑，作可行性分析。项目可以确定人才，项目确定之后，根据项目配备人才。作为企业，若因缘得到了某方面的能人而设立开发项目，结果常会因其他条件不足而夭折，赔了钱，也误了人。一个项目要成功，由项目而物色到合适的人是其中重要因素之一。

二、关于小微企业人才素质标准的认识

1. 企业所需人才的基本要求

高层管理级：有决策能力，能作出周密计划，行政能力强，有组织能力。

部门级：懂一定专业知识，能制订业务计划，能对部下实施监督，有较强的组织能力，有指挥能力。

员工级：能够运用基本知识，熟练程序，能在详细的命令下，从事单纯的辅助性业务工作。

2. 企业所需 8 种人才类型

▲ **领袖型**

性格特点：厚重、沉稳、威信高、服众、大度、知人善任、能搞好人际平衡、目标明确、性格坚毅。

缺点：易固执；会为达到目的不择手段。

相关岗位：董事长、总经理。

▲ **军师型**

性格特点：机敏、主意多、干练、忠诚、知识丰富、理智、有头脑、有能力、有口才。

缺点：投机，有时会失原则。

相关岗位：总经理、总助、市场策划、办公室主任。

▲ **先锋型**

性格特点：勇于开拓，永远向新方向前进，有雄心，有想象力。

缺点：看不起人，容易犯错。

相关岗位：副总、技术人员、科研人员、营销人员。

▲ **外交型**

性格特点：头脑机敏、处世灵活、办事干练、左右逢源、有责任感，关键时刻能解决大问题。善于交际，形象气质好。

缺点：不踏实，不遵守纪律，原则性不太强。

相关岗位：总经理、公关人员、办公室人员、总务部及信用部人员。

▲ **管家型**

性格特点：忠诚、没有野心、能守住已有的管区、有指挥能力、现实、慎重、忠于职守。

缺点：想象力不强，护短，本位主义。

相关岗位：部门负责人、总务、仓储人员。

▲ **文牍型**

性格特点：照章办事、能把守各种关口、专业知识技能强，坚持自己的意见。

缺点：死板，不注意影响、不顺从、文牍主义。

相关岗位：专业技术人员、中下层负责人。

▲ **监察型**

性格特点：不能指出前途，却能指出陷阱，敏感，爱找毛病和缺点，一般不支持新的动议。

缺点：人际关系不好，令人讨厌。

相关岗位：财会人员、检查人员、保安人员、技术人员、技术主管人员、总经济师、总会计师、总工程师。

▲ **操作型**

性格特点：踏实执行命令、以技术或知识为本、注重本职、遵守纪律。

缺点：计较得失、开拓能力不强、胆小、自私。

相关岗位：职员、工人。

3. 各类人才在企业中的数量及作用

领袖型人才在企业中太多，多人拍板，会造成企业决策混乱、正常指挥失灵，因此只能有一个。

军师型人才也不能太多，一至两个为宜。因为任何事物都具有两面性，特别是新生事物，点子太多就会使决策者无从决策。

文牍型人才只能在企业有关财务、检查、督导、保安等部门，要有一部分。

监察型人才，企业使用时更应谨慎，只能有极少数，其在企业中的地位可以很高。

管家型人才和操作性人才构成了企业的主体，但他们容易被遗忘。

企业经营、服务范围不同，雇用人员数量、比例也因此有别。企业应根据需要，少量雇用先锋型、外交型人才。在企业高层管理人员中，也应有互补。一般地位越高的人，都愿意去开拓，不愿守摊。但没有守摊的人，任何好的项目都不可能变成有价值的商品。

三、小微企业人才素质要求说明

（一）总经理

1. 熟悉国家的市场经济法规，善于在国家法规所允许的范围内，扩大企业的经营。

2. 掌握企业经营管理的基本情况，具有较强的整体控制和协调能力。

3. 能及时发现企业中带有倾向性或重大的问题，并能迅速发出指令，采取行动纠谬。

4. 具有较强的领导用人才能，能够充分调动各级管理人员和员工的主动性、积极性和首创精神。

5. 能够撰写工作报告和重要文件，语言表达能力较强。

6. 思想活跃，敢于创新，有超前意识。

7. 性格稳重、坚毅。

8. 具有大专学历或同等学历，掌握本行业方面的系统知识。

9. 具有同类企业五年以上的工作经验，且担任部门经理以上职务三年。

10. 性格坚强、沉稳，做事公正。

11. 有强烈的事业心和责任感，在群众中有较高的威信。

（二）财务部经理

1. 熟悉国家财经法规和财经制度。

2. 具有较强的会计工作能力和组织协调能力。

3. 善于发现和分析经营管理中的问题，数字概念强。

4. 性格稍稍内向。

5. 坚持原则，廉洁奉公。

6. 工作认真细致，敢于负责。

7. 态度严谨，忠于职守。

8. 具有财务会计专业大专学历或会计师职称。

9. 主管一个单位财务工作两年以上，熟练掌握会计业务。

（三）办公室主任

1. 具有较强政策理论水平，熟悉国家有关人事方面的政策。

2. 有强烈的责任感，办事公道。

3. 不怕得罪人。

4. 具有心理学、行为科学和情商学方面的知识。

5. 性格稳重，善于平衡人际关系。

6. 有同类企业两年以上的人事管理经验。

7. 有人际阅历。

8. 能保密。

（四）业务部经理

1. 熟悉经济学基础理论，具有较强的经济活动分析能力，具有市场敏感性。

2. 了解企业经营知识，熟知市场动态、特点及发展趋势，有调查能力。

3. 能及时了解国外市场动态和行情信息。

4. 具有一定的写总结性文案的能力。

5. 工作积极肯干，善于接受新事物。

6. 精通市场调研知识，具有较强的判断能力。

7. 能忠于职守，能圆满地完成任务。

8. 具有市场学、管理学和心理学知识。

9. 具有两年以上相关工作经验。

四、小微企业人才的招聘录用原则

企业在发展过程中需要大量的人才充实进来，而人才的吸收主要靠招聘的形式。随着招聘工作量的加大，为了提高招聘质量，应及时确立招聘制度，使招聘彻底制度化、社会化，实施企业人力资源的合理配置。

1. 招聘必须制度化

▲ 确定企业编制

确定企业编制的依据是组织系统表（机构图和岗位图）。

首先要根据企业未来经营发展战略、中长期经营计划和决策者的经营方针，对各类相关计划，如项目、利润、销售、资金计划等有一个准确把握，对未来经济发展态势所需人力资源状况有一个科学预测，并依此确定企业的编制，对现有员工情况进行分析——其中包括对全体员工按年龄、部门、工种、职务分类，对各部门员工的工作任务进行分析，掌握岗位职务的空缺，确定企业发展过程中员工变化量和必要量。

▲ 建立招聘制度的原则

招聘的原则要遵循：人人平等的原则；择优录取的原则；按计划招聘的原则；按目标招聘的原则；考核平等的原则。

▲ 确定招聘录用对象

1. 录用人数

根据企业编制和企业近期及长期需要，确定录用数量。编制内人员录用，人事部有权决定；编制外的人员录用，由用人部门按规定程序报总经理审批增编。

2. 录用对象及来源

不同岗位对年龄、性别、学历、工作经验、工作能力、个性、品德等有明确要求。

3. 人才来源

①利用各种职业介绍所招聘。

②利用各种人才市场、劳务市场招聘。

③通过各种关系介绍招聘。

④利用新闻媒体刊登广告招聘。

▲ 制度化的好处

1. 实行招聘制度，对现有企业员工是一种激励，也是一种约束，以鞭策他们在制度面前客观认识自己的能力，为了争取适合自己的岗位就要努力提高自己、完善自己。

2. 招聘制度化能控制“走后门”现象的泛滥，把想进来又无用的人拒之门外，避免了低能高职现象的发生，使企业免受不必要的损失。对于企业兼并后需用人员实行考核，可全面了解他们的综合情况，及时发现其优点与不足，利于工作安排。

3. 提高招聘质量：建立招聘制度，企业就应按制度对招聘人员和必须培养人员的综合素质进行全面衡量，使企业及时选择合适的人才，了解相应的岗位。这样就提高了选聘人员的质量，也易做到人尽其才。

2. 招聘必须程序化

企业人员招聘录用工作是一个复杂、完整而又连续的程序化操作过程，这个程序的每个组成部分都是为了保证企业人员招聘录用工作的质量，为企业选拔出合格的人才。

▲ **招聘工作流程**

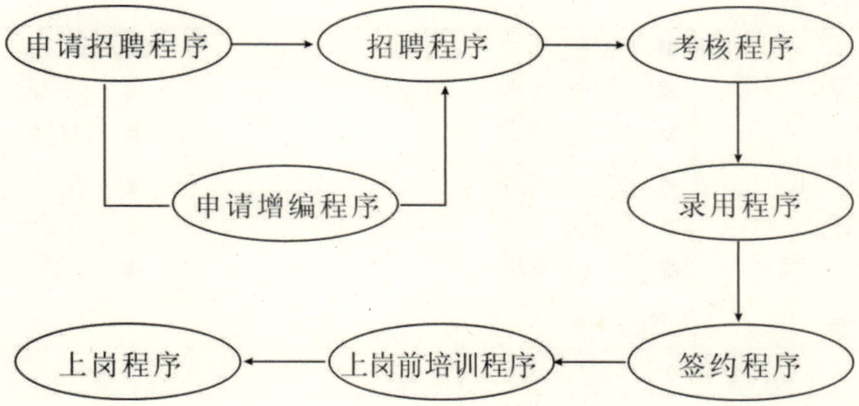

▲ **考核程序**

程序名称：考核程序　　程序代号：2　　主管部门：办公室

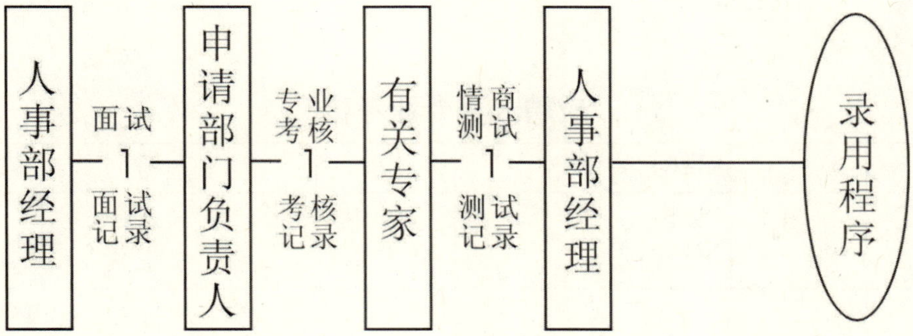

说明：

(1)办公室主任进行面试，申请部门负责人进行专业考核；如果岗位重要，则聘请有关专家进行素质测试。

(2)附应聘面试登记表和应聘人员专业考核表。

应聘面试登记表

姓名		性别		年龄		应聘岗位	
学历（毕业院校）				家庭地址			
形　象							
仪　表		■ 衣冠讲究 ■ 整洁一般 ■ 随便懒散		态　度		■ 大方 ■ 傲慢 ■ 拘谨	
语　言		■ 表达清晰 ■ 尚可 ■ 含糊不清		健　康		■ 佳 ■ 一般 ■ 差	
直观印象		招聘人：					
技能							
学历专业			类似经历			工作热情	
专长			业绩				
待遇要求				工作能力			
面试综合印象		招聘人：					
备　注							

日期：　　年　　月　　日

应聘人员专业考核

姓名		部门		岗位		考号	
考核地点		考核形式		考核单位主管		人事部主管	
考核成绩							
考核成绩	基本功						
	技术难度						
	综合评价						
考核结果			考核人：				

考核时间　　年　　月

说明：考卷请存档，并标明考卷编号以便查阅。

程序名称：考核程序　程序代号：2 主管部门：办公室

录用程序

程序名称：录用程序　　　程序代号：3主管部门

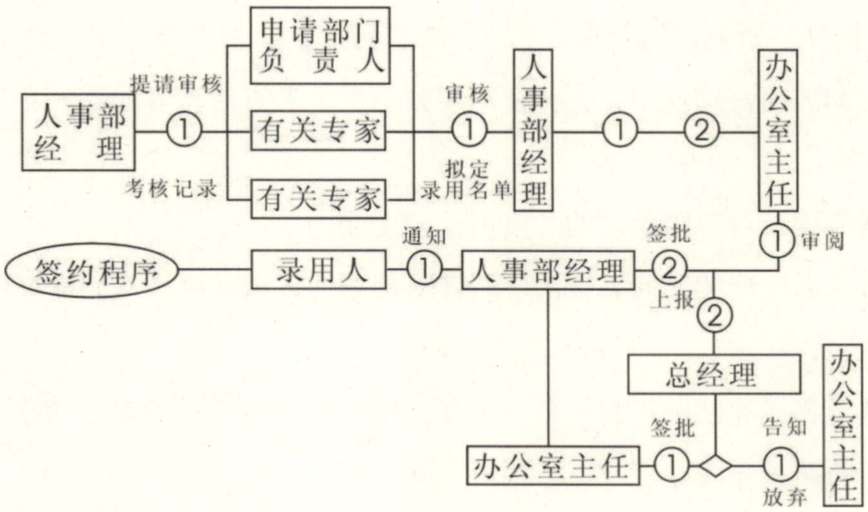

3. 选择招聘录用的测评方法

▲ 笔试

笔试是应聘者在试卷上笔答试题或判断结果（又称“纸笔测试”），然后由主考人根据应聘者解答的正确程序予以评定成绩的一种测试方法。其优点如下：

1. 这种方法可以有效地测试应聘者的基本知识、专业知识、管理知识、相关知识以及综合分析能力、文字表达能力等。

2. 笔试的“取样”较多。对知识、技能和能力考察的可信度较高；可以大规模地进行评价，因此花时少、效率高。

3. 应聘者的心理压力较小，易于发挥正常水平。

4. 成绩评定比较客观，且可以保存应聘者的试卷。

当然，笔试也有它的局限性和缺点，这主要表现在不能全面地考察应试者的工作态度、品德修养以及组织管理能力、口头表达能力和操作技能等。因此，笔试方法虽然有效，但还必须采用其他测评方法，如行为模拟、心理测验法、面试法等，以补其短。一般来说，在企业组织的人才选拔录用程序中，笔试是作为应试者的初次竞争，成绩合格者才能参加面试或下轮的测试。笔试题目的拟定应由专家或专业人员进行。

▲ **面试**

这是在主考人面前，应聘者用口述的方式回答问题，主考人根据对应聘者面试过程中的行为表现，来观察分析应聘者回答问题的正确程度，并予以评价的一种方法。

·面试的优点

1. 可根据应聘者当场对所提问题的回答，考查出他运用知识分析问题的熟练程度、实践经验、思维的敏捷性、语言表达能力。

2. 通过对应聘者面试过程中行为特征的观察分析，考查应聘者的外表、气质、风度、情绪等等。

3. 可以考察应聘者对应聘职位的态度以及应变能力。

4. 主考人可以通过连续发问，弄清应聘者对问题的认识程度，从而提高考察的深度。

·面试的准备：

1. 确定面试考官。面试考官由办公室主任、用人部门主管和相应的专业人员组成。

2. 选择合适的面试方法。

3. 设计面试问话提纲。

4. 设计面试环境，布置面试场所。

面试场所为下图所示

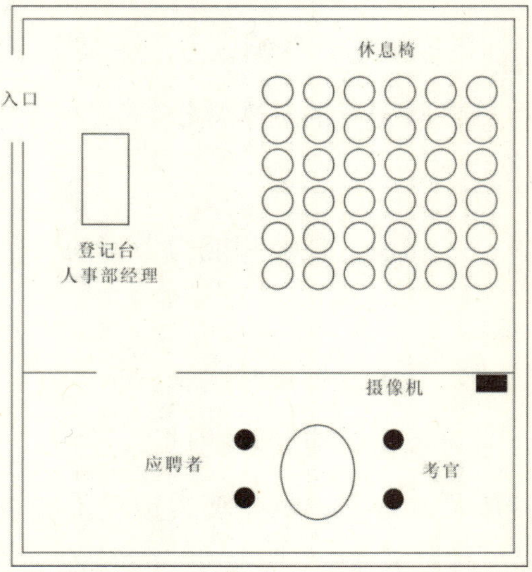

- **面试的种类：**

1. 观测法：在休息室由办公室工作人员观察、记录、引入。

2. 交谈法：由招聘人或考官在面谈室进行。

- **面试的时间安排**

1. 面试可与心理测试同时进行。

2. 面试可在初步筛选以后进行，也可以在笔试通过后进行。

3. 面试可分多轮进行，即初试、复试。

初试：用来剔除不合格的应聘者。

复试：用来确定最后的录用者。

- **面试的内容**

1. 仪表风度：应聘者的体格状态、穿着举止、精神风貌。

2. 求职的动机与工作期望：判断本企业所提供的职位和工作条件是否能满足其要求。

3. 专业知识与特长：从专业的角度了解其特长及知识的深度与广度。

4. 工作经验：了解应聘者以往经历以及其责任感、思维能力、工作能力等。

5. 工作态度：了解应聘者过去的工作业绩，以及对所谋职业的态度。

6. 事业心、进取心：事业的进取精神、开拓精神。

7. 语言表达能力：口头表达的准确性，

8. 综合分析能力：分析问题的条理性、深度。

9. 反应能力：思维的敏捷性。

10. 自控能力：理智与耐心。

11. 人际关系：社交中的角色，为人的好恶。

12. 精力和活力：精、气、神的表现。

13. 兴趣与爱好：知识面与嗜好。

- **面试考官应具备的能力和水平**

1. 掌握相关的人员测评要求。

2. 了解本企业状况及岗位空缺。

3. 能公正客观地评价应聘者。

4. 熟练运用各种面试技巧。

5. 丰富的工作经验、应变能力。

6. 具备与本企业相关的专业知识。

▲ 心理测试法

心理测试法是现代人员招聘录用过程中的一种非常重要的技术，在西方国家企业人员招聘录用中，应用得十分广泛。许多企业不但用心理测试来挑选员工，而且也用来测评现有员工的能力水平。

心理测试在人员招聘录用中的作用如下：

• 诊断功能与预测功能

诊断功能：判断应聘者能力特征及其优势。

预测功能：鉴定在所从事的工作中，其成功和适应的可能性，包括发展潜能。（1）什么样的职业适合于某个人（职业选择和指导）；（2）某岗位工作，什么样的人最适合（人员录用的选择配置）；（3）为了使个人适应某个岗位，要对工作本身的哪些方面进行改善。

• 测定应聘者的个性品质及职业兴趣

个性品质主要包括人的态度、情绪、价值观、气质、性格等方面的特性。职业兴趣是兴趣在职业活动方面的表现形式，主要包括艺术、事物、经营、研究、操作、社会等取向。

▲ 行为模拟法

行为模拟法也称“情景模拟法”，它是一种在设定的情景中，让应聘者扮演相应的职务角色，从而考查其行为能力的方法。

▲ 工作现场测试

对求职者进行工作现场测评，即让应聘者在工作现场实际操作，以考查其行为能力。

五、小微企业员工培训在企业活动中的地位

合格的管理者即是合格的培训者。

第一，培训是企业活动的重要组成部分，主要包括：培训企业方针、精神；培训企业行为规范；培训岗位专业知识；技术合笼培训；管理培训。

第二，员工进入公司以后，先要接受企业培训和岗位培训。

第三，员工上岗后要进行岗位专业技术培训和技术合笼培训。

第四，执行新任务之前要进行所需知识和技术的培训。

第五，企业为了未来的任务和目标进行专题培训。

第六，企业定期进行职工素质提高培训。

第七，进行管理模式培训。

此外，培训是人事管理系统的一个组成部分，它与人事管理系统中其他管理工作和制度的关系如下图所示：

培训在企业活动中的地位示意图

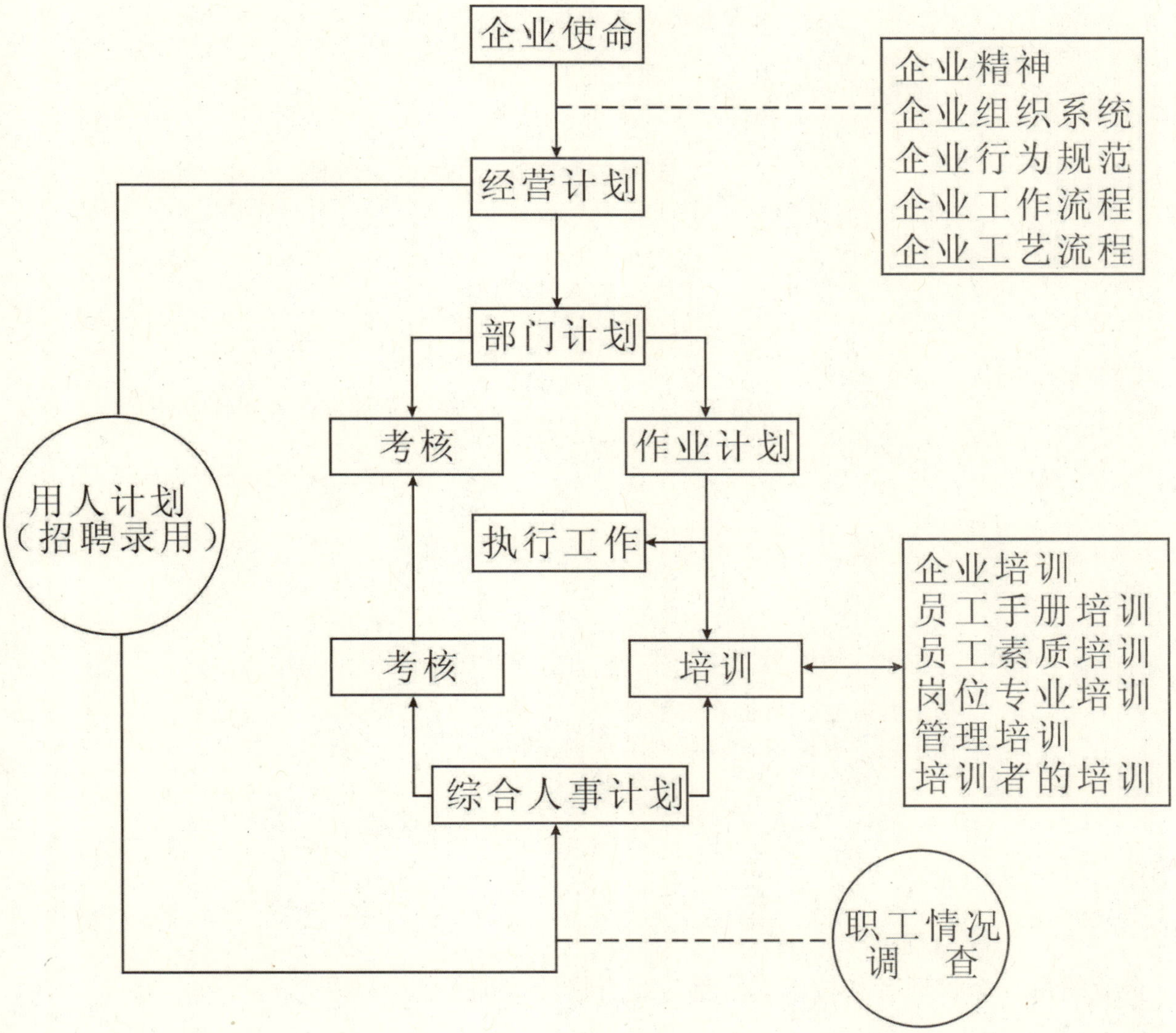

六、小微企业员工培训的目标

▲ 企业培训目标示意图

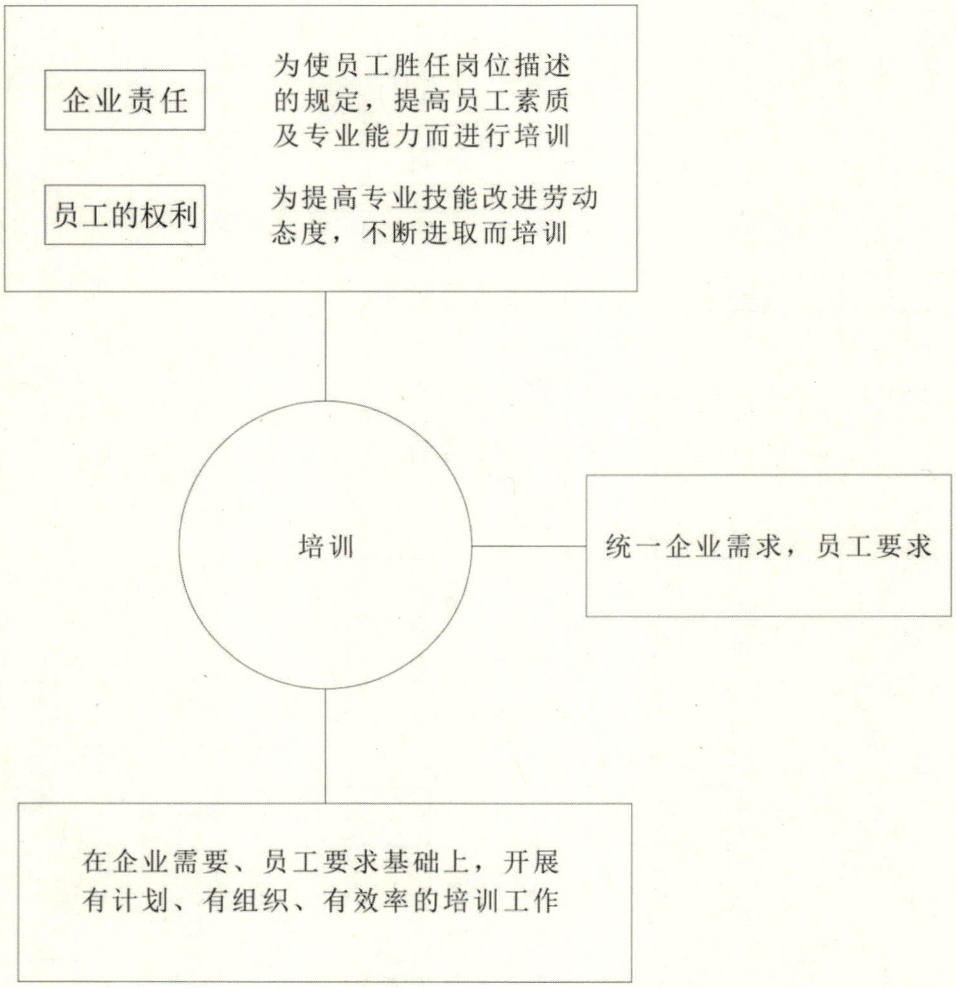

企业的每一个管理者和技术人员都应是合格的培训者。

第一，对员工进行方针、政策以及各项规章制度的培训，使员工掌握企业的共同语言和行为规范。第二，通过技术和技能培训，让员工尽早地掌握工作要领、工作程序与方法，尽快达到上岗条件。第三，通过培训使现有员工技能得以提高和充实，使现有员工具备多方面的才干。第四，通过培训减少工作失误，减少工伤事故，提高工作质量和工作效率，提高企业效率。第五，通过培训建立良好的工作环境和工作气氛，提高员工的工作满意度和成就感。第六，通过培训提高员工的首创精神和创新能力，提高员工应用新技术、新知识和新设备的能力。第七，培养适合本企业需要的职业经理。第八，通过培训使下属准确地理解上级意图和所布置的复杂任务。第九，通过培训使员工理解并掌握企业新发布的命令、指示和制度。

企业培训可以概括为这样一个三位一体的目标：通过企业和员工履行培训的责任和权力，使企业工作富有成效，使企业维持生存与发展。

七、小微企业有效培训的特点

1. 培训大纲和培训教案

2. 培训前准备

①教室的准备。（干净、明亮、整齐）

②座位安排。（便于学员与讲师交流）

③教具的准备。（视听教具处于良好状态）

④教材的准备。（事先印发，装订好）

⑤问题准备。（学生可能提的问题，讲师的设问）

⑥心态准备。（提前使自己冷静下来，准备好开场白）

3. 建立自信心

①仪表极整洁。

②声音要宏亮，语言要清晰。

③对学员负责，对培训负责。

④不要显得慌张，要驾驭整个培训的过程。

⑤节奏不要快。

⑥把自己的专业水平、素质作为课堂的控制手段。

4. 鼓励学员参与

①学员的参与是学习的关键。

②给学员时间演练或操作，引起学习的兴趣。

③鼓励学员提问，并对答案给予适当的肯定。

④创造一种自由提问或回答问题的气氛。（避免学员感到尴尬、被哄笑等）

5. 控制

①培训师要控制课堂秩序。

②不要让一两个人垄断课堂。

③提问题的时间总量不要影响整个课程的进展。

④保证完成课堂教学任务、计划。

6. 给予反馈

①给学员的反馈要以鼓励为主。

②尤其技巧培训课中，要让学员了解到其完成的过程。

③指出能完善操作的关键。

7. 总结

①将课堂所讲的内容综合归纳成重点，便于学员记忆。

②指出对学员在今后工作中如何有效地使用知识、技巧的期望。

八、小微企业员工培训的种类

1. 培训内容分类及责任部门

①企业培训——办公室

②员工手册培训——办公室

③岗位专业培训——所在部门

④新政策培训——关部门

⑤新技术培训——技术部门

⑥班前培训——所在部门

⑦素质提高培训——办公室，所在部门

⑧管理培训——总经理，办公室

⑨培训者培训——办公室，各部门

2. 以培训形式分类

▲ 不脱产教育培训

在工作岗位，通过操作、技术演练，对员工进行培训，是由岗位管理者负责进行的培训。

· 基本原则

①培训是上司的一种义务和责任，与做好工作、完成任务的义务和责任相联系；不是上司的权力和恩赐。在现代企业中，应把培训作为完成任务的途径。

②培训是以提高员工素质为目的，必须以明确岗位职责为基础，按照技术的要求，进行培训。

③培训是要创造一种做好工作的气氛和条件，使工作现场充满活力，需要把培训作为一种机会和手段，沟通上下级的联系，达到相互理解和支持。

④培训是以关心人为前提的，必须通过培训去掌握下属的情况，肯定成绩、指出不足，使其能愉快地工作。

⑤培训首先激发员工的学习和钻研热情，激励员工的工作干劲。

▲ 脱产培训

离开工作和工作现场，由企业内外的专家和教师，对企业内各类人员进行集中培训。

· 基本原则

①脱产是在企业的培训中心、职业专科学校或社会上的各大专院校进行的，是企业经营战略系统的一个有机且有形的系统。

②参加培训人员脱离工作岗位可能产生某些不利现实生产经营的影响，需要本着经济与效率的原则，对培训的组织过程实施管理。

· 分类及特点

（1）分阶层：

分阶层脱产培训的特点是：

①强调培训对象的职务地位、等级和阶段。

②强调培训的综合性。

③强调标准化、规范化培训。

④具有定期轮训的特性。

(2)分专业：

分专业脱产培训的特点是：

①强调培训的专业性。

②强调培训内容的单一性。

③强调专业知识和技能的层次。

④强调培训的适应性和未来性。

⑤强调培训的灵活性和随机性。

▲ 自我开发

自我开发是指依靠员工本人的精力、时间和费用不占用工作时间、不脱产，利用公司外的培训设施和条件，提高自己的工作能力。诸如函授大学、电大以及社会上的各种培训班。

自我开发作为企业培训的一个组成部分，在于它补充了企业资金、人力和物力的不足，在于它调动职工的寻求知识、提高能力的主动性和积极性。自我开发纳入企业培训体系的必要前提是，企业在制度上承认职工在社会上取得的各种“资格证书”和“毕业证书”，并提供相应的帮助和资助。

九、小微企业员工培训体系的运行

要实施培训，就需要一系列管理；培训体系运行过程，就是一个管理过程。第一，培训的管理过程，即“计划—实施—测评—处理”循环过程。第二，由董事会确定经营方针、教育方针以及培训工作的重要内容和重点项目，以从根本上推动企业培训工作的展开。第三，由办公室主抓企业培训工作。第四，由各部门制订专业培训计划和课程。

十、小微企业培训课的内容

1. 如何领导培训

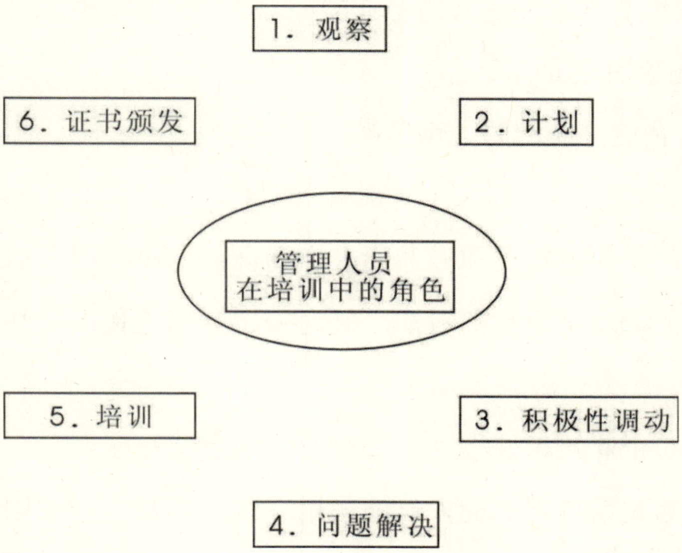

2. 制订培训计划

① 确定培训大纲

② 针对培训大纳，确定培训教材

③ 制订课时计划安排，精心设计培训教案

④ 安排时间和地点

⑤ 准备教案教具

⑥ 表格

十一、小微企业招聘录用中对应聘人员的评价

需要考虑的因素

（1）上一个工作的工资水平：人的通常期望是能高不能低。

（2）上一个工作位置：对今天工作位置的影响；就高不就低；比现在低得太多又承担不了责任。

（3）上一个职业习惯：如采购员和销售员不能互用。

（4）工作历史：①常换单位的人：笃信人挪活、树挪死，不信人要有根；把一切地方当跳板；其心理惯性由经历形成，须通过培训来转变，正确地引导心理惯性； 对其心理定势，如已形成有害的心理定势，就不能用。②是成功者还是失败者：比较多的成功还是比较多的失败；失败多，容易形成灰色心理。③原来的企业类型对人的影响：包括中小型企业、行商、坐商、管理有序的企业、混乱的企业等等。

应聘时：有些从优秀企业来应聘的人可免考； 而有些从声誉不好企业来应聘的人要慎重，甚至不能要。

（5）受教育的程度：受的教育要和专业要求相吻合；工作流程应把岗位上的要求注明。

（6）未来的前瞻性：①对本企业的看法。②对未来从事工作的看法。在同等条件下，录用迫切加入本企业的人。

（7）道德品质：①对企业的忠诚程度。②对职业的忠诚程度。

（8）人际关系：人际关系特别好的人不能录用，因其容易出卖原则——若非组织中心容易出现，对企业并非有利，甚至危险性非常大。

十二、小微企业培训体系的建立

常用的培训方法

▲ 研讨式

可以针对一个问题，让学员开动脑筋广泛联想，互相启发，最大限度地将问题所涉及的方方面面列出来，然后总结其要点。

▲ 案例分析式

将一个实际例子或想象的情节交给小组讨论，得到分析、归纳，交给大组进行综合，总结要点供大家掌握。

▲ 实际演练式

让学员反复重复一个任务完成的步骤直到熟练为止。

▲ 现场参观式

带领学员到课堂培训不能提供的场景，使其观看环境、操作、任务完成，让其有一种曝光式的感觉。

▲ **讲座式**

培训师准备好知识、信息展示传授给学员某些“观念”“观点”等。

▲ **在岗培训**

针对个人进行技巧性培训

①培训师事先作好培训的内容准备

②展示给学员操作技巧

③学员按照培训师所讲的步骤操作

④培训师进行纠正，要求学员在工作中遵循程序操作。

▲ **角色扮演**

让学员按照既定情景，分别扮演不同角色，谈出自己的感受，对照标准和程序加深对客人感受的理解。

▲ **小组讨论**

将一组学员分成若干小组（4 至 5 人），针对一个问题讨论得出结论后交给大家参考、归纳。

▲ **旁听讨论式**

此方法是让小组有经验、专业水平高的人坐成一小圈漫谈一个问题，并将此讨论中所涉及到的知识、观念、看法自然地输送到坐在外圈的听众脑中，外圈人边听边记录，作为自己今后学习的借鉴。

▲ **方案选择**

交给学员一个典型案例，后面附上若干问题的解决办法供学员选择，最终解决问题。但每一训练方案后面都标有出现的后果，可能学员被引向歧路，可能被引向更复杂的局面，可能被引向圆满的结局。学员可反复选择，直到问题最终解决，这个问题可锻炼学员的思考能力。

十三、小微企业员工培训的考核

考核是帮助企业员工进步的一个重要工具。

在培训前进行考核有助于了解员工的水准，以便将培训和员工的需要连接起来。在培训过程中考核可以得到员工进展方面的反馈，明确下一步培训的重点。在培训结束时考核，有助于人力资源部评估培训的价值，确定需要更加注意的方面。

员工经常把考核看成是非同寻常的一种惩罚。人力资源部应告诉员工：考核是促使员工掌握技能知识的一个工具。

笔试可以鼓励员工学习和记忆知识。然而不要仅仅限于笔试，考核可以通过提问题的方式进行。如果在一种公开、无评估判断、常态化的气氛中进行考核，可以成为加速学习、调动员工积极性、确定进一步学习和实践的手段。

▲ 考核的步骤

1. 提前告诉员工考核的时间。如果上课即将结束时突然提要考核，这就可能被认为是一种惩罚。

2. 讲清所要考核的内容，告诉员工希望他们所学的内容和目的。

3. 考核内容必须是重点，不要出华而不实的题；所出的题目要与员工的工作或所需要知道的情况有关。

4. 强调考核的目的。如果考核的内容有威胁性，这就有碍于他们的学习。

5. 经常考核，有助于减缓员工对考核的恐惧感。

6. 可让员工给自己打分或对自己作评估。让员工自己对自己作鉴定时，员工往往会更乐于学习，然后告诉员工需要做什么。

7. 考核的内容要与所教的材料相适合。在你考核知识和信息的时候，可以非常广泛；在考核技能时，让学员们做示范。

8. 要时刻给学员补救自己的机会，考核不是最后的鉴定，而是告诉我们何处需要更多的学习和实践的手段。

优点（笔试）	不足（笔试）
A. 每人考试内容相同 B. 评分可以不在教室内进行 C. 对考核情况有笔头记录	A. 取决于写作能力 B. 不能考核技能，仅仅能考核人们是否知道自己做什么 C. 参加考试的人可能合格，但在实际工作中不一定成熟
优点（口试）	不足（口试）

A.这是一种非正规性的考核，可以在课堂上使用，以便检查学员理解的水平 B.整堂课都可提问，使学员处于精力集中状态 C.口试形式可以调动学员积极介入	A.有些人害羞，在其他人面前回答问题时脑子一片空白 B.口试就像机关枪点射，对学员所掌握的东西得不到一个完整的了解

模仿/实践/示范

步骤：①考核技能的最有效方法。

②你可以立即指出和纠正错误。

③实践似乎不像考核，不像笔试能引起许多渴望。

十四、小微企业员工培训的总结

发成绩单，做员工的培训总结。

十五、小微企业员工培训的证书颁发

举行仪式，向培训合格者颁发证书，全体照像合影留念。以此让学员珍惜培训的结果。

第九部分　治理系统

▲ **治理模型**

董事会是企业的“大脑”（决策），总经理是企业的“心脏”（执行），总经理所辖制的各部门是企业的“五脏六腑及肢体器官”（执行部门），监事（会）是企业的“免疫力系统”（监督机构），公司治理结构则是企业的“神经系统”（保障）；而战略管理是企业的定位，生产运作管理是企业的基石，市场营销管理是企业生存的手段，人力资源管理是企业的核心，财务管理是企业的灵魂。

▲ **治理思想**

本治理系统是针对小微企业公司制度中对利益相关者保护的不完备之处所设计的可操作的系统，是利益相关者之间达成的一套实现利益共赢的制度系统，其构建和运行在于满足全体利益相关者的激励相容和经营者对股东的责任要求。良好的公司治理制度设计，能让有“反侧”之心的、出于自身利益的考虑干出绑架和损害股东的事，以自觉的受约束的实际行为遵守公司的规章，维护公司的整体利益。现实中，没有最优的规范或最现代的治理模式，只有责、权、利有效制衡的适合实际运行的治理模式。所以，以最大的激情和最快的速度去学习借鉴别人的成功模式，及时建立或完善自己的模式，并迅速实施，才是明智和应做的。

▲ **治理内容**

治理从思想上来说是哲学的，从理论上来说是科学的，从操作来说是要切实的。在开篇中已了解到公司治理不仅具有普遍性，而且也是企业所面临的新课题。所有权掌握着公司的决策控制权，而经营者掌握着经营管理权，这两种权力对于公司的生存发展都至关重要，任何一个都关系到公司的生死存亡。但遗憾的是，由于存在着利益的不一致性、信息不对称、股权结构不合理、股东会名不副实、董事会内部制衡机制不完善、监事会流于形式等现象，因而治理系统就是要解决公司所含诸种问题的治理。本系统所设计的内容是从狭义的角度为小微企业解决公司治理的常见问题。所以，要解决公司的治理问题，首先是从公司筹建到运营而提出的公司治理架构。

一、合伙企业治理法则

1. 合伙创业法则概述

在这个大众创业的时代，无论是已经承续的公司还是正在创立公司，选择合伙人和制定好合伙创业法则，是首先应考虑清楚的。因为创业本就是九死一生。不要把成功的企业家光环的一面无限放大，以致掩盖了大街小巷每一天都在破产都在倒闭都在痛哭的失败的人。

因此如果你满眼成功，并用这类与你无关的成功来激励自己，这才是最可怕也是最可悲的。别人的成功跟你无关；别人要么是有能力要么是有学识经历，别人能做好的那些事情，到你手上未必能做好。也就是说：有些成功，跟你无关，关键是做好自己！

2. 小微企业失败原因

为什么小微企业会出现“流星”现象?其失败原因大致可归纳为以下几点：

▲ 哥们式合伙，仇人式散伙

中国企业最常见的聚散模式——公司创办之初，合伙者们以感情和义气去处理相互关系，制度和股权或者没有确定，或者有却模糊；企业做大后，制度变得重要，利益开始惹眼，于是“排座次、分金银、论荣辱”，企业不是剑拔弩张内耗不止，便是梁山英雄流云四散。

▲ 盲目崇拜社会关系

关系推动生产力，因此社会关系的建立和运用是商人必要的能力；但关系不等于生产力，把社会关系当成解决企业发展所有问题的灵丹妙药，忘记了“打铁还须自身硬”的真理，则本末倒置，大患迟早降临。

▲ 迷信“空降兵”

都说“外来的和尚会念经”。但正确的做法应该是：不可不用“空降兵”，不可乱用“空降兵”，不可全用“空降兵”。这方面的教训已经太多，可永远会有人情不自禁地做错——放弃身边的人才，迷信远方的“大师”。

▲ 企业支柱亲信化

一个靠人控制人、而不是靠制度控制人的中国式组织，起源于农民打江山的传统，泛滥于信任危机加重的当代商业社会，是中国以情感为纽带的企业走向规范治理的主要瓶颈。

▲“面子”大于真理

“面子”是：“我已经这样定了，而且全世界的人都知道了。”真理是：“这个方向是一条曲曲折折的弯路，而且很可能此路不通。”爱面子的老板说：“他妈的就这么去，谁不执行谁下课，玩儿也要玩儿到底。”

▲ 商业式迷信

罗盘神签加卦相，诚惶诚恐，测风水测人才；香火缭绕进庙堂，顶礼膜拜，求机运求财富。商海无情，翻云覆雨，谁来保佑？

▲ 知人而不自知

看人头头是道，看己昏头昏脑。从来没有看清自己在行业中领先的关键因素，一段成功史，便满脑糊涂账。也因此，从来没有清晰的战略规划：坚持什么？改进什么？如何创新？如何固守？

▲ 习惯性信用缺失

说话不算数，合同不算数，承诺不算数，这几乎是太多商人部落最常见的情形。对内，规则计划变幻无穷，今天立，明天改，后天再改，致手下无所适从；对外，合同承诺一张废纸，视情况涂抹、打折甚至撕毁，致合作者有去无回。

▲“匪文化”心态

企业老板如山寨大王，生于草芥之微，长于江湖之野，走的是“匪文化”路线：关上山寨大门，老子天下第一；冲出山寨掠财，碰壁拐弯，见缝就钻！图的是人生痛快，少一份使命精神；既没有经济上的长远目标，也没有文化上的成熟主张。

▲ 内讧企业化

企业内部可以搞平衡，但不可以搞内讧。挑起群众斗群众最后所失去的，是企业的效率和凝聚力。

▲ 沉湎酒色

有人因为无力控制欲望沉湎酒色；有人因为再无激情沉湎酒色；有人因为“过去吃了苦”，怀着“找补回来”的心态沉湎酒色；有人因为“人生苦短”，信奉“找钱是为了享受”的哲学沉湎酒色。

▲ 投资冒险主义

拿自己“吃稀饭”的钱去搞投资，或者借来甚至骗来别人“吃稀饭”的钱去搞投资，所谓成败荣辱在此一举，身家性命系于一线，战战兢兢，急功近利，举止失措，焉能不败？

▲ **投资经验主义**

在另一个时间、另一个市场、另一个行业，面对另一群员工或消费者，以当年的感觉投资、布局、生产、销售；指挥还是昨天的指挥，“音乐”还是过往的“音乐”，可这一次为何“起舞者”寥寥数人?

▲ **投资极端主义**

三个月前兴奋地投下钱，三个月后沮丧地要抽身走，前脚“踩油门”，后脚“踩刹车”，企业振荡，四顾茫然……投资者的常见毛病，主要原因是对产业投资纵深化及企业竞争复杂化估计不足。

▲ **人力资源幻觉**

一方面永远高估员工的高度，一方面永远低估员工的水平。

▲ **过度追求系统平衡**

企业总是由各个系统各个部门组成，它们彼此之间需要有一种动态的平衡。但老板过分看重平衡，在奖惩政策、人员提升、部门权限、业绩考核等方面一味强调“一碗水端平”，最后优者不奖、错者不罚，所有部门都吃大锅饭，企业所要的平衡反而荡然无存。

当今时代，自己创业，单打独斗，固然还有人坚持，但一个人很难成事。新常态下，需要我们创新思维，敞开胸怀，合伙创业已成为一种趋势。因此，无论是合伙企业、家族企业，还是新成立的公司，其形式大都是选择的合伙企业。

中国合伙人的原则：成就一番事业，需要志同道合、怀揣理想、资源互补、相互鼓励的合作伙伴或核心团队。单打独斗是很难成功的！

所以在大众创业的新时代，最好选择合伙。

3. 合伙规则

但是纵观所有形态的合伙，到最后基本上没有一个善始善终的；更惨烈的是，合伙打天下成功之后，在分果、排座的这个环节，就发生了各种反目的事件。

因此合伙之前，合伙规则的制定显得格外重要。无论是合伙企业，还是家族企业，首先要制定好法则。

▲ **合伙规则（1）：共事规则**

出钱规则（各出多少？差额如何平衡？股权如何划分？）

出力规则（如何分工，谁干什么？什么责任？）

赚钱规则（用什么去赚？怎么个赚法？经营项目是什么？目标是什么？盈利模式是什么？）

执行规则（谁去执行？怎么执行？什么责任？）

领导规则（谁来领导？资本领导？技术领导？销售领导？当赚钱的人和出钱的人不是同一个人时，谁当领导？领导权多大？集体投票权多大？）

罢免规则（领导出问题怎么办？战略出问题怎么办？哪些事件发生才可以启动罢免程序？）

退出规则（为不把矛盾扩大化，如何退出？原股值退出还是议价退出？损耗成本计算标准？）

▲ 合伙规则（2）：议事规则

战术失误处理规则（是换将还是换方法？）

战略失误处理规则（是换帅还是换战略？）

观点冲突处理规则（是投票平息还是专家平息？）

人格冲突处理规则（是打架解决还是司法仲裁？）

发生矛盾处理规则（是控制情绪还是找出问题并提出解决问题的办法？）

矛盾升级处理规则（是调解协商以化解矛盾，还是激化？）

撕破脸皮处理规则（是双双驱逐还是集体散伙？）

无理取闹处理规则（最好是谈判有个结果，不成才提起诉讼）

合伙规则（3）：不选规则

绝对不能合伙的五类人：

不与私欲太重的人合作。因为他们看不见别人的付出，只在意自己的结果。

不与没有使命感的人合作。因为他们只以赚钱为目的，充满了铜臭的贪婪。

不与没有人情味的人合作。因为其自私贪婪，与之在一起会不快乐。

不与负面消极的人合作。因为他们会吸干你的正能量。

不与没有人生原则的人合作。因为他们不相信梦想，抵挡不住眼前的压力和诱惑。

有下列情况的人也不宜合伙：

有诈骗经历的人；

说话不靠谱的人；

对父母不孝的人；

言语之间眉飞色舞的人；

参与帮派势力的人；

太讲哥们义气的人；

经常挑战社会规则和公共道德的人；

斤斤计较的人；

喜欢抱怨的人；

喜欢多嘴拨弄是非的人；

善于发现问题但从不主动解决问题的人；

推诿、善辩、否认失误的人；

有严重的极端政治倾向的人；

有很多债务的人。

▲ 合伙规则（4）：应选规则

最适合做合伙人的10类人：

彼此是谈得来的朋友。

有共同的人生价值观。

彼此能充分了解信任。

遇事彼此易沟通。

彼此有奉献牺牲精神。

彼此宽容大度。

志趣要能基本相投。

彼此能坚定支持对方。

彼此有一定专业背景。

有共同理想、信念。

除此之外，合伙人当中最好有这些人：

有个年纪偏大但未必有钱的人；

有个思维活跃敢于突破的人；

有个沉稳扎实善于刹车的人；

有个勤俭节约善计成本的人；

有个口才不错说话靠谱的人；

有个善于玩社会化网络的人；

有个有三年销售经验的人；

有个懂经营善管理的人。

▲ 合伙规则（5）：分配规则

以出资优先的分红规则；

以技术优先的分红规则；

以出力优先的分红规则；

以卖力优先的分红规则；

以效益优先的分红原则；

员工之间的分红规则；

员工之间的期权规则；

员工之间的奖励规则。

▲ 合伙规则（6）：散伙规则

以兄弟名义合伙的散伙法则（烧掉烂账，重头来过）；

以哥们名义合伙的散伙法则（一顿痛哭，各找各家）；

以朋友名义合伙的散伙法则（一杯老酒，各奔东西）；

以生意名义合伙的散伙法则（一纸判决，一拍两散）。

▲ 合伙规则（7）：管理规则

别打脸充胖子，能苦则苦，办公条件先不讲究，节约成本；

能自己干的活就不要请人，避免无谓花钱；

必须要请要聘的人，就要不惜代价一定请到聘到；

先别无谓地追求品牌，而是要追求市场；

不要一上手就做一个系列产品，最后自己死在系列里面；

一定是主打一款产品，单点突破，“野蛮”生长；

大多的时候，所有的领导都是干活的，必须冲到第一线；

不要一点小权在手，就摆出个“领导”的架子，没人理你；

用最快的速度给公司做成一个市场标签，让用户记住；

尘埃初落定的时候，抽空给自己歇一歇，大家聊聊问题；

不差钱的时候，把合伙人中最笨的那个人送去学习；

成功了不要志得意满，而要事事警惕，否则市场随时会让你死去；

公司有点样子的时候，快速融资快速做大；

融资的时候不要过于纠结股份而错失发展良机；

玩资本比玩产品要轻松一点；

玩平台比玩资本又更牛一点；

能做成平台就做成平台而不要迷恋自己的“产品”；

每一个能活到最后的都不是傻子。

二、公司治理的制度安排

就是企业所有权的安排，即在股东和经营者之间合理配置权力和相应责任，使股东利益实现最大化。通过这种制度安排来实现权、责、利在公司所有利益相关者之间的合理分配。

治理目标要在所有者对经营者的激励、制衡和监督的基础上，转向“科学决策、依法治企、监督有效、和谐共赢”。

在组织系统中已阐明：两权分离是小微企业发展之必然。所有权和经营权必须分开，股东只是所有者，不一定必须参与经营。股东是企业的投资者，以股份形式体现对企业的资产占有率，是企业的真正老板，并应是开明的、具有前瞻意识的所有者。

制度安排的设计说明：

1. 股东会治理制度

▲ 股东会及职权说明

股东会是由全体股东或股东代表组成的公司的最高权力机构，决定公司的重大问题和投资方向、前途命运；不是公司的常设机构，但它有责任依法选举好董事。股东会的召开依据公司章程规定，定期召开或者由一定比例的股东或董事提议临时召开。

股东会的四个特征：

(1)股东会是必设机构。

(2)股东会由全体股东组成。无论持股多少，每名股东都有参加股东会权利。

(3)股东会是公司内部的最高权力机关。

(4)股东直接表达其意志，行使其权利的渠道是股东会会议。

▲ **股东会运行制度**

股东的意志通过股东会议实现，其运行制度由会议召集制度、会议议事制度和会议效力制度构成。

（1）会议召集制度。《公司法》规定，首次股东会由出资最多的股东召集和主持；此后，由董事会召集；董事会不能履行或者不履行召集股东会职责的，监事会应当及时召集；监事会不召集和主持的，由出资最多的股东召集；不设董事会的由执行董事召集。

（2） 会议议事制度。含对主持、提案、表决等事项。

（3）会议效力制度。是对会议出席率、会议表决通过率和会议记录制度作出管理。股东会作出的决议，必须经出席会议的股东所持表决权的三分之二以上通过。会议决议应对所议事项的决定作出书面决议，主持人、出席会议的股东（代理出席的股东）应当在决议上签名；代理股东出席会议的，其委托书须附决议记录一并保存备案。

▲ **股东会的职权**

股东会是由股东组成，是公司的权力机构，行使下列职权：

(1)决定公司的经营方针和投资计划；

(2)选举和更换董事，决定有关董事的报酬事项；

(3)选举和更换由股东代表出任的监事，决定有关监事的报酬事项；

(4)审议批准董事会的报告；

(5)审议批准监事会的报告；

(6)审议批准公司的年度财务预算方案、决算方案；

(7)审议批准公司的利润方案和弥补亏损方案；

(8)对公司增加或减少注册资本作出决议；

(9)对发行公司债券作出决议；

(10)对公司合并、分立、解散和清算等事项作出决议；

(11)修改公司章程。

其目的就是解决股东会名不副实的问题。

2. 董事会治理制度

▲ 董事会及职权说明

董事会是由公司全体董事参加的、法定的、常设的业务执行机关。董事会在成立后，除公司依法破产、解散和清算外，持续存在，并依法行使其职权。董事由股东大会选举产生，多数情况下由股东担任，但也不绝对。董事要由“懂事”的人担任，才能起到董事的作用。它是具有双重身份的组织，对于股东大会来说，它代表经营者，是公司的常设经营机构；对于总经理来讲，它代表投资方，维护股东的权益。因此，它处于承上启下的地位。

▲ 董事会的身份职责

董事会的法定身份是对股东尽到信任托管职能的法人代表机构。其身份决定了以下三个职责：

① 对法人财产的使用处分及其收益分配尽到信任托管职责。

② 在被赋予相应的法律身份后，承担一系列合规职责。这是法律规范下的强制性安排，必须履行法律遵行职责、使命陈述职责、信息披露职责和（剩余）权力控制职责。

③ 董事会要强化自身治理。

▲ 董事会的三个作用

① 代替股东运作资金，最大限度地赚取利润，追求股东利益最大化；

② 批准总经理的各项工作，使企业运作更加安全；

③ 监督作用，包括对账目、质量、资金运作情况，考核总经理经营业绩、市场调研、拓展规模、把准方向等，当然还包括委托社会专业机构加强监督。董事会有权聘任或解聘总经理，当然就有批准总经理工作的各项权力；董事长最好不兼任总经理。如此之目的，就是解决董事会名不副实的问题。

▲ 董事会职权

董事会对股东大会负责，行使下列职权：

负责召集股东大会，并向股东大会报告工作。

执行股东大会决议。

决定公司的经营计划和投资方案。

制定公司的年度财务预算方案、决算方案。

制定公司的利润方案和弥补亏损方案。

制定公司增加或减少注册资本的方案以及发行公司债券的方案。

制定公司合并、分立、解散的方案。

决定公司内部管理机构的设置。

聘任或解聘公司总经理；根据总经理提名，聘任或解聘公司副总经理、财务负责人，决定其报酬事项。

制定公司的基本管理制度。

如此之目的，就是解决股东会名不副实的问题。

3. 董事治理制度

▲ 董事的义务与责任

在治理董事的问题上，要防止不滥用其权力，必须要董事承担必要的责任。其在法律上界定为两项义务——忠实义务和勤勉义务。

忠实义务是指公司董事不能利用公司的资源来谋取个人的利益，即董事要忠实于公司的利益，不得将董事或董事关联人的个人利益置于公司利益之上；当其自身利益与公司利益发生冲突时，董事必须以公司的最佳利益为重。

《公司法》中关于董事义务的规定：

第一百四十七条　董事、监事、高级管理人员应当遵守法律，行政法规和公司章程，对公司负有忠实义务和勤勉义务。

董事、监事、高级管理人员不得利用职权收受贿赂或者其他非法收入，不得侵占公司的财产。

第一百四十八条　董事、高级管理人员不得有下列行为：

挪用公司资金；

将公司资金以其个人名义或以其他个人名义开立账户存储；

违反公司章程的规定，未经股东会或董事会同意，将公司资金借贷给他人或以公司财产为他人提供担保；

违反公司章程的规定，未经股东会同意，与本公司订立合同或者进行交易；

未经股东会同意，利用职务便利为自己或他人谋取属于公司的商业机会，自营或为他人经营与所任公司同类的义务；

接受他人与公司交易的佣金归为己有；

擅自披露公司秘密；

违反对公司忠实业务的其他行为。

董事、高级管理人员违反前款规定所得的收入应当归公司所有。

而勤勉义务，是指董事处理公司事务时必须付出适当的时间和精力，并按照公司的的最佳利益谨慎行事。简单说，勤勉义务要求董事必须尽心尽力。

▲ 关于董事勤勉义务的规定

应谨慎、认真、勤勉地行使公司赋予的权力，以保证公司的商业行为符合国家法律、行政法规以及国家各项经济政策的要求，商业活动不超过营业执照规定的业务范围；

应公平公正对待所有股东；

及时了解公司业务经营管理状况；

应当对公司定期报告签署书面确认意见，保证公司所披露的信息真实、准确、完整；

应当如实向监事会提供有关情况和资料，不得妨碍监事会或监事行使职权；

法律、行政法规、企业章程及企业规章规定的其他勤勉义务。

如果忠实义务的规定是对董事损人利己行为的防治，那么，勤勉义务的规定则是避免发生损人不利己的行为。

4. 监事会治理制度

▲ 监事会及职权说明

监事会由股东会代表公司过半数表决权的股东选举产生；监事任期为每届三年，届满可连选连任；本公司的执行董事、经理、财务负责人不得兼任监事。

▲ 监事的职权

检查公司财务。

对执行董事、高级管理人员执行公司职务的行为进行监督，对违反法律、行政法规、公司章程或者股东会决议的执行董事、高级管理人员提出罢免的建议。

当执行董事和经理的行为损害公司的利益时，要求执行董事和经理予以纠正；在执行董事不履行本法规定的召集和主持股东会会议职责时召集和主持股东会会议。

向股东会会议提出提案。

依照《公司法》第一百五十二条的规定，对执行董事、高级管理人员提起诉讼。

公司章程规定的其他职权。

监事列席董事会会议，并对董事会决议事项提出质询或者建议；监事（会）发现公司经营情况异常，可以进行调查，必要时可聘请会计事务所等专业机构协助其工作，费用由公司承担。

5. 董事长治理制度

▲ 董事长及职权说明

董事长董事会以全体董事的过半数选举董事长；除此之外的任何机构，包括作为公司权力机构的股东会也无权选择董事长。董事长一般由公司最大股东担任，但也不绝对。董事长作为董事会的负责人和公司的法定代表人（法定代表人也可由董事担任），是企业最高行政负责人，依法处理董事会的有关事务，并依法代表公司行使公司的权力。董事会的成员（董事）并不与董事会共存亡，董事可以依法任免，也可连选连任。

▲ 董事长的身份职责

董事长由董事会从董事中选举产生。

①作为统领人，董事长负责领导和监督董事会的运作，确保董事会各项职能有条不紊地运行。

②作为召集人，董事长要负责召集和主持董事会会议，检查董事会决议的实施情况，并主持股东大会，这是《公司法》对董事长作出的强制性要求。

③作为代表人，董事长对外代表董事会甚至整个公司。在董事会授权下，通过公司章程认定，董事长可以在董事会闭会期间行使董事会部分权力。

作为董事会成员之一，董事长的权力是与其他董事平行的，但在现实中董事长兼任 CEO 或总经理的情况较多，这方面造成董事长连带着董事会的决策制定、利益仲裁类活动繁忙；另一方面对治理提出了新课题，董事长同时成为被治理对象。但现实中也有董事长不兼任 CEO 或总经理的情况。其各有好处和不足。建议小微企业根据自身情况而定。

▲ 董事长职权说明

董事长对股东会负责，行使以下权力：

负责召集股东会，并向股东会报告工作；

执行股东会的决议；

决定公司的经营计划和投资方案；

制定公司年度财务预、决算方案；

制定公司的利润分配方案和弥补亏损方案；

制定公司增加或减少注册资本、合并、分立、解散、变更公司形式的方案；

决定公司内部管理机构的设置；

决定聘任或者解聘公司经理及其报酬事项，并根据经理的提名，决定聘任或者解聘公司副经理、财务负责人及其报酬事项；

制定公司的基本管理制度；

公司章程规定的其他职权。

其目的就是要解决董事会内部制衡机制不完善的问题。

6. 总经理治理制度

▲ 总经理及职权说明

总经理是指在公司中设置的以辅助董事会执行业务、进行日常经营管理的人员。总经理由董事会聘任或解聘，并对董事会负责。总经理是企业日常管理者（机构）的代表。董事长或董事可兼任总经理，但两个职务是完全不同的。

总经理（或 CEO）是个职业，既可由董事长兼任，或董事担任，也可从内部或外部选聘职业经理人。其在现实中无非是个头衔，干的事情仅仅是执行决策者的命令而已。所谓经理，是受托于股东对公司资产的保值增值负责、在日常运作中独立行使董事会授权范围内决策管理权和业务处置权的经营管理者。

▲ 总经理职能职权说明

由于总经理处于企业的特殊职位，所以，我们把他分为机构（职能）和职务两方面来说明。

• 总经理（机构）的职能说明

负责企业的经营机构的设置；

向董事会提出经营预算和费用预算；

领导企业的经营活动，实现董事会所批准的预算和利润指标；

保证企业能提供国家标准的产品和服务；

收集客户的反映，研究市场的需求，不断调整企业的经营方式，使企业不断得到发展；

树企业形象；

决定广告基调，指导经营战略；

代表企业对外开展公关活动；

按规定模式管理企业；

建立和完善企业的工作程序和规章制度；

向董事会提出组织系统表、人员编制和工资总额计划；

决定企业部门以下人员的任免和奖罚；

定期向董事会提供营业状况和财务状况报告并接受咨询；

保证企业的安全；

发现并消除企业的安全隐患，向董事会提出预算外开支计划；

保证员工和客户在企业内的安全。

·总经理（职务）职权说明

公司经理由董事会聘任或者解聘。经理对董事会负责，负责公司日常经营管理工作，行使以下职权：

主持公司的生产经营管理工作，组织实施董事会决议；

组织实施公司年度经营计划和投资方案；

拟订公司内部管理机构设置的方案；

拟订公司基本管理制度和具体规章；

制定公司的具体规章；

提请聘任或者解聘公司副经理、财务负责人；

决定聘任或者解聘除应由董事会聘任或者解聘以外的负责管理人员。

董事会授予的其他职权。

总经理列席董事会会议。

公司章程对经理职权另有规定的，从其规定。

以上制度安排应该是意在实现权、责、利在公司所有利益相关者之间的合理分配，从而达到所有者对经营者的激励、制衡和监督的治理目标。然而，实际经管理中却出现了以下问题。

所有权与经营权的分离，即两权分离是新常态下小微企业治理产生的最根本原因，它又在新形势下导致了多重的代理关系。首先是所有者担任了间接管理者的角色，所有者通过股东会选举董事并成立董事会来经营企业，股东会还选举监事并组成监事会来监督董事、经理人等，董事又选聘经理人来负责企业的日常经营，因此形成了经理人代理董事会、董事会、监事会代理股东会、股东会代理所有股东的代理链条。其次是这种状况又导致信息在所有者和经营者之间具有非常大的不对称性：相对于所有者来说，经营者每天与企业打交道，对企业的熟悉程度远远高于所有者，并且所有者的信息多数通过经营者获得，因此，经营者处于信息优势地位，而所有者处于信息劣势的一方。这种不对称的信息态势为经营者侵害所有者的利益提供了极大的可能性。经营者极有可能通过损害公司的利益来为自己谋取利益，如过度投资、过度职务消费、财产转移、挪用资金等。

为解决上述问题，防止或避免违规行为发生，还应建立公司的法务规则。公司治理就是要在法律法规的框架下建立一套制度来合理地在不同治理主体之间配置相应的权利和义务，以防止法律风险。

在企业决策和智库方面，若缺乏人才，可由有经验的机构或个人担任独立董事或企业顾问作为补充。这有益于企业的科学决策和战略规划，以提升企业的诊断评估和经营管理水平，提高企业的经济效益和工作效率，使企业规范运作、健康发展。

三、公司治理的法务规则

1. 制定好公司章程

××有限公司

章　　程（范例）

第一章　总则

第一条　公司宗旨：通过设立公司组织形式，由股东共同出资筹集资本金，建立新的经营机制，为振兴经济作出贡献。依照《中华人民共和国公司法》和《中华人民共和国公司登记管理条例》的有关规定，制定本公司章程。

第二条　公司名称××有限公司。（以下简称“公司”）

第三条　公司住所：××××

第四条　公司由N个股东共同出资设立，股东以认缴出资额为限对公司承担责任；公司以其全部资产对公司的债务承担责任。公司享有由股东投资形成的全部法人财产权，并依法享有民事权利，承担民事责任，具有企业法人资格。

第五条　经营范围：（以营业执照为准）。

营业期限：永久。

第六条　公司营业执照签发日期为本公司成立日期。

第二章　注册资本、认缴出资额 实缴资本额

第七条　公司注册资本为××万元人民币，实收资本为××万元人民币。尚差××万元，由各股东按认缴数额在20××年×月×日前分期缴足。同时公司全体股东郑重承诺：公司在股东未缴足注册资本期间产生的债务，由各股东在认缴出资额范围内承担法律责任。公司的实收资本为全体股东实际交付并经公司登记机关依法登记的出资额。

第八条　股东名称、认缴出资额、实缴出资额、出资方式、出资时间一览表。

单位：万元

<table>
<tr><td rowspan="3">股东名称（姓名）</td><td colspan="4">认缴情况</td><td colspan="4">实缴情况</td></tr>
<tr><td rowspan="2">认缴出资额</td><td colspan="2">出资方式</td><td rowspan="2">认缴期限</td><td rowspan="2">实缴出资额</td><td colspan="2">出资方式</td><td rowspan="2">出资时间</td></tr>
<tr><td>货币</td><td>实物</td><td>货币</td><td>实物</td></tr>
<tr><td></td><td></td><td></td><td></td><td></td><td></td><td></td><td></td><td></td></tr>
<tr><td></td><td></td><td></td><td></td><td></td><td></td><td></td><td></td><td></td></tr>
<tr><td></td><td></td><td></td><td></td><td></td><td></td><td></td><td></td><td></td></tr>
</table>

第九条　各股东认缴、实缴的公司注册资本金应在申请公司登记前，委托会计师事务所进行验证。

第十条　公司登记注册后，应向股东签发出资证明书。出资证明书应载明公司名称、公司成立日期、公司注册资本、股东的姓名或者名称、缴纳的出资额和出资日期、出资证明书的编号和核发日期。出资证明书由公司盖章。出资证明书一式两份，股东和公司各持一份。出资证明书遗失，应立即向公司申报注销，经公司法定代表人审核后予以补发。

第十一条　公司应设置股东名册，记载股东的姓名、住所、出资额及出资证明书编号等内容。

第三章　股东的权利、义务和转让出资的条件

第十二条 股东作为出资者按出资比例享有所有者的资产受益、重大决策和选择管理者等权利，并承担相应的义务。

第十三条 股东的权利：

(一)出席股东会，并根据出资比例享有表决权。

(二)股东有权查阅股东会会议记录和公司财务会计报告。

(三)选举和被选举为董事会成员、监事。

(四)股东按出资比例分取红利；公司新增资本时，股东可按出资比例优先认缴出资。

(五)公司新增资本金或其他股东转让股份时有优先认购权。

(六)公司终止后，依法分取公司剩余财产。

第十四条 股东的义务：

(一)按期足额缴纳各自所认缴的出资额。

(二)以认缴的出资额为限承担公司债务。

(三)公司办理工商登记注册后，不得抽回出资（通过法律程序批准同意者除外）。

(四)遵守公司章程规定的各项条款。

第十五条 出资的转让：

(一)股东之间可以相互转让其全部出资或者部分出资。

(二)股东向股东以外的人转让其出资时，必须经其他股东过半数同意。股东应就其股权转让事项书面通知其他股东征求同意；其他段东自接到书面通知之日起满三十日未答复的，视为同意转让。其他股东半数以上不同意的，不同意转让的股东应当购买该转让的出资，如果不购买该转让的出资，视为同意转让。经股东同意转让的出资，在同等条件下其他股东对该转让的出资有优先购买权。两个以上股东主张行使优先购买权的，协商确定各自的购买比例；协商不成的，按照转让时各自的出资比例行使优先购买权。

(三)股东依法转让其出资后，公司应将受让人的姓名、住所以及受让的出资额记载于股东名册。

第四章 公司的机构及高级管理人员的资格和义务

第十六条 为保障公司生产经营活动的顺利、正常开展，公司设立股东会、董事会、监事会，负责全公司生产经营活动的策划和组织领导、协调、监督等工作。

第十七条 本公司设总经理（以下简称“经理”）、业务部、财务部等具体办理机构，分别负责处理公司在开展生产经营活动中的各项日常具体事务。

第十八条 董事长、董事、监事、经理应遵守公司章程、《中华人民共和国公司法》和国家其他有关法规的规定。

第十九条 公司研究决定有关职工工资、福利、安全生产以及劳动保护、劳动保险等涉及职工切身利益的问题，应当事先听取公司工会和职工的意见，并邀请工会或者职工代表列席有关会议。

第二十条 公司研究决定生产经营的重大问题、制定重要的规章制度时，应当听取公司工会和职工的意见和建议。

第二十一条 有下列情形之一的人员，不得担任公司董事长、董事、监事、经理：

（一）无民事行为能力或者限制民事行为能力者。

（二）因犯有贪污、贿赂、侵占财产、挪用财产罪或者破坏社会经济秩序罪；被判处刑罚，执行期未满逾五年，或者因犯罪被剥夺政治权利，执行期满未逾五年者。

（三）担任因经营不善破产清算公司的董事或者厂长、经理，并对该公司破产负有个人责任的，自该公司破产清算完结之日起未逾三年者。

（四）担任因违法被吊销营业执照的公司的法定代表人，并负有个人责任的，自该公司被吊销营业执照之日未逾三年者。

（五）个人所负数额较大的债务到期未清者。

公司违反前款规定选举、委派董事长、董事、监事或者聘任经理的，该选举、委派或者聘任无效。

第二十二条 国家公务员不得兼任公司的董事长、董事、监事、经理。

第二十三条 董事长、董事、监事、经理应当遵守公司章程，忠实履行职责，维护公司利益，不得利用在公司的地位和职权为自己谋取私利。董事、监事、经理不得利用职权收受贿赂或者其他非法收入，不得侵占公司的财产。

第二十四条 未经董事会同意，董事长、经理不得挪用公司资金或者将公司资金借给任何与公司业务无关的单位和个人。

未经董事会同意，董事长、经理不得以公司资产为本公司的股东或者其他个人债务提供担保。

第二十五条 鉴于公司从事行业和业务的特殊性，董事长、董事、经理可以经营与其所任职公司经营相同或相近的行业和业务，但不得从事损害本公司利益的活动。

第五章 股东会

第二十六条　公司设股东会，公司股东会由全体股东组成，为公司的最高权力机构。股东会会议，由股东按照出资比例行使表决权。出席股东会的股东必须超过全体股东表决权的半数以上方能召开。首次股东会由出资最多的股东主持；以后股东会由董事会召集、董事长主持。

第二十七条　股东会行使以下职权：

(一)决定公司的经营方针和投资计划；

(二)选举和更换非由职工代表担任的董事、监事，决定有关董事、监事的报酬事项；

(三)审议批准董事会的报告，监事的报告；

(四)审议批准公司年度财务预算方案、决算方案和利润分配方案，弥补亏损方案；

(五)对公司增加或减少注册资本作出决议；

(六)对公司的合并、分立、解散、清算或者变更公司形式作出决议；

(七)对发行公司债券作出决议；

(八)修改公司章程。

股东大会会议由董事会召集，董事长主持；董事长不能履行职务或者不履行职务的，由董事总经理主持；董事总经理不能履行职务或者不履行职务的，由半数以上董事推举一名董事主持。

（一）股东会议应对所议事项作出决议。对于修改公司章程、增加或减少注册资本、分立、合并、解散或变更公司形式等事项作出的决议，必须经代表三分之二以上表决权的段东同意通过。

（二）股东会应对所议事项做成会议记录，出席会议的股东应在会议记录上签名，会议记录作为公司档案材料长期保存。

（三）对前款所列事项股东以书面形式一致表示同意的，可以不召开股东会会议，直接作出决议，并由全体股东在决议文件上签名、盖章。

第六章　董事会、经理、监事

第二十八条　本公司设董事会，董事会是公司的执行机构。公司董事会由4名董事组成。设董事长一名、另设三名董事，由股东会代表公司过半数表决权的股东同意选举产生。

第二十九条　总经理为本公司法定代表人。

第三十条　董事长对股东会负责，行使以下权利：

(一)负责召集股东会，并向股东会报告工作；

(二)执行股东会的决议；

(三)决定公司的经营计划和投资方案;

(四)制定公司年度财务预、决算方案;

(五)制定公司的利润分配方案和弥补亏损方案;

(六)制定公司增加或减少注册资本、合并、分立、解散、变更公司形式的方案;

(七)决定公司内部管理机构的设置;

(八)决定聘任或者解聘公司经理及其报酬事项,并根据经理的提名,决定聘任或者解聘公司副经理、财务负责人及其报酬事项;

(九)制定公司的基本管理制度;

(十)公司章程规定的其他职权。

第三十一条　董事任期为三年,可以连选连任。董事在任期届满前,可视公司情况或履职能力改选或增选。

董事会会议由董事长召集和主持;董事长因特殊原因不能履行职务或不履行职务时,由董事总经理召集和主持;董事总经理不能履行职务或不履行职务的,由半数以上董事共同推举一名董事召集和主持。

召开董事会会议,应当于会议召开十日以前通知全体董事。三分之一以上董事可以提议召开董事会会议。董事会会议决议,以董事或股东代表所持股权比例大小表决决定。

董事会对所议事项的决定做成会议记录,出席会议的董事应在会议记录上签名。

第三十二条　公司经理由董事会聘任或者解聘。经理对董事会负责,负责公司日常经营管理工作,行使以下职权:

(一)主持公司的生产经营管理工作,组织实施董事会决议;

(二)组织实施公司年度经营计划和投资方案;

(三)拟订公司内部管理机构设置的方案;

(四)拟订公司基本管理制度;

(五)制定公司的具体规章;

(六)提请聘任或者解聘公司副经理、财务负责人;

(七)决定聘任或者解聘除应由董事会聘任或者解聘以外的负责管理人员;

(八)董事会授予的其他职权。

经理列席董事会议。

第三十三条　公司设监事×名,由股东会代表公司过半数表决权的股东选举产生;监事任期为每届三年，届满可连选连任；本公司的执行董事、经理、财务负责人不得兼任监事。

监事的职权：

（一）检查公司财务。

（二）对执行董事、高级管理人员执行公司职务的行为进行监督，对违反法律、行政法规、公司章程或者股东会决议的执行董事、高级管理人员提出罢免的建议。

（三）当执行董事和经理的行为损害公司的利益时，要求执行董事和经理予以纠正；在执行董事不履行本法规定的召集和主持股东会会议职责时，召集和主持股东会会议。

（四）向股东会会议提出提案。

（五）依照《公司法》第一百五十二条的规定，对执行董事、高级管理人员提起诉讼。

（六）公司章程规定的其他职权。

第七章 财务、会计

第三十四条 公司依照法律、行政法规和国家财政行政主管部门的规定建立本公司的财务、会计制度。

第三十五条 公司在每一会计制度终了时制作财务会计报表，按国家和有关部门的规定进行审计，报送财政、税务、工商行政管理等部门，并送交各股东审查。

财务、会计报告包括下列会计报表及附属明细表：(一)资产负债表；（二）损益表；（三）财务状况变动表；（四）财务情况；（五）说明书；（六）利润分配表。

第三十六条 公司分配每年税后利润时，提取利润的百分之十至百分之四十列入法定公积金。

公司的公积金用于弥补上一年度公司的亏损、扩大公司生产经营或者转为增加公司资本。但是，资本公积金不得用于弥补公司的亏损。

第三十七条 公司弥补亏损和提取公积金后所余税后利润，按照股东出资比例进行分配。

第三十八条 法定公积金转为资本时，所留存的该项公积金不得少于转增前公司注册资本的百分之二十五。

公司除法定会计账册外，不得另立会计账册。

会计账册、报表及各种凭证应按财政部有关规定装订成册归档，作为重要的档案资料妥善保管。

第八章 合并、分立和变更注册资本

第三十九条 公司合并、分立或者减少注册资本，由公司的股东会作出决议；按《公司法》

的要求签订协议，清算资产、编制资产负债及财产清单，通知债权人并公告，依法办理有关手续。

第四十条　公司合并、分立、减少注册资本时，应编制资产负债表及财产清单，10日内通知债权人并于30日内在报纸上公告。债权人自接到通知书之日起30日内，未接到通知书的自公告之日起45日内，有权要求公司清偿债务或提供相应担保。

第四十一条　公司增加或减少注册资本，应依法向公司登记机关办理变更登记；公司合并或者分立，登记事项发生变更的，应当依法向公司登记机关办理变更登记；公司解散的，应当依法办理公司注销登记；设立新公司的，应当依法办理公司设立登记。

第九章　破产、解散、终止和清算

第四十二条　公司因《公司法》第181条所列（1）（2）（4）（5）项规定而解散时，应当在解散事由出现之日起15日内成立清算组，开始清算；逾期不成立清算组进行清算的，债权人可以申请人民法院指定有关人员组成清算组进行清算。

公司清算自成立之日起10日内通告债权人，并于60日内在报纸上公告。债权人应当自接到通知书之日起30日内，未接到通知书的自公告之日45日内，向清算组申报债权。

公司财产在分别支付清算费用、职工的工资、社会保险费用和法定补偿金，交纳所欠税款，清偿公司债务后的剩余资产，有限责任公司按照股东的出资比例分配，股份有限公司按照股东持有的股份比例分配。

公司清算结束后，公司应依法向公司登记机关申请注销公司登记。

第十章　工　会

第四十三条　公司按照国家有关法律和《中华人民共和国工会法》设立工会。工会独立自主地开展工作，公司应支持工会的工作。公司劳动用工制度严格按照《劳动法》执行。

第十一章　附　则

第四十四条　公司章程的解释权属公司股东会。

第四十五条　公司章程经全体股东签字生效。

第四十六条　经股东会提议公司可以修改章程，修改章程须经股东会代表公司三分之二表决权的股东通过后，由公司法定代表人签署并报公司登记机关备案。

第四十七条　公司章程与国家法律、行政法规、国务院决定等有抵触，以国家法律、行政法规、国务院决定等为准。

股东签字：

年　月　日

2．签署合伙投资运作规则协议书

合伙投资运作规则协议书（参考范例）

A 方

住址:

身份证号码:

电话:

B 方

住址:

身份证号码:

电话:

C 方

住址:

身份证号码:

电话:

以上各方自愿共同发起设立××有限公司(具体名称以工商核名为准，以下简称“公司”)，公司成立的目的是投资开展××业务。

经以上各方友好协商，根据中华人民共和国法律、法规的规定，就各方合作投资之事达成以下运作规则并协议内容如下:

一、合作投资方式

依照《中华人民共和国公司法》，结合本公司从事经营活动的实际需要，经各方股东协商决定，注册资本为人民币××万元，实收资本为××万元

首批股东名称、认缴出资额、实缴出资额、出资方式、出资时间一览表。

单位：万元

股东名称（姓名）	认缴情况				实缴情况			
	认缴出资额	出资方式		认缴期限	实缴出资额	出资方式		出资时间
		货币	实物			货币	实物	

采取分两期缴足注册资本的方式。由股东按认缴数额在 年 月 日之前缴足。

以上各方同意该公司委托自然人××（身份证号码：××作为指定代表或委托代理人办理工商登记及银行开户手续）。

二、公司的费用和利益分配

1. 费用构成

公司费用构成如下：

① 公司发起成立前的筹办费（包括注册登记费、验资费用等）；

② 公司办公设备、办公用品等；

③ 与公司相关的验资费、开户费、办公室租金、物管费、水电费等；

④ 聘用人员工资及保险费；

⑤ 按照国家有关规定可以在公司资产中列支的其他费用。

2. 收益分配

① 公司原则上按年度分红。股东收益为：年终分红+超额分配。分红金额为当年可分配利润的 80%，另 20%留作公司公积金，保底分红在×%左右，超额部分收益再提取 15%作为对经营团队的奖励后，其余部分收益分配给股东。股东收益保底×%现金分配，超额收益部分公司根

据情况分配一部分现金，一部分作为留存收益或转为股本金。说明：分红时所发生的所得税、银行转账或其他手续费用由股东自行承担，并由公司代扣代缴。

② 公司当年股本收益率的计算公式为：

当年股本收益率=当年净利润/当年（年末）注册资金×100%。

③ 法律法规或监督机构另有规定的从其规定。

三、激励措施：

为充分调动股东、经营团队和投资者的积极性、主动性、创造性，公司拟出台以下政策：

1.公司每年净收益×%以上部分拿出超额部分15%作为对经营团队的奖励。

2.凡向公司推荐的项目，经公司立项并实施的，给予推荐者项目总投资额3‰~8‰的奖励。

3.凡向公司引进资金（包括增资扩股时引进的新股东、吸纳项目投资和投资理财的投资者），按投资人实际投资额（签约到款为准），给予引进人5‱的奖励。

4.对公司商业模式、盈利模式提出创新建议、计划，被公司采纳实行的酌情给予一定奖励。

四、公司运作原则

1.公司实行阳光化规范化操作，专注从事××项目不做其他业务。公司设立股东会、董事会、监事会，所有者与经营者分离，所有项目均须董事会批准才能立项，并实行一套先进成熟有效的管理模式和管理制度运行，且聘有知名专家顾问团队把关，由董事会选举的董事长和聘用的总经理管理经营管理团队并进行管理和经营。

2.公司原则上不对外担保。如遇特殊情况需担保，必须经股东会全体股东同意签字。

五、各方的权利与义务

1.各方有按本协议的约定对该公司出资的义务。

2.各方有权充分了解公司运作的具体信息。

3.项目投资后，各方有权监督公司投资后管理情况，跟踪了解公司的经营情况。

4.各方保证其对公司的投资、收益分配得到了充分考虑，自愿承担相关责任和义务。

六、违约责任

任何一方未履行本协议下的条款均视作违约、做出违约行为的一方应承担因自己的违约行为而给守约方造成的直接经济损失。如果守约方确认，对违反本协议的行为仅采取赔偿的补救措施是不够的，则守约方还有权采取其他合理的补救措施。

七、法律适用和争议解决

本协议的订立、履行、变更、解除或终止和争议解决均适用于中华人民共和国的法律。由于本协议的履行或解释而产生的或与之有关的任何争议，如各方无法协商解决，协议任何一方均可向成都市仲裁委员会提起仲裁。

八、特别约定

股东股本金按《公司法》和《章程》规定不得退股，但为了体现公司人性化管理，在股东遇特殊情况（如遇真实的不可抗天灾人祸、家庭成员重大疾病急需用钱的），特设立以下退出机制：

1. 由当事股东书面提出书面申请，七天之内经董事会同意可以退出其持有的部份股权或全部股权；结算按入股时间内本金+公司承诺的分红保底数；再酌情考虑股东入股时间内产生的增值部份和公积金收益（按公司当时净资产相应比例进行财务结算）。

2. 以上股东退出的股权原则上应由内部股东优先认购；其次可由吸纳新股东认购。也可经董事会同意由公司用公积金回购注销。

九、其他

1. 本协议未尽事宜，各方可签订补充协议。补充协议为本协议不可分割的一部分，与本协议具有同等法律效力。

2. 本协议自各方本人签字捺印之日起生效。

3. 本协议所列各项内容最终解释权归公司股东会所有。

4. 本协议一式×份，以上各方各持一份，公司存档二份，均具有同等的法律效力。

A 方：　　　　　　　　B 方：　　　　　　　　C 方：

……

签约地：　　　　　　　签约日期：　　年　　月　　日

3. 向股东出具股东出资证明书

股东出资证明书

××有限公司

股东出资证明书是证明投资人已经依法履行出资义务，成为有限公司股东的法律文件，是股东在公司享有权利、承担义务的凭据。

公司变更注册（实收）资本涉及股东出资额或者股东转让股权、赠予、继承人继承时，需要提交股东出资证明书。

股东因故要求补（换）发出资证明书，丢失被盗的应提交登报公告声明作废报样、污损的提交污损原件及股东本人书面申请，经公司审核批准方可补（换）发。

股东出资证明书由公司签发并盖章，无盖章或私自涂改无效。

股东出资证明书

股东姓名 ：

贵股东已经依法按照公司股东会决议和公司章程规定，如期履行了足额缴纳出资的义务，作为公司的股东按照出资额享有公司股东的相应权利和义务。

特此证明。

××有限公司

年 月 日

基本情况

<table>
<tr><td rowspan="4">公司</td><td>名　称</td><td>××有限公司</td></tr>
<tr><td>法定代表人</td><td></td></tr>
<tr><td>注册资本</td><td>人民币：　　万元</td></tr>
<tr><td>成立日期</td><td>年月日</td></tr>
<tr><td rowspan="6">股东</td><td>姓名名称</td><td></td></tr>
<tr><td>出资方式</td><td>现金</td></tr>
<tr><td>出资比例</td><td></td></tr>
<tr><td>出资金额</td><td>大写：　　万元
小写：　　万元</td></tr>
<tr><td rowspan="2">出资日期</td><td>第一期：年　月　日
大写：　　万元
小写：　　万元
（注：年　月　日转股后所持股权）</td></tr>
<tr><td>第二期：　年　月　日
大写：　　万元　小写：　　万元</td></tr>
</table>

变更事项

记录公司名称、注册（实收）资本以及股东自身出资额增减或赠予、继承、部分股权转让等内容。
股东××原持有××公司股权（认缴金额××万元，实缴××万元），占公司股权×%。 经本人申请，公司董事会研究决定，下列股东股权转让给股东××。具体变更情况如下： 1. ××持有认缴股权××万元，实缴××万元，全部转让给××； 2. ××持有认缴股权××万元，实缴××万元，全部转让给××； 从　年　月　日起股东持有××有限公司股权为（认缴金额××万元，实缴××万元），占公司股权×%。 （公司盖章） 变更日期：　年　月　日

股权注销记录

股东的股权全部转让或其他原因退出公司股东会和公司解散事项出现时收缴并作注销处理。
（公司盖章） 变更日期：　　年　　月　　日

4. 作好筹备及承诺

(以下为参考范例)

(1) 筹备会议议程

× ×公司组建会议议程

1. × × ×发起人作公司筹备情况说明;
2. × ×作公司经营计划和相关问题说明;
3. 审议签署公司《章程》;
4. 审议签署《公司合伙运作规则协议书》;
5. 选举、签署第一次股东会决议;
6. 选举、签署第一次董事会决议;
7. 签署《企业名称预先核准申请书》;
8. 签署《公司设立登记申请书》;
9. 签署《指定代表或者共同委托代理人的证明》;
10. 请公司董事长总经理发表施政演说;
11. 请各位股东自由发言，做好会议记录。

年　　月　　日

（2）做好股东大会决议

××有限公司

第一次股东大会决议

一、时间：　年　月　日

二、地点：本公司会议室

三、召集人：

参加人：

四、会议内容：

1. 审议通过《成都××有限公司》章程共十一章四十七条。

2. 同意选举××、××董事，组成董事会，任期三年。

3. 同意选举××、××监事，任期三年。

4. 经股东协商决定，注册资本为人民币××万元，分两期缴足注册资本的方式。第一期实收资本为××万元，由股东按认缴数额在　年　月　日之前缴足；第二期实收资本为××万元，由股东按认缴数额在　年　月　日之前缴足。

5. 股东会决定每年召开一次，会议讨论公司的经营方针、财务收支等情况。

6. 本次会议作为公司首届股东会议记录存档。

年　月　日

（3）做好董事会决议

× ×有限公司

第一次董事会决议

一、时间：　年　月　日

二、地点：本公司会议室

三、召集人：

参加人：

四、会议内容：

1. 同意选举× ×为公司董事长，任期三年。

2. 同意聘任× ×为公司总经理（法定代表人），任期三年。

3. 本次会议作为公司首届董事会会议记录存档。

全体董事签字：

年　月　日

四、公司治理的操作方案

1. 推行承诺宣誓制度

（1）董事长总经理签署宣读承诺书

董事长总经理承诺书

各位股东，各位同事:

感谢全体股东及同事的信任。

我们想，您所加入的是一个充满生机与活力的集体。为了公司的奋斗目标，为了实现人生的价值，我们深知将接受的考验和将被赋予的崇高责任。我们愿在全体股东的支持下、同事们的帮助配合下，用我们强烈的敬业来全力维护企业的形象和利益，为企业的发展贡献自己的智慧。

我们期望大家为梦想齐努力，脚踏实地、开放创新，以辛勤的汗水、卓有成效的工作，在为企业创造最大利益的同时，获得归属感和应有的收益。

我们承诺，在我们所担当的这一承负重任的岗位上，忠诚敬业、诚信守职、公正廉洁、大公无私、竭尽全力、不负重望。

董事长（签名）

总经理（签名）

年　月　日

（2）实行企业宣誓制度

企业领导者（包括企业中高层人员）宣誓主要是指在就职时宣誓遵守并效忠于宪法和公司法及企业规章的一种承诺，是在上任前举行公开的、向全体股东和员工宣誓遵守并效忠于宪法和法律及企业、致力于为股东和员工服务的一种承诺仪式。宣誓制度是企业管理创新的一种尝试，应当变成企业领导者就职前依法制企、以规制企的一个重要的程序。

然而我国企业特别是小微企业更应积极推行宣誓的实践。特别是在大众创业，万众创新的新常态下，推行宣誓制度具有一定的重要性、必要性以及可行性。只是在这项制度的移植上，我们必须坚持符合国情的原则。

誓　词

我宣誓：

我会用我全部的热情，忠诚我们的企业，热爱我们的客户，忠于我们的工作。

用我坚决的执行力，担负起对企业、对客户、对市场的责任，使我脚下的方寸之地，成为硕果累累的希望之地。

用我的实际行动、高度的意识、良好的心态，将我对企业、对客户的感激之情、感恩之心，真正落实到实处，执行到实处，使客户满意，使企业放心。

宣誓人：

年　　月　　日

2. 尽量做到决策科学

(1)公司实行阳光化规范化操作，所有项目均须董事会批准才能立项。

(2)立项后的项目必须进行项目评估，并写出项目可行性报告。

(3)项目可行性报告经董事会讨论，科学决策通过后才能实施，未通过决不实施。

3. 突出和落实监督权

▲ 监事会监督权及内容

① 检查公司的财务。

② 对董事、总经理执行公司职务，对违反纪律、法规或公司章程的行为进行监督。

③ 当董事和总经理的行为损害公司的利益时，要求董事和总经理予以纠正。

④ 向董事会提议召开临时股东大会；董事会不同意召开临时股东大会的，或者在收到案后10日内未作出反馈的，视董事会不能履行或者不履行召集临时股东大会职责，监事会可自行召集和主持。

⑤ 对董事长总经理有违法违规现象和行为提出问责，并及时报告董事会且有权提出内部审计或请律师事务所请求提出诉讼，追究其法律经济责任；对违法造成严重后果的，可向公安机关报案，并请求召开股东大会作出决议罢免其职务。

▲ 董事会监督权及内容

包括对账目、质量、资金运作情况，考核总经理经营业绩、市场调研、拓展规模、把准方向等，当然还包括委托社会专业机构加强监督。

▲ 为了防止监督流于形式，在新情况下，还应实行以下制度：

① 内部报告制度

·总经理向董事会报告制度。报告事项：定期向董事会提供营业状况和财务状况报告并接受咨询；定期向董事会报告客户订单、合同签订、费用控制、项目投资、企业融资、产品质量、资金运作、人事调整情况。

·总经理向监事会报告制度。报告事项：包括对账目、质量、资金运作情况，考核总经理经营业绩、市场调研、拓展规模、把准方向等，当然还包括委托社会专业机构加强监督。

② 信息披露制度

总经理至少每个月向董事会、监事会提供当月财务报表，包括资金使用、企业融资、产品质量、产品销售、项目投资、费用开支、人事调整等情况。总经理要以开明的态度主动接受监事会的约束监督，以避免信息的不对称性。

③ 审计制度

可实行内部年度审计和离任审计。审计对象主要是董事长和总经理，也可包含财务、销售等部门负责人。由董事会负责组织内部审计和离任审计，力量不够时，可请专业机构来审计。审计报告须送监事会评议，报董事会审议。董事会对审计报告结果负责。通过内部审计，决定被审计对象是否任职，决定罢免或解聘。通过离任审计，评定任职业绩；若有违法违规行为，坚决按法按规处置。审计内容包括管理责任、财务责任和法纪责任。审计的目的是规范行为、监督管理。

④ 内部授权制度

授权是由公司董事会代表公司向各部门授权，是为了完善治理结构，强化统一管理，达到集中决策与适当分权的合理平衡的目的，使被授权者在授权范围内依法依规进行经管理活动。授权分为基本授权和特别授权。授权由公司董事长代表董事会向各部门签发《公司对××部门授权书》，被授权人为各部门负责人。授权必须经董事会批准通过。基本授权范围：人事授权、财务授权、业务授权。特别授权是对超出基本授权范围的专项事务进行授权。对董事长授权由董事会议定并授权。对总经理授权由董事会议定。董事长代表董事会授权。

⑤ **提醒警示制度**

提醒警示立足于教育，着眼于防范和强化监督，是针对群众举报、社会反映或思想作风、工作作风、生活作风等方面有违法违规苗头和倾向性问题，需要组织及时过问和提醒的一项教育监督措施；主要是采取双向交流、组织询问、个人答复、提醒谈话等方式，是组织监督和群众监督的有效方式，是公司治理体系的细化和延伸；是对管理者的关心和爱护，旨在形成预防机制。提醒警示制度实施由监事会会同人事部门共同组织进行，并须有 2 人以上参加，对谈话内容做好记录并报董事会议定备案。

以上制度就是要尽量防控监事会流于形式等现象的发生。

4. 严明印章管理

▲ 印章的管理和使用

• 原则上公司行政章和法人章由法人管理，财务章由财务负责人管理，合同专用章由分管销售的副总管理。

• 公司各级人员每次使用印章须按要求填写印章使用单，将其与所需印的文件一并逐级上报，经公司有关人员审核。

•经有关人员审核，并最终由具有该印章使用决定权的人员批准后方可交印章保管人盖章。通过审批后的销售订单递至财务盖章，无特殊情况一般规定五分钟内给予落实。

• 印章保管人应对文件内容和印章使用单上所载明的签署情况予以核对，经核对无误的方可盖章。

• 在逐级审核过程中被否决的，该文件予以退回。

• 公司总经理对公司所有的印章的使用拥有绝对的决定权。

• 涉及法律等重要事项需使用印章的，须依有关规定经法律顾问审核签字。

• 财务人员依日常的权限及常规工作内容自行使用财务印章无须经上述程序。

• 用印后该印章使用单作为用印凭据由印章保管人留存，定期进行整理后交财务部归档。

• 印章原则上不许带出公司；确因工作需要将印章带出使用的，应事先填写《印章借用申请单》，注明事项，经公司总经理批准后方可携带使用。

• 公章的使用决定权归公司总经理，其他各印章的使用决定权由公司总经理根据实际工作需要进行授权。

▲ 印章的作废和销毁

印章的作废包括不适用作废、磨损作废、遗失作废等。经确认作废的印章由使用部门提出销毁申请，填写印章销毁申请，公司总经理批准后方能销毁。

▲ 印章管理使用的责任

· 印章保管人必须妥善保管印章，如有遗失，必须及时报告。

· 任何人员必须严格依照本办法规定程序使用印章；未经本办法规定的程序，不得擅自使用。

· 违反本办法的规定、给公司造成损失的，由公司对违纪者予以行政处分；造成严重损失或情节严重的，移送有关机关处理。

5. 定好选聘用人制度

作为家族或合伙企业，比较符合中国实际的做法是“贤亲并举”。为了稳定而任人唯亲，为了发展任人唯贤，两者相辅相成。当然，光靠家族成员绝对不行，因为一个家族内的人才是有限的，而且随着事业的发展，家族成员易产生惰性和摩擦，同时没有中和和协调，也不易管理；若坚持任人唯亲，最终的结果是“无才”的人得到重用，而人才受到排挤，这对于企业的发展是极为不利的。

可行的办法是将“任人唯亲”与“任人为贤”相结合，并遵循“八分人才、九分使用、十分待遇”的原则，这样既可维持企业稳定，又可让人才施展才能。不过，针对目前的社会现状，董事长、总经理最好选人品好有责任心顾全大局的人担任。

作为总经理，应有自己的专业——企业行政。这是他的第一专业，计算机、金融、文学、建筑……是他的第二专业。标准化的管理型人才应是通才。最好选择综合能力强、具有整合能力的人，家族企业或合伙企业中有能力胜任总经理的最好；没有，可聘请高级经理进入公司。但应充分尊重他的人格，使他们享有和家族成员同等待遇、同等晋升机会、同等权力范围。财务负责人最好还是由可信赖的人担任。而对于身处要害部门的人，必须设置相关的制度来加以监督和约束。为了防止企业财务出现“黑洞”，还需设置一个保险窗，即保证公司日常运行的基本的公司财产是不允许动的；否则就会动了企业的筋骨，危害到企业的生存。

因此，首先应选好董事长、总经理，以及监事会负责人，其次是责成总经理选聘好财务负责人及各部门负责人。

▲ 总经理聘任选拔问题

关于总经理聘任选拔问题涉及到三个关键问题：

- **需要怎样的总经理？**

即对总经理的能力有何期待？对总经理的品质有何要求？

- **怎样识别总经理？**
- **怎样培养发展总经理？**

下表是总经理的素质与能力要求的指标表，根据表格所示，可以清晰地了解总经理所需具备以及所需发展的能力。（见下页）

▲ 总经理的选拔

总经理的选拔途径无外乎两种：内部选拔和外部选拔。

- **内部选拔的好处有很多**

信息对称度高，决策者对他的了解更充分，选错人的风险相对较小，危害相对较轻；候选人对工作熟悉，上手快；有利于前任培养；在激励上，有利于候选人更加努力工作，有利于形成积极的公司文化。

- **内部选拔的不利之处**

工作上的创新性可能弱于从外部选拔聘用的； 其发现市场机会的可能性更小，接任后包袱重，弱点易被放大，缺点不易被包容；在激励上，其可能招致恶意竞争带来的互相拆台、小集团化、扭曲信息等问题，也可能打击职位竞争失败者的积极性和忠诚度。

因此，若有优秀的外部候选人，建议“先外后内”。

总经理的素质与能力要求

一级指标	二级指标	三级指标
良好的道德品质	良好的道德	
	优秀的品质	勇于开拓
		使命感
		勤奋好学
		乐观热情
		城实机敏

丰富的文化内涵	广博的基础知识	语言文字能力
		历史和哲学知识
		社会学和心理学知识
		法律知识
	丰富的专业知识	所在行业专业知识
		经济学知识
		管理学知识
	当代最新的管理与科技动态	
非凡的领导能力	认识问题、分析问题和解决问题能力	
	组织、协调的能力，思想工作能力	
	调动员工积极性的能力	

6. 建立并推行适合本企业的管理模式，严格按企业规章办事

以上对“合伙企业应明的法则”“公司治理的制度安排”“公司治理的法务规则”“公司治理的操作方案实施”四个方面进行了详述，其目的就是要选好企业带头人（董事长和总经理），既让他们在有约束的监督下规范企业的管理，创出好的效率效益，又让他们在忠诚企业和尊重员工的基础上凝聚人心，带领团队，把企业建成一个命运共同体，使企业成为一个大家庭，齐心合力、敬业向上、共筑梦想、成就事业。如此，本章“治理系统”才能达到所有者对经营者的激励，并在制衡和监督的基础上，创造并维护“科学决策、依法治企、监督有效、和谐共赢”局面。

第十部分 创新系统

▲ 创新思想

创新是企业的生命。

创新是企业发展动力的内核，是市场竞争的必然结果。企业只有创新才可以打破常规，突破传统；只有不断创新，才能在激烈的竞争中立于不败之地。企业要么创新，要么死亡。无论是传统企业转型升级，还是实体经济生存发展，还是新兴企业避免流星现象，归根到底，创新是唯一途径，创新是企业进步的灵魂。

▲ 创新内容

创新是企业的出路。

一、企业与创新的理论依据

1. “创新”概念

把“创新” 视为一个经济概念。创新，也叫“创造” ，是根据一定目的和任务，运用一切已知的条件，产生出新颖、有价值的成果（精神的、社会的、物质的）的认知和行为活动。创新可能是世界上第一次的创新，可能是某个行业内的第一次创新，可能是某个企业小环境里的第一次创新，还有可能是对现有产品、技术等的创造性模仿。本书所讲创新主要是指以企业为创新主体而进行的创新，其目的是为了塑造企业的核心竞争能力和持续的竞争优势，以保证企业生存和发展的持续性。

2. 创新的基本特点

▲ 创造性

是指创新所进行的活动与其他活动相比具有改变，这种改变带来了质的升华。无论是完全彻底的改变，还是“小改小革”。创新中必须包括新的不同的东西才能谓之“创新”，否则就失去了存在的依据。

▲ 系统性

不论是前期工作的开展，还是后期实施的效果，创新都会受到各种因素的影响。比如可能受到创新者主观意识、投入资源、外界环境等多方面的影响，有时还可能面临诸多的压力和障碍。因此为了创新能够成功，必须综合考虑各种因素，将创新看成是一个系统。

▲ 风险性

创新既然是改变，就可能有风险。即使前期作了充分的考察和论证，随着时间、环境、条件等因素的改变，很可能完全颠覆先前的论证或正推进中的项目，已投入的成本损失无法弥补。不能因有风险而不创新，也不能要创新而害怕风险。但在论证中，要有预案，尽量做到风险可控、可化解。

▲ 收益性

之所以很多人和企业痴迷于创新，是因为一旦成功，创新成果就能带来巨大的物质和精神财富收益。正因为对于创新结果的美好预期，才推动了创新在满是荆棘的道路上前进。

▲ 适用性

创新成果无非是自用或他用。不管哪种方式，如果创新成果没有现实环境的适用土壤就不能开花结果，也就不能从中获益。

▲ 时机性

时机性是指先一步或晚一步对于创新而言意义重大。别人先一步创新成功，先一步申请专利，就会在竞争中获得优势；而其他人的创新成果就不再“新”了，其所带来的效益也将大打折扣。

▲辩证性

不创新就会灭亡，要创新才有出路。好创新是财富，乱“创新”是折腾。对于创新者来说，既要有收益性的享受力，还要有风险性的承受力。

3. 企业与创新

▲ 企业已成为主要的创新主体

是因为企业具有最大的创新动力和进行创新活动的多种优势，其中资金和实力优势是明显的。在创新上，小微企业与大企业各具优势；小微企业的创新优势在于灵活性和更加直接的创新动力，只要在创新的道路上求变求新，同样可能像大企业一样在创新中取得突出的成果。

▲ 企业的生存发展依赖于创新

对于一个企业来说，创新是企业生存和发展的基石。在现实的经营过程中，要想提高自身的竞争能力并且获得竞争优势，就必须做到“人无我有、人有我新”。只有持续地进行创新，才能真正具备创新精神。因为创新决定着企业的生存，决定着企业的发展，决定着企业的竞争优势，决定着企业的经济效益。

▲ 企业创新的条件

在创新的过程中，以下四个条件能加速其进程：

① **创新精神**。整个企业要有不断创新的精神，尤其是领导者。一个没有创新的企业就如同一潭死水毫无生气，特别是在当今激烈的市场竞争环境下，将失去竞争力，被淘汰是其宿命。

② **创新目标**。创新需要有目标作为导向，不能靠侥幸，不能盲从。要设定恰当的目标，不能过高，过高不仅无法达到，且影响士气；也不能过低，过低则没有激励作用。其关键，是要切合企业实际情况以及市场的需要。

③ **创新能力**。企业的创新能力是一种综合能力，涉及企业的各种因素，包括人才的素质、资源的投入、领导的支持、相关技术和设备等。创新能力的高低对于企业创新的成功率影响很大，继而影响着企业的生存和发展壮大。可以说，今后的市场竞争将更多的是创新能力的竞争。

④ **创新环境**。创新是在一定的环境中进行的，包括内部和外部环境；缺乏合适的环境无法孕育出创新能力，创新也将无法“茁壮成长”。这个环境应该有三个特点：创新受到激励，人人尊重创新，个个追求创新。相反，如果领导不重创新，企业安于现状，那么创新将缺乏生命力。

▲ 企业创新的原则

为了使创新能够在企业中富有生命力，能够获得成功从而为企业带来效益，企业在进行创新时还需遵从以下原则：

① **效益性**。企业创新的目的是盈利。因此，不能为企业带来利益的创新是没有生命力的。企业要紧扣效益性这个原则。

② **系统性**。企业的创新要实现系统利益的最大化，而不是顾此失彼。把握系统性原则能够将企业的各种资源考虑进来并为创新扫清障碍，实现资源的整合和优化，以小的投入获得大的产出，从而达到最佳的效果。

③ **新颖性**。新颖性是企业创新的首要标准。无论是突破性创新还是渐进性创新，都表现为某个或某些方面的突破。当然，新颖性并不是指完全创造出前所未有的东西，旧物新用、各

种要素组合的改变乃至点子创新、思路方式的改变等，“小修小改”也是创新。

④ **实用性**。创新也并非越新颖越好，适用才是硬道理。对于不同的企业，创新的实用性标准也会不同，企业应根据自身的需要并结合自己的实际情况来规划和实施。

⑤ **持续性**。创新的“新”是有期限的。因为有的创新很可能很快就会过时，不适应市场变化。因此，创新需要与时俱进，保持创新的持续性，在长期的创新过程中不断为创新补充新鲜血液。

▲ 企业创新的内外影响因素

内部因素

① **资源投入**。没有投入就没有产出。创新的实施需要进行人财物等资源的投入。其中，人才的培养和投入是非常重要的，因为人才是决定因素。同时，创新是一个长期的充满风险的过程，不可能一蹴而就。很多项目的夭折就是因为投入的中断，导致创新进程不能继续而前功尽弃。

② **机制因素**。创新需要相应组织机制的配合，包括激励机制和学习机制。激励机制要有支持和鼓励创新的一套制度安排，要给予员工物质上和精神上的激励，为他们分忧解难，让他们专心致志地投入创新；要帮助他们不断积累知识，更新知识；要通过提倡人员之间多相互沟通，相互交流，相互学习，来激发创新思维。

③ **文化因素**。如果创新在强制的、循规蹈矩的文化中，那会是缺乏生存空间的；而开放、自由、包容、支持新意见的文化，则对创新有促进作用。对于成功创新的褒奖和对失败的谅解，是企业文化孕育创新的土壤。

外部因素

① **市场竞争环境**。只有公平公正的竞争环境才能有利于创新活动的开展和深入。

② **外部技术条件**。如果自己没有先进的技术支撑，就要想法获得外部支持和合作。

③ **政策法律因素**。政策和法律因素也是要重点考虑的。因此，关注政策法律的改革措施，对企业创新具有提升信心和极大的激励作用。

④ **社会文化因素**。文化具有地域差异。有的地方的文化偏向于支持和鼓励，而有的地区则强调安稳和自封，因此，社会文化环境如何，也会对创新产生影响。

▲企业创新现状

目前在我们企业创新中容易出现 5 方面的状况：① 创新投入偏低；② 文化氛围制约；③ 市场环境缺陷；④ 政策法律不足；⑤ 核心竞争力缺乏。

二、企业创新的基本方向

创新是企业进步的灵魂。对于转型阶段的企业来讲，无论是传统企业转型升级，还是实体经济生存发展，还是新兴企业避免流星现象，归根到底，唯有不断创新，才能在竞争中处于主动，立于不败之地。企业特别是小微企业创新可从以下方面入手。

1. 观念创新

▲ 知识价值观念创新

企业应加强对知识的投入和积累，树立“知识就是力量，知识就是竞争力”的观念，把持续的学习当作企业的一项日常工作，不断提高员工和企业的学习能力，提高知识的数量和质量，不断充实自身的知识库。

▲ 人力资本观念创新

“以人为本”的管理理念已经被大家所认同和接受。在企业经营管理过程中，管理者越来越强调人这一关键因素，对人的管理逐步由人事管理走向人力资源管理以及人力资源的开发和升级。现代意义上的人力资源管理与传统的人事管理有相当大的区别：首先，在管理的重点上，传统的人事管理将重点放在“事”上，因事管理；而现代意义上的人力资源管理把管理重心转移到“人”上，强调“人”与“事”的匹配，所有的工作都围绕“人”这一要素来展开。其次，在对人的态度上，传统的人事管理把“人”当作完成任务的工具，只有经济上的需求； 而现代意义上的人力资源管理则把“人”当作企业的一种稀有并且智慧的资源，当“人”和“事”发生冲突的时候，首先考虑的是“人” ，同时注重人力资源的再升级以及员工的职业生涯管理。再次，传统的人事管理把“人”视为一种成本中心，并对这一“成本”进行严格控制；而现代意义上的人力资源管理则把“人”当成是利润中心，是创造企业利润的关键。

2. 目标创新

在过去 30 年中，中国依靠劳动力成本等方面的优势，被誉为“世界工厂”。随着中国经济、技术等方面的进步，中国正在逐渐成为世界的经济中心。特别是在大众创业、万众创新的新时代，小微企业首先要更多地关注国内市场，把目标集中在国内需求，制定好创新目标， 让小微企业活得好，才能有实力走向世界。

3. 制度创新

企业是以盈利为目标的。因而企业的制度创新都必须是当前及今后的重点。通过制度创新，不断调整和优化企业所有者、经营者和劳动者的关系，使各个成员都能有制度上的保证。而我们小微企业所缺失的正是一个健康规范的制度创新。

组织变革和创新的理论基础，是系统理论、情景理论和行为理论。

- **系统理论**——组织是一个开放、有机和动态的系统，由三个子系统组成，即技术系统、管理和行政系统、文化系统。其特点是相互联系，一处改变，其他会跟着改变。典型的组织变革和创新是通过员工态度、价值观和信息交流，使他们认识和实现组织的变革与创新。
- **情景理论**——在企业中没有一个一成不变、普遍适用的最好管理理论和方法。
- **行为理论**——企业中人的行为是组织与个人相互作用的结果。通过企业的组织变革和创新，改变人的行为风格、价值观念、履职熟练程度，同时能改变管理人员的认识方式。

组织与制度创新主要有三种：

① 组织结构为重点的变革和创新，如重新划分或合并部门、流程改造、改变岗位及岗位职责、调整管理幅度等。

② 以人为重点的变革和创新，即改变员工的观念和态度，以及知识的变革、态度的变革、个人行为乃至整个群体行为的变革等。

③ 以任务和技术为重点，任务重新组合分配，更新设备，技术创新，达到组织创新的目的。

4. 环境创新

环境创新是企业经营的土壤。要通过创新去改变企业经营的环境，使其有利于企业的生存和发展。如今，消费者的需求发生了很大变化，这就促使我们需要通过一系列手段，对环境加以创新。

5. 技术创新

技术水平的高低直接反映企业创新能力的高低。目前中国企业的技术创新能力还较薄弱，随着技术全球化技术的引进，为企业创新带来了契机。只要敢于创新，善于创新，就能赶超世界先进技术水平。同时，只有把技术转化为被市场接受的产品，才能实现技术创新的价值。目前，中国经济进入了一个创新的新时代，这为创新提供了更广阔的施展舞台。

技术创新是一个从产生新产品或新工艺的设想到市场应用的完整过程，它包括新设想的产生、研究、开发、商业化生产到扩散这样一系列活动，本质上是一个科技、经济一体化过程，是技术进步与应用创新共同作用催生的产物，它包括技术开发和技术应用这两大环节。这样理解的技术创新的最终目的，是技术的商业应用和创新产品的市场成功。技术创新没有技术、品牌作为支撑，只能是一个梦想。鉴此，进行技术创新是迫在眉睫的。

6. 产品创新

产品创新源于市场需求，源于市场对企业的产品技术需求。也就是技术创新活动以市场需求为出发点，明确产品技术的研究方向，通过技术创新活动，创造出适合这一需求的适销产品，使市场需求得以满足。在现实的企业中，产品创新总是在技术与需求两维之中，根据本行业、本企业的特点，将市场需求和本企业的技术能力相匹配，寻求风险收益的最佳结合点。

对于生产企业来说，是产品创新；对于服务行业而言，主要是服务创新。手机在短短的几年时间已从模拟机→数字机→可视数字机→可以上网的手机。手机的更新演变，生动地告诉我们产品的创新是多么迅速而高级。

7. 理念创新

是指革除旧有的既定看法和思维模式，以新的视角、新的方法和新的思维模式，形成新的结论或思想观点，进而用于指导新的实践的过程。理念创新产生于客观的实际需要和可能，根植于客观实际。没有客观实际需要的理念创新是没有意义的，没有客观实际可能的理念创新只能是异想天开。

8. 思维创新

思维创新的本质在于将创新意识的感性愿望提升到理性的探索上，实现创新活动由感性认识到理性思考的飞跃。思维创新是指以新颖独创的方法解决问题的思维过程，通过这种思维能突破常规思维的界限，以超常规甚至反常规的方法、视角去思考问题，提出与众不同的解决方案，从而产生新颖的、独到的、有社会意义的思维成果。

思维创新，这是一切创新的前提，任何人都不要封闭自己的思维。若思维成定势，就会严重阻碍创新。不同的思维往往体现了企业不同的发展路径和前途。有些企业提出“不换脑筋就换人”，就是这个道理。有的公司不断招募新的人才，重要原因之一就是期望其带来新观念、新思维，不断创新。但领导者首先要带头注重自己的思维创新。

9. 战略创新

战略创新是以未来为主导，与环境相联系，以现实为基础，着重研究企业的明天，策划、规划企业的发展。创新是一个民族进步的灵魂，是一个国家兴旺发达的不竭动力。创新是一个过程，可以说企业的发展过程是不断创新的过程。创新又是一种较量，要围绕着种种不利于企业成长的环境进行创新。创新也是一种挑战，推动企业不断成长壮大。

10. 管理创新

管理创新是企业生存发展和获得竞争优势的重要途径。

▲ 管理创新的内涵

管理创新是指管理者根据内外部环境的变化而对企业的管理理念、组织、方法手段以及模式等进行相应的变革，以创造出某种新的更有效的资源整合范式，从而实现企业管理系统综合效率和效益的不断提高。管理创新是企业创新系统的重要组成部分，是企业各类创新的基础和桥梁；没有管理上的创新，其他创新就很难达到预期的效果。

▲ 管理创新的特征

管理创新是管理活动与创新活动的有机结合体。它主要有以下几个特征：

①**风险性**。风险性是企业创新的共同特征，而管理创新的风险性还体现在管理活动的复杂性上，因为企业的管理活动涉及人财物等各个方面，涉及各个部门，涉及企业的内部外部，稍有不慎就可能使企业处于被动境地。

②**全员性**。企业管理创新的主体不仅仅是管理人员，普通的一线员工也是管理创新的重要参与者——在某种程度上，后者更加了解顾客的需求，对企业的发展以及存在的问题有更加直接的认知和了解，因而往往能提出企业创新的思路。何况企业的管理活动需要全体人员的配合参与，才能达到效率和效果两个标准，因此管理创新具有全员性。

③**动态性**。创新是一个不断变化的过程；而管理活动也是与时俱进的，需要不断地随着

内外环境的改变而改变和完善。

④**系统性**。企业是一个复杂的系统，系统内的各要素相互影响，相互制约，一个要素没有处理得当就会影响到全局的效果。因此，在进行管理创新时，要把管理创新看成一项系统工程，注意各个方面的配合和协调，使之达到“1+1>2”的效果；而不是相互牵制，阻碍整体创新效果的发挥。

▲ 管理创新存在的问题

①企业文化建设跟不上企业的创新发展。

②管理思想落后，缺乏创新意识和精神。

③组织结构和管理方法落后，管理者素质不高，能力不够。

④企业激励约束机制不健全。

▲ 管理创新的内容

第一步，创新管理理念。

“管理理念”是对管理者在进行管理活动时的思想、信条和理念等的总称。思路决定出路，理念就是财富。正确的管理理念可以引导企业走得更好更远，而错误或者落后的观念可能使企业陷入困境甚至绝境。时代在发展，理念要更新。

因此，我们应树立“人力资本观”和“形象信誉观”。

人力资源是企业的第一资源，是发展的根本动力和关键因素。重视人力资本的作用，培养和开发人力资本是企业获得竞争优势的必经之路。因此，要把“以人为本”的理念渗透到经营全过程，覆盖到管理各方面。人力资本观主要包含三个观念：一是人本管理，即以人为中心的管理理念，就是在企业一切活动中，把人始终放在中心位置，主要表现为充分调动员工的积极性和创造性，达到人力资源的优化配置，在追求员工自身价值最大化的基础上实现企业价值的最大化。二是能本管理，即对人的各项能力的管理，包括知识智能、技能、实践能力及创新能力等方面，是将以人为本的思想进行提升并转化为以人的能力为根本的思想，体现了能力的重要性及企业对人才的重视。三是人力资本作为一种资本，可以通过经营来增加或减少，因此要重视人力资本的投资和积累，使员工的人力资本得到提升，即知识有所增加，技能有所提高，经验更加丰富，管理能力、创新能力有所提升，这不仅有利于员工个人的的提升，也有利于企业的发展。

形象信誉观在当今社会被称为“企业人力、财力、物力之外的‘第四运营资源’”。可以说，形象是企业成功和失败的重要推动力。特别是在信息飞速传播的今天，企业的形象显得更为重要。良好的信誉与形象对于企业的发展有很大的作用，企业可以从中获得超额价值。因为企业的信誉与形象就是企业的品牌和名片。每个员工都应树立起企业的信誉形象观，着力提高每个员工的素质，精心打造企业的整体素质，注重一言一行，重诺守信，时刻注意对企业形象的维护。

第二步，创设组织结构。

企业是一个有一定结构的组织系统。随着现代企业制度的推行，越来越多的企业注重企业的组织创新和设计。现在比较新颖的组织结构有扁平化组织、学习型组织等。扁平化组织通过对中间层进行压缩，增加管理者的管理幅度，使企业上下沟通更顺畅，指挥更有效，合力更明显。而学习型组织则是通过在整个组织中建设和维持一种持续学习的氛围来调动和持续地保持员工的积极性、主动性和创造性。学习型组织不是机械的，而是有机的。通过“五项修炼”——自我超越、改善心智模式、建立共同愿景、团队学习和系统思考，能快速对环境作出反应，柔性化较高，其结构是扁平化的，整个组织体现以人为本，从而使学习型组织能够持续发展，是许多企业所追求和向往的管理模式。

第三步，创新管理方式。

管理方式创新概括起来就是：采用一种新的管理方法、手段或程序。

现代企业管理的新方式主要有三种：①以人为中心的管理方式，如人本管理、伦理管理；以顾客为中心的管理方式，如客户关系管理，CS 战略（顾客满意战略）。②以精密化为中心的管理方式，如精益生产、敏捷制造、计算机集成制造。③以物流为中心的管理方式，如物流管理、供应链管理。

第四步，创新管理模式。

“企业管理模式”是基于企业整体的一整套相互联系的观念，是对制度和方式的总称。每个企业都应有自己的管理模式，或建立之，或更新之，改造之，或完善之，或统一之，或创新之。因为，无管理模式的企业是不规范的，是没有前途的。随着经济的发展和科技的进步，企业面临的环境发生了很大的变化，相应地也出现了很多新的管理模式。但不管哪种模式，只有适合自身企业的管理模式，才是最好的管理模式。

11. 营销创新

营销创新为企业带来了更多的发展机遇，有利于企业更好地面对当今的竞争环境。营销创新不需要进行根本变革，更多的是观念的转换和方式的改变，对于企业来说，把握当今潮流、敏感地发觉社会热点，对于制定创新性的营销方案具有重要的意义。与此同时，企业要结合自身的实际状况，敢于采取不同的方式来进行营销。

▲“营销创新”内涵

营销创新是企业的基本职能，即如何向社会、消费者或用户推广自己以及自己的产品和服务，以获得公众的认可和青睐。一个企业即使有再好的产品，营销没有成功也不能获得公众的认可，最后可能遭受被淘汰的结局。知识经济时代的到来、互联网电商的盛行、人们观念的不断转变……都在向我们发出信号：传统的市场营销已经过时，现代企业需要现代化的营销。营销由传统走向现代就是一个营销创新的过程。在现实中，营销创新是指结合企业自身的实际——资源和能力状况来适应营销环境的变化，寻求营销要素在某一方面或某一系列的突破或变革的过程。营销创新并非要求一定要有创造发明，有时只是一种观念或方式的改变，使其更能得到消费者的信赖和支持，能够促进企业更好地生存和发展。

▲ 营销创新原则

一个企业的内外营销是否成功，会直接影响到员工的工作积极性以及市场对于产品的接受度。因此，有一个好的企业名声对于企业的发展也是相当重要的。产品的营销和企业自身的营销不能完全区分开来，二者是相互作用、相互影响的。只有注重保持企业的良好形象，扩大企业知名度，这样产品的营销才能达到事半功倍的效果。在进行营销创新时，需把握两个原则：一是记住营销的对象，明确宣传的重点，切忌主次不分；二是注重思维的变换，明确思维创新是创新的起点，换个角度思考问题，往往会有意想不到的效果。

▲ 营销创新内容

营销创新主要包括两个方面：一是营销观念的创新；二是营销方式的创新。随着时代的发展，产生了很多不同的营销观念，如全球营销、情感营销、绿色营销、知识营销、文化营销等。因此，企业在进行营销时，一定要关注并把握这些全新的营销观念，并在实际营销活动中加以运用。同时互联网的快速发展，也使得原有的营销方式发生了很大变化，各种新的营销方式不断涌现并发挥作用。其中具有代表性的有网络营销、整合营销、定制营销、关系营销、直复营销等等。

12. 文化创新

文化创新是指企业文化的创新。随着知识经济时代的到来，创新人才成为企业最重要的战略资源，并成为经济和技术竞争的焦点。企业发展到一定阶段要靠文化力来驱动；而一个企业的人才观是企业文化的核心，也是管理的核心。如何吸引和留住创新人才已成为企业最关切的问题。

伴随着中国经济与科技高速发展而成长起来的新一代人，思想开放、头脑灵活、技术专精、自信自强、流动性很高。要想吸引这些人中的佼佼者，企业必须创新文化。

创新企业文化应有宽松的管理体制和组织结构。与传统的企业不同，创新型企业没有等级森严、不可越雷池一步的管理体制和死板僵硬的企业组织层次的模式。在现代企业中，每个人都可以自由交叉相互沟通，在共同工作的过程中，员工更乐于相互分享知识和技能。

企业创新文化对企业的发展和管理都提出了更高的要求，这样的企业应更多地拥有现代企业家的精神与作风。而现代企业家应有的优秀品质包括：

（1）**放眼未来的气魄**。企业家将更多地关注行业未来的发展，制定高层发展策略应有制高点和前瞻性，这样企业才可能拥有良好发展前景，才对优秀人才具有巨大的吸引力。

（2）**官僚作风少**。企业应减少官僚主义的束缚，并最大限度减少信息流通和迅速行动的组织机构的障碍，管理层次尽量压缩到最少。管理层次越多，“中央”计划的心态越强，拖延计划实施和信息以讹传讹的情况就越多。

（3）**务实的工作作风**。企业强调的是实践。脱离实践的一切表面文章都是创新型企业所不能容忍的。

（4）**培养员工的主人翁思想意识**。企业创新文化鼓励人们建立和具备主人翁的思想意识，而不是经理、雇员这种传统的雇佣关系。在这种氛围中，人们感觉到是在为自己的企业奋斗，并相信能够得到相应的回报。

（5）**培养员工的参与性**。员工关心企业发展，参与企业管理，企业对于员工的建议应及时、正确地接纳和反馈，避免不同部门之间互相推诿，这样员工才会对企业产生归属感，并勇于承担责任。

（6）**培养员工的独立性和责任感**。员工能够自由迅速地就某些职责范围内的事情作出决定，并对所作的决定负责。将企业的长远利益与个人价值实现相结合。企业充分尊重每个人实现自我价值的意愿，在企业长远发展的前提下，尽可能为每个员工提供发展自我的空间，将培养、教育和提高员工职业技能作为企业可持续发展的重要投资。同时，优秀人才应考虑自己的工作如何增加企业的长期价值，立足于本职，寄希望于未来。企业不仅要了解企业的运营、经济的动作、客户的工作，还要了解员工的工作与需求。员工与企业的发展是一个双向促进的过程。企业通过培训和教育，使每个人都处在经常学习的状态；员工得到提高，企业也因为有更多优秀员工而得到不断发展的动力。

（7）**营造创新环境**。大多数人愿意在有情趣、有事业目标和创新气氛的环境中工作，而不仅仅满足于完成例行工作。

（8）**营造创新开放的环境**。企业应致力于创造一个激励型的、充满创新气氛的开放环境，以利于发明、创造和企业未来的技术研究与展望。

（9）**提倡挑战性思维**。挑战性思维鼓励广大员工对现实状态提出质疑，不断思考和创新。企业为此可能承担一定风险，但企业这种文化氛围和对待风险与失误的态度，会激发员工的创造性，增强员工的竞争能力，并会以此吸引大批优秀人才。

（10）**设立共同的目标**。企业应设立可以激起人们奋斗精神、愿为事业共同努力的目标，包括短期目标和长期目标等。它应该是鲜明具体可行的，而不是几句苍白无力的口号。

（11）**建立多样化激励制度**。企业财富的创造、利用与增值，资源的合理配置，最终都要靠员工来实现，所以建立激励机制来留住人才是至关重要的。首先激励机制有物质的和非物质的；注重物质、精神相结合的报酬方式和激励手段，体现出重视人性需要、重视人的价值的文化特点，这样的激励机制是一种比较完善的激励制度。

一方面，对于物质激励，企业在报酬的决策上应首先提供一个经过市场调查的、有竞争力的薪酬；同时这个激励机制的中心思想也要能体现出员工分享企业的成功，也就是体现出个人与企业共同成长，个人的收入与企业的整体业绩相挂钩的特点。这样的机制可以使员工产生强烈的归属感，因为企业的业绩增长会在每个人的收入中得到体现，而每个人的点点滴滴的努力又可以推动企业进一步的发展。在基本薪金的制定上，首先要考虑到职工安全感和职业保障的心理需求，而奖金等额外报酬应该有较强的鼓励性。

另一方面，企业对于优秀人才也需要给予精神奖励；同时，还要为优秀人才提供更多的提升和发展机会，尊重个人的意见，根据他们的能力和特点，帮助他们实现职业发展目标。比如从事技术研发工作的员工，因为上一级职位的有限，或研发条件、背景发生变化，他可能会改变原来的发展方向，而希望能从事产品管理等相关方面的工作。企业有条件的话，可优先为他们提供这样的机会。

再次，企业需要制定人性化的管理措施。营造一个良性竞争的环境，在日常管理上制定一些有利于留住员工的人性化措施。在一个良性竞争的环境中，让员工的努力得到精神上的认可，员工就会自己跟自己比赛，他自己能力的成长就是对他的一个精神奖励。部门与个人都可以制定一定的滚动目标，时间性以及如何来作完全由自己决定。在日常管理上可以为创新、优秀人才提供一个弹性的工作环境，而更加重视结果。

并且，企业要鼓励员工的自我培训与提高。建立一套渗透到各个阶层，包括从经理到职工的完善的培训制度，每人每年必须接受一定时间的正规培训。除了为某些员工提供一定的培训机会外，还可以鼓励员工自修，允许他有时间去上课，去进一步提高，这是一个良性的互动。

此外，企业可以建立一个培训网站，当员工登录上网后，根据每个人所从事的工作，可以看到一个完整的职业发展计划图。例如对一个销售人员，从刚刚加入企业时的培训，到需要上什么样的产品课、什么样的销售课等等，全部在里面。而一个工程人员上网后也能看到相应的培训课程。这个网站是一个互动式的网站，当你上了某门课之后，它会自动给你提供一份最新的记录，这样你可以了解你的培训历史，管理层也可以从中了解员工的培训历史。

创新型企业文化是一个方向盘，它可以长期引导员工们为实现企业目标而自觉努力，而员工也潜移默化地认同了企业共同的价值观，朝着企业目标而奋斗。创新型的企业文化也是一种强力黏合剂，它以微妙的方式来沟通员工的思想感情，融合他们的理想、信念、作风、情操，培养和激发群体意识。

13. 网络创新

在当今高度互联的时代，没有一家企业能够或独立做所有事情。网络创新为企业提供了一种利用其他资源融合发展的机遇。特别是现在已进入了一个全新的“互联网+”时代。“互联网+”、移动互联网、云计算、大数据、物联网等促进了电子商务的健康发展。然而在“互联网+”时代，仅仅拥有互联网思维是远远不够的。因为企业是一个有机的整体，只有大脑思维的改变，没有管理的进化、战略的调整、体制的变革作支撑，就如同有想法而没有行动，再多的想法也不能落到实处。要实现转型，只有靠自我颠覆、组织重购和管理进化。要么凤凰涅槃，浴火重生；要么加速灭亡，销声匿迹。数字革命，特别是移动互联网时代的盛起，如同一把锋利的双刃剑，一方面给传统产业带来了危机和焦虑，另一方面也能让传统产业获得生机和动力。

目前，我国智能手机用户数已跃居全球首位，互联网应用规模、创新融合势头迅猛，不断创造出来的经济形态和商业模式，正在成为经济发展的新引擎。移动互联网时代的碎片化、去中心化、去流量化等特征，使得“传统产业＋移动互联网”的优势突出，“互联网+”融合创新给各个行业注入了新的生机和活力。这种趋势是“大势所趋，不得不为”，也是“大有所为，事在人为”。

曾经，互联网让传统企业备感压力；而今，“互联网+”将成为传统产业升级的推动力。

互联网带来的改变影响，变化之快、范围之广、程度之深，已经超乎了我们的想象。而这种改变和进化，并非自上而下、自内而外，而是来自于边界、跨界的巨大力量。

一些终将没落，一些即将崛起，这是一个不容你我左右、你我错过的不断进化的时代。唯一正确的选择：顺势而为，欲火重生。

三、企业如何实现创新

首先，树立全方位创新理念，建立创新激励机制。前面所介绍的各种创新，是企业发展壮大的强大动力，其中创新激励机制至关重要。

其次，企业具备鼓励创新的开放系统，倡导学习和提升个人工作技能。营造集思广益的氛围，中高层以上管理人员鼓励并善于采纳下属意见，员工普遍习惯于采纳同事的意见，并建立合理化建议奖励制度。

再次，公司在资源配置上要倾斜。创造本身需要投入，产品创新和技术创新更需要大投入。建立创新激励机制也需要投入，比如为训练员工创造力所花的费用。

最后，加强创新方面的训练，提升创新技能。创新能力并不是天生的，在很大程度上取决于后天的学习和训练。由此可见，创新是企业生存的根本，是发展的动力，是成功的保障。

中国的环境很复杂，充满机遇，也充满问题。正是因为有问题，所以那些非常聪明的、有创意的企业界人士，一定也面临很多的机遇。仅有聪明的想法还不够，具体要执行起来还需要管理上的创新，才能够在企业真正实现创新。企业在研发上投入的资金和创造出来的技术，并不是最重要的； 而最重要的是管理，即怎样通过管理流程，把研发出来的技术变成对客户有价值的东西，怎样通过这些方法让企业繁荣。所以，创新的能力是中国企业在中国现在变化如此之快的环境中生存下来的关键。

“每一个组织都需要一个核心的能力，就是创新。”到底什么是创新呢？创新包括技术创新，比如说研发出来的创新；但是最重要的创新是人们思维模式的创新。我们所说的研发和技术，给客户提供的产品也好、服务也好，如果你不能改变人们的思维方式和组织文化，所有这些东西都不能够给你带来成果。因为你所提供的产品也好、服务也好，最重要的意义在于怎样能够给市场里的客户，提供一个极具说服力的解决方案。就好像政府在制度、政策和经济体制的改革变化过程中不断地给市民提供非常重要的价值。同样对于企业界，企业家要做的是能够给市场和客户提供价值。

1. 创新需要勇气

“创新”的定义是两个。第一个是“小创新”。“小创新”就是指在公司里面所做的，比如说生产的新的产品，技术和研发的创新等等工作，比如推出新的产品和新的服务、所开拓的新的市场等等。第二个是“大创新”，指的是企业的文化、管理层的思维方式，怎么样在整个组织里面的所有的各个角落、各个部门都能够建立起一种为市场和客户提供极具说服力的价值、解决方案——这不仅仅是在研发或财务或市场部，而是所有的人共同创造解决方案给客户，这才是最重要的。

你问现在的企业老板，创新重不重要？大约有95%的人都会说创新对自己的企业非常重要。接下来再问，你们公司都做了哪些创新的工作呢？公司里面有没有建立鼓励大家创新的流程？有没有最佳的做法和实践已经开始使用了？只有15%的企业经理说：有。这叫“创新的矛盾。”

人们对创新确实有需求，但大家只是嘴上说说而已。很多中国企业没有进行创新所需要的战略愿景。在很多中国企业里面，连进行创新所需要具备的一些最基本、最简单的最佳实践做法都没有。大部分企业根本不知道自己在创新方面的弱点是什么，因为它们从来不评估自己的创新能力。过去十年中国发生了很大的变化，但是仍然还有很长的路要走。让我感到非常的高兴的是，中国政府已经开始采取措施，希望大家能够创新，并让企业界认识到创新的重要性，也希望可以鼓励企业开始作一些自主创新。

为什么企业都知道创新很重要，但是没有人去作呢？其第一个原因是，有些经理害怕创新，因为风险很大，一不小心很有可能在创新里面的投资就打水漂了。所以很多公司都决定不创新，而是生产出来一些便宜的东西，卖出去赚点钱就可以了。第二个原因是不确定性。对于市场和可能的结果，有不确定性，对自己的组织是否能够实现设定目标的能力也不确定。所以，有的时候甚至是管理层对自己的能力有怀疑，缺乏信心。如果在有风险和不确定性的时候想成功的话，最关键的就是自己的信心和个人的能力，要站出来说“我设定的目标，我一定能把它做到”。公司如果不进行创新的话，是不可能生存下去的，也不可能有进步，所以必须要创新。而正是因为创新有风险，所以我们需要有勇气。

2. 解决创新中的矛盾

在创新中，我们面临着一些矛盾。在这里简单地讲讲其中一些矛盾。第一个叫“研发矛盾”。

现在很多公司都把研发中心在中国建立起来了，在研发上投了很多钱。但如果你仔细问一下研发所投入的资金都干什么用了？发现基本上都是对自己现有产品进行一些非常小的调整而已，都只是创新流程里面非常小的步骤——因为渐进式的创新风险不高。只有很少几个公司的创新步子迈得比较大，作了一些突破式的创新。在中国如果只是简单地作小步走的创新或者是大步走的创新，效果都不够好；如果把大步走和小步走的创新结合起来的话，对于公司提高利润的效果是最好的。但是两种创新之间是有矛盾的，因为管理层对于两者的思维的方式是不一样的，此外要建立起来的激励机制也不一样，需要投入的资金也不一样。作为管理层，怎样把大步和小步的创新很好地结合起来以确保公司的成功呢？

首先企业要有研发方面的能力，此外还要有管理方面的能力，如果这两方面的能力都具备的话，那么公司就会做得不错。如果公司的研发能力非常高，但是创新能力、管理能力非常低的话，出来的产品可能是高科技的产品，但是对客户来说并没有太大价值。相反，如果研发能力非常差，但是公司的创新管理能力非常强的话，那么公司的创新都是小步走的，没有突破式的创新。所以说，一个创新公司应当是同时具备非常强的研发能力和创新管理能力。中国有一些企业现在已经显现出了非常强的研发能力和创新管理能力，像华为、海尔。所以，如果能够把研发方面的能力和创新管理方面的能力结合起来，就找到了成功之道。

对于研发比较强、但是创新能力比较差的公司，它们面临这样一个的问题，我们把它称之为“客户导向的悖论”。我们说，创新就是要在市场中创造价值，因此就必须倾听客户的呼声。倾听客户的呼声当然是非常好的，因为这样你所生产出来的东西就是客户想要的。但有的时候客户也不知道他到底想要什么。如果过度倾听客户的呼声，就意味着你把精力放在已经服务过度的市场，在这个市场里已经没有太多创造价值的空间了。所以，一个创新公司有的时候可能需要忽略客户的呼声，而更多地去了解一下客户的生活方式，从而给客户提供一个他自己也没有想到的产品。

所以在创新中要想成功非常重要的一个关键就是需要非常积极地、前瞻性地响应客户的需求。公司首先要进行内部的创新，但这还不够，还需要把公司变成一个开放型的公司，向市场外部的公司和其他环境中的公司学习，它们是怎么做的。我们把这个称之为“开放式创新”。

矛盾的是，有的时候我们认为创新是要创造一个新的产品或者技术，你有了产品和技术，但如果没有能力把这些东西转化成为市场需要的价值的话，这对公司的成功没有帮助。这方面有很多的公司的例子，比如苹果公司，其最先在市场推出一些非常新的技术，但是没有充分地挖掘这样技术的潜力，而是让别的公司抢了先；雀巢在矿泉水行业1987年就进入中国市场了，也是一个非常领先的企业，但现在雀巢在中国矿泉水行业排名只是第七。为什么会出现这种情况呢？原因很简单：这些公司没有能力、也没有业务模式对自己的创新加以充分利用，从而无法获得这个创新应该给它们带来的价值。

另外，如果我们进行创新，需要明确通常有两种市场力量，在中国这样的市场尤其如此。如果我们把它画成一个金字塔的话，在金字塔的顶端的人非常有钱，希望得到高质量的产品或者他们专属的东西，但在金字塔的底部有很多很多的客户，他们没有这么好的购买力。如果要推出新的产品，你所考虑到的只是金字塔顶端的那些人，却忘了金字塔的下部这些客户，而这些客户和顶端客户的渴望是一样的。这样的话，你就把市场分成了两块，一定就会有人想办法给你没有考虑到的金字塔下部的市场提供他们希望得到的产品。这是很多西方公司在中国面临的问题。它们进入中国市场之后，推出新兴的产品给金字塔顶部的人，但是没有考虑到金字塔下面的人。所以，如果它们发现市场里面有一些公司想出来的办法，给金字塔底部的人提供非常好的产品时，就抱怨中国盗版现象很严重、侵权现象很严重、到处有人模仿它们的产品。

所以，在服务方面有了创新还不够，还需要考虑业务模式方面怎样创新。在你既继续满足金字塔上部的人、充分挖掘上部市场的同时，也能够充分挖掘金字塔下部的市场。

3. 创新激励是关键

创新最后一部分，我们讲一下人力资源。我们可以进行大量经济上的投入，也可以引进各种各样先进的技术，但是如果对人的管理不好的话，仍然无法实现自己所设定的目标。关于创新非常重要的一点，就是创新来源于大家不同的意见，来源于相互挑战对方的观点。假如你要推出一个新产品、设立新的产品团队，希望有新点子和想法的话，那么大家必须要相互挑战对方的观点。但问题是，这样的观点和挑战，最终可能在组织里面造成冲突，尤其是在中国这么强调和谐的文化里面。怎样解决这个问题呢？

在中国如果希望创新的话，需要做以下的一些事情。首先，我们需要对自己的创新能力进行一个评估。如果评分的话，我们的创新能力大概能打几分？我们首先要对自己有一个评估和了解，知道优势和劣势之后，接下来看一下外部的其他做法，有没有好的经验借鉴、可以在公司里面使用。我们相信在创新中，有很多非常基本的法则法规是大家必须要遵守的。就像中国人所说的“道”一样，对于企业来说，要想成功需要企业和市场之间的和谐。对于领导和领导力这方面，首先领导必须要设定创新的愿景，有决心进行创新。所以在中国，我们要进行创新，首先需要做的事情就是领导思维方式的转变，领导必须要有创新的思维方式。

中国政府已经设定了创新的愿景和创新的目标，并且给予大家创新所需要的资金上的支持和其他方面的支持。接下来大家进行创新，就需要你们在企业里也做同样的事情。所以在公司里面要进行创新的话，需要设定创新的愿景、创新的战略需要的资源、相应的制度，所有这些必须要以市场为导向，这些就是在市场之中创新成功所必须具备的素质。如果你已经做了这些工作的话，你才可以说，在你的企业里面已经有鼓励创新的环境了。

如果前面这些都做了，接下来就是必须建立创新的流程。怎么样建立起创新的制度呢？就是建立起相关的管理制度，确保在公司里面，大家可以提供一些有创新的方法，最终让这些创新能够变成市场上的产品。创新就是要提出新的构想，创新的开始也是新的构想，只有有了新的构想才可以开始创新。在公司里面有什么样的制度鼓励大家提出新的构想的点子呢？华为公司有一个非常成功的例子，就是通过更有创意的方法降低成本。华为搞了一个“创意改善计划”，就是希望能够鼓励大家用各种各样新的创意方法来降低成本。

创新模型的第三个部分就是创新市场营销。这里以海尔到美国市场开拓冰箱的市场为案例。海尔初入美国市场，留心观察，发现在美国冰箱冷冻室一般都是在冰箱上面位置，蔬菜等常用物品储藏的冷藏室在下面。美国人平均一天下来要弯 12 次腰拿冷藏室的东西，但是拿冷冻室的东西一天仅需一两次。对于年纪大的人，一天弯腰 12 次也挺困难的。所以海尔就推出新的把冷藏室放在上面，冷冻室放在下面的冰箱；接着对客户进行营销推广，说一天到晚弯腰开冰箱门，对腰肯定没有什么好处。海尔就是这样逐步开拓了美国市场。所以品牌建立的工作以及向客户传递的价值、沟通价值的工作，也是属于市场营销工作，也是创意中非常重要的一个工作。

领导要做的就是领导企业创新工作，所以需要进行一些战略方面的布局，确保公司能够持续的进行这个创新工作。此外，还要对绩效进行衡量。要进行创新，就要设定创新的目标，并且还必须要对目标进行衡量，才知道所设定的目标有没有实现。当然也不能忘了技术。因为客户的问题需要技术来解决。如果企业可以建立起恰当的激励机制，给员工一定的培训，并且有衡量绩效的制度的话，那么企业里一定会有创新。

在创新的路上大部分企业都或多或少会犯一些错误，犯了错误没有关系，因为但凡有创新成果的企业都是从自己那些“有水平的错误”中取得进步的。

四、创新的研讨课题

除此之外，我们还需从以下几个课题对创新作进一步研讨。

课题一 创新融资策略

(一)无形资产资本化策略

企业进行资本运营，不仅要重视有形资产，而且要对企业的无形资产进行价值化、资本化运作。

一般来说，名牌优势企业利用无形资产进行资本化运作的主要方式是：以名牌为龙头发展企业集团，依靠一批名牌产品和企业集团的规模联动，达到对市场覆盖之目标。

(二)特许经营融资策略

现代特许经营的意义已超越这一特殊投资方式本身，并对人们经济和文化生活产生重大的影响。

特许经营，实际上是在常见的资本纽带之外又加上一条契约纽带。特许人和受许人保持各自的独立性，经过特许合作共同获利。特许人可以以较少的投资获得较大的市场；受许人则可以低成本参与分享他人的投资，尤其是无形资产带来的利益。

（三）“交钥匙工程”策略

“交钥匙工程”是指跨国公司为东道国建造工厂或其他工程项目，当设计与建造完成并初步运转后，将该工厂或工程项目的所有权和管理权的“钥匙”，依照合同完整地“交”给对方，由对方开始经营。

“交钥匙工程”是在发达国家的跨国公司向发展中国家投资受阻后发展起来的一种非股权投资方式。另外，当它们拥有某种市场所需的尖端技术、希望能快速地大面积覆盖市场、所能使用的资本等要素又不足时，也会考虑采用交钥匙工程方式。

（四）回购式契约策略

国际间回购式契约经营，实质上是技术授权、国外投资、委托加工，以及目前仍颇为流行的补偿贸易的综合体，也被称为“补偿投资额”或“对等投资”。

这种经济合作方式，一般说来是发达国家的跨国公司向发展中国家的企业输出整厂设备或有专利权的制造技术，跨国公司得到该企业投产后所生产的适当比例的产品，作为付款方式。投资者也可以从生产中获得多种利益，如机器、设备、零部件以及其他产品的提供等。

（五）“BOT”融资策略

“BOT”（建设—运营—移交）是一种比较新的契约型直接投资方式。

“BOT”中的移交，是“BOT”投资方式与其他投资方式相区别的关键所在。

契约式或契约加股权式的合营，指投资方大都在经营期满以前，通过固定资产折旧及分利方式收回投资；契约中规定，合营期满，该企业全部财产无条件归东道国所有，不另行清算。

而在股权合资经营的“BOT”方式中，经营期满后，原有企业有条件地移交给东道国，条件如何，由参与各方在合资前期谈判中商定。独资经营的移交也采用这种有条件的移交。

(六)项目融资策略

项目融资是为某一特定工程项目而发放的一种国际中长期贷款，项目贷款的主要担保是该工程项目预期的经济收益和其他参与人对工程修建、不能营运、收益不足以及还债等风险所承担的义务，而不是主办单位的财力与信誉。

项目融资主要有两种类型：一是无追索权项目融资，贷款人的风险很大，一般较少采用。二是目前国际上所普遍采用的有追索权的项目融资，即贷款人除依赖项目收益作为偿债来源、并可在项目单位的资产上设定担保物权外，还要求与项目完工有利害关系的第三方当事人提供各种担保；各担保人对项目债务所负责任，以各自所提供的担保金额或按有关协议所承担的义务为限。

（七）“DEG”融资策略

德国投资与开发有限公司（DEG）是一家直属于德国联邦政府的金融机构。其主要目标是为亚洲、非洲、拉丁美洲的发展中国家及中东欧的体制转型国家的私营经济的发展提供帮助。

“DEG”的投资项目必须是可盈利的，符合环保的要求，属于非政治敏感性行业，并能为该国的发展产生积极的影响。“DEG”的投资对象须具有专业化的管理、没有行政干预，管理层在相关行业至少有 5 年的经验，其总资产折合人民币大致应大于 3600 万并小于 150 亿，还需要在头两年盈利、有留存利润且营业利润（净收入/销售额）应大于 5%。

(八)融资租赁策略

融资租赁是指：出租人根据承租人的请求及提供的规格，与第三方（供货商）订立一项供货合同，出租人按照承租人在与其利益有关的范围内所同意的条款，取得工厂、资本货物或其他设备（以下简称“设备”），并且出租人与承租人订立一项租赁合同，以承租人支付租金为条件授予承租人使用设备的权利。

融资租赁集融资融物于一身，是一种采用融物形式的融资方式，具有浓厚的金融业务色彩，因而被看成是一项与设备有关的贷款业务。

(九)成立财务公司策略

根据我国的现行金融政策法规，有实力的企业可以组建财务公司；企业集团财务公司作为非银行金融机构的一种，可以发起成立商业银行和有关证券投资基金、产业投资基金；申请设立财务公司，申请人必须是具备一系列具体条件的企业集团。

财务公司可以经营：吸收成员单位的本、外币存款，经批准发行财务公司债券，对成员单位发放本、外币贷款，对成员单位产品的购买者提供买方信贷，等等。中国人民银行根据财务公司具体条件，决定和批准的业务。

(十)产业投资基金策略

投资基金是现在市场经济中一种重要的融资方式，最早产生于英国，发展于美国。目前，全球基金市场总值达 3 万亿美元，与全球商品贸易总额相当。进入 20 世纪 90 年代以来，利用境外投资基金已成为我国利用外资的一种新的有效手段。投资基金的流通方式主要有两种:一种是由基金本身随时赎回(封闭型基金)；另一种是在二级市场上竞价转让(开放型基金)。

(十一)重组改造不良资产商业银行策略

银行在我国可以算是特殊的政策性资源，企业完全可以抓住机会以银行资产重组的形式控股、兼并、收购地方性商业银行。银行资产重组，根据组织方式和重组模式的不同，可分为政府强制重组、银行自主重组；重组的措施可以是资产形态置换和现金购买。总之，是力求控股银行，对控股银行进行股份制再改造，申请上市和开设国内外分行，筹措巨额资金以支持业内企业的发展，形成实质上的产业银行。

(十二)行业资产重组策略

资产重组是通过收购、兼并、注资控股、合资、债权转移、联合经营等多种方式，对同行业及关联行业实现优势企业经营规模的低成本快速扩张，并迅速扩大生产能力和市场营销网络。

(十三)资产证券化融资策略

资产证券化是传统融资方法以外的最新现代化融资工具，能在有效地保护国家对国有企业和基础设施所有权利益和保持企业稳定的基础上，解决国有大中型企业在管理体制改革中所面临的资金需求和所有制形式之间的矛盾。

资产证券化能将流动性差的资产转变为流动性高的现金，并将未来预期的资产收益转变为当前实现的现金收入，通过资产负债表外融资改善企业的资产负债结构；同时，利用资本市场、破产隔离和信用增级等措施，解决中国引进外资方面的问题，特别是使用增级技术更适合中国现状。

(十四)员工持股策略

目前我国股份公司发行新股，为了反映职工以往的经营成果，可以向职工发行职工股。该公司职工股的数额不能超过发行社会公众股额度（A 股）的 10%，且人均不得超过 5000 股；这部分公司职工股从新股上市之日起，期满半年后可上市流通；在公司上报申请公开发行股票材料时，必须报送经当地劳动部门核准的职工人数和职工预约认购股份的清单，中国证券监督管理委员会将进行核查，以后企业公开发行股票时有可能不再安排公司职工股份额。

借鉴国外 ESOP 职工持股计划的成功之处，我们提出几个较为现实可行的职工持股方案：

1. 职工持股会

根据《公司法》，上市公司可依《民法》等规定，成立具有法律意义的社会团体法人（即内部职工持股会），并以职工持股会作为公司的一名法人股东。在该职工持股会中，内部职工持股须达到一定比例，比如 20%以上。这种职工持股会能使职工资产在该公司改制并发行的股票上市后得到增值。

2. 职工基金计划

公司的职工以现金出资组成一个基金，将基金资产委托专业投资公司运作。基金的运作可独立进行，也可与回购计划和职工持股计划结合进行操作。

课题二　创新是企业的饭碗

前不久，一位软件企业家在《人民日报》发表感言称，创新实际上就是企业对客户和市场需求变化的适应过程，应该成为企业经营的常态。

由此不禁想起一位做门户网站的企业家在谈到创新时的感受：我们不敢不创新，因为“创新就是企业的饭碗”；我们绝不敢有“睡大觉”的想法，但这个领域发展迅猛，竞争激烈，睡上一觉起来天都变了！

两位企业家的创新感言说明，对于新技术企业而言，创新已被当成了企业的生命线，已成为企业的自觉意识和行动。无疑，这正是我们培育“企业成为创新主体”的最佳境界。遗憾的是，这样的佳境，还没有成为企业的普遍意识。

一些企业满足于成为“制造厂”“加工厂”，认为有密集的劳动力、充足的材料资源、畅通的销路等，就可以高枕无忧，因而创新意识缺乏，创新投入不足。如何激发这些企业的内生创新需求，如何营造宽松环境呵护创新企业的茁壮成长，是我们培育“企业成为创新主体”值得思考的内容。

不能不看到，现实中还存在一些不利于企业创新的做法。有的企业把创新理解为科技行为、政府行为。有的政府部门一说让企业成为创新主体，自己就先当起了主体，这也抓着那也管着，指手画脚，包打天下。还有的政府部门认为，创新就是为企业出台几个优惠举措，甚而把这看成是政府对企业的恩赐。这些都是与企业创新背道而驰的。

培育企业成为创新主体，政府的确肩负重任。但这个重任应当是给企业创造适宜创新生存的良好环境，而不是其他。有的地方提出，搞自主创新，政府不是运动员，也不是裁判员，而是场地维护员。这形象地表明政府在创新中的角色。对于政府部门来说，我们应当作好体制机制、政策制度方面的调整，为企业充分营造创新的制度环境。同时还应当明白，政府鼓励企业创新，要有所为有所不为，要引导而不要主导，应在围绕企业创新链条提供服务上多想办法，在维护公平公正的市场竞争环境上下功夫。

人是创新之源，培育创新主体，归根到底是要激发人的创造性。在我们的社会里如果能够形成这样的创新文化和氛围，使人们的创造愿望得到尊重、创造活力得到激发、创造成果得到保护、创造的失误与失败得到宽容，那么，受到激励的人们，其创造潜能必能获得极大发挥，创新也必能成为人们的自觉追求；而这样的创新环境，也将极大地激发企业的创新意识，推动形成企业的创新文化氛围，引导这种文化氛围的形成，政府有不可推卸的责任。

今天，创新的内容并不仅仅指技术创新。从制度到体制，从管理到服务，有没有创新的理念，对于企业的发展起着决定性的作用；而对于一个人来说，有没有创新的意识，同样是决定其人生发展的关键因素；对于一个民族来说，道理同样如此。当创新成为人们的一种思维习惯，成为一个企业的自觉意识，成为一个民族的文化自觉，企业的又好又快发展才有可能，民族振兴的脚步才能雄健有力。

课题三　创新型企业的理念创新

在知识经济迅速发展，创造力经济悄然兴起的新经济时代，创新型企业要实现持续创新发展，应与时俱进地不断进行理念创新，并指导企业的全面创新。创新型企业的技术创新、制度创新、产品创新等以相应的理念创新为基础，理念创新是创新型企业持续发展的力量源泉。

（一）“理念创新”的内涵及其特征

“理念”，即“理性的概念”，是指人们基于知识与经验而形成的关于客观对象的理性认知与概括。理念以其概括性、稳定性和深刻性支配、影响着人们的思想与行动。理念创新，就是指革除旧有的不合时宜的既定看法和思维模式，以新的视角、新的方法和新的思维模式，形成新的结论或思想观点，进而用于指导新的实践的过程。

通过观念更新推进理念创新。观念是指人们在特定的文化背景下对客观事物形成的相对定型化了的认识、看法、观点和思想，它是思维活动的结果。观念创新就是对传统观念的否定和扬弃。传统观念是历史形成的文化价值，先进理念是引领未来的文化价值；传统观念具有浓厚的历史烙印，先进理念具有鲜明的时代特征；传统观念是先进理念的形成基础，先进理念是传统观念的积极形态。破除陈旧的思想观念，必须树立新理念，开拓新思维。以观念更新推动理念创新，就是以扬弃为手段对传统的思想观念进行审视梳理，紧密结合实践，树立起与市场经济、企业发展和时代精神相适应的理念体系。

理念创新从不同视角分析具有不同特点，其主要特点有如下几个方面：

1. 客观深刻性。理念创新产生于客观的实际需要和可能，根植于客观实际。没有客观实际需要的理念创新是没有意义的，没有客观实际可能的理念创新只能是异想天开。新理念的产生主要来源于社会实践，不论是自身变革社会实践的挫折和失败，还是经验教训的概括总结，或者是来自外部的变革经验和教训。对实践变革的探索，不断提出新思路、新看法、新观念，实践推动了观念的更新、理念的创新。理念创新的实质是认识不断深化的过程，具有深刻性，进而对社会实践具有指导作用。理念是对客观对象的理性认知与概括，没有认识就没有理念，理念随着认识的深入而产生变革。人类社会的认识历史就是人类社会观念不断更新的历史，它遵循了“实践—认识—再实践—再认识”的规律。深化了的认识对社会实践具有指导作用，同时对社会实践具有推动作用。理念创新既然是认识的深化，就要在认识深化方面下功夫，以实事求是的态度深入实际，调查研究，注意总结实践中正反两方面的经验教训，不断将感性认识上升到理性认识，进行理性的认知与概括，促进认识的深化，实现创新。

2. 继承稳定性。理念创新的前提是继承，继承是基础，创新是结果。观念的更新是以逐步进化的方式前进的，是基于对原有知识与经验的认知，在对世界的求知、改造过程中，对客观世界认识的抽象、提炼、升华过程。依凭对纷繁复杂变迁着的客观需求，不断调整自身的认知，改变自身的行为方式，使自身发展与客观环境变迁相一致，提高自身生存与竞争能力。所以，观念更新和理念创新都具有一定的继承性，即以继承为起点，以适应时代为特点，通过内在的运行机制更新创新使其得到不断发展。由于理念是人们基于知识与经验而形成的关于客观对象的理性认知与概括，新理念形成的参照物是人脑中原有的概念、想象、记忆和经验，是以旧的信息基础衡量、组合、规范新信息和新秩序的，因此，人脑的正常思维在固定的运作秩序内活动就不可避免地带有反刍、惯性、定向等特点的思维定势。理念是人类的一种文化特质，文化的积淀性对理念的继承和更新起某种决定作用，使理念创新具有继承性和相对稳定性。

3. 超越突破性。理念创新的本质在于超越，在于对原有观念的突破。这种超越和突破往往使人的思想和行为偏离社会和事物运作的常规，具有大胆探索客观世界的精神品质。人类的进步和发展就是一个不断超越既成现实、追求和实现理想的过程，是一个超越创新的过程。理念创新的过程实质上是破与立相统一的过程。“破”是对过时的或错误的观念的否定和扬弃；“立”则是对符合时代要求的、正确的新理念的创立和完善。随着对旧观念的否定和怀疑，进一步发展到理性的分析和判断，从本质上认识到旧观念与客观规律不符合的实质，进而要突破和超越，进行理念创新。

4.动态发展性。主客观的统一是实现理念创新的根本。客观事物的变化是必然的、经常的，人的理念也应随其变化而变化。理念属于精神现象，它是以主观形式体现的，其内容是主观对客观事物的反映。在实践中，主观形式与客观实际不统一主要有两个因素：一是主观认识的原因，即将主观愿望当作客观实际，不注重理论联系实际，照搬他人的经验模式等；二是客观实际方面的原因，即理念所反映的实际情况发生了变化，或者所反映客观事物本身没有发生变化，但其外部环境条件却起了变化。

(二)创新型企业理念创新的重要性

创新型企业以创新精神为核心理念，依靠创新实现企业持续发展。创新既是创新型企业的精神核心，又是其持续发展的力量源泉。因为外在的东西，不论是钱、权、法都不可能提供源源不断的力量源泉，只有信念这种人们思想深处的东西，才能提供源源不断的动力。

优秀企业能够保持长盛不衰的秘密就在于能巧妙地将人性化的理念与商业化的操作融为一体。爱因斯坦有一个著名的质能转换公式：$E=MC^2$，这个公式揭示了原子弹巨大威力的奥秘所在。该公式说明，一个很微小的物质 M，可以以光速 C 的平方倍放大，产生巨大的能量 E。企业的业绩大小，主要不是取决于企业物质基础的厚薄，而是取决于人的能力及其创新理念和创新精神，只要有了这种人及其创新理念和创新精神，就能爆发出惊人的能量，产生惊人的业绩。创新型人才越多，理念越新，精神越足，企业业绩也越好。由此可见理念创新对企业创新发展的巨大促进作用。

创新型企业的理念创新，是思想观念上的超前思维创新，是能动性理念创新，是科学发展观的体现。思维创新是企业从事各种创新的基础，凡是有创新意识、而且持续提高其创新能力的企业，往往都能够实现快速发展；相反，如果离开创新，那么企业将不仅不能有效地发展，而且连生存都成问题。理念创新使企业具有强烈的内在的创新冲动，能够积极主动地去创新，通过各种创新方式推动企业的经营活动，推动制度创新、技术创新、产品创新、经营创新等。理念创新不是一种被动性行为，而是一种完全的内在的主动性和自主性的行为，即能动性理念创新。能动性理念创新使企业全体员工增强主人翁意识，能与企业同呼吸、同成长、同发展、共生死，做到企业精神与企业价值观的人格化，实现“人企合一”，体现了“以人为本，全面、协调、可持续”的科学发展观。科学发展观将指导创新型企业加深对环境变化的认识，使企业理念产生重大创新和转变；企业理念的不断创新，又会推动企业运作模式发生重大改变。以创新的、先进的、正确的经营理念指导企业，企业才会有正确的方向，也才会得到企业员工的全力支持和社会公众对企业的信赖。以科学发展观为基础的理念创新，使创新型企业更深刻、更全面地理解企业持续发展的含义，对企业发展规律的认识进一步深化和升华。

创新型企业在创新理念的激励下，持续创新发展。世界 500 强企业的排名是根据企业经营业绩每年一评，在一定程度上反映出全球企业创新的动态。企业持续发展的竞争优势已逐步从传统的物质产品转向信息化、无形化和连续化的创新能力。世界 500 强企业普遍鼓励创新，良好的创新氛围使员工们相信为实现一个超常的目标而奋斗是值得的；虽然一个大胆的理念本身并不会必然产生超人的正确策略，但缺乏这种理念必然会产生平庸的模仿对手的策略。理念创新造就世界 500 强。世界 500 强企业其产值的 70%～80%是由科技和文化创造的。世界 500 强企业发展的历史表明理念创新对企业发展最为重要。持续创新成长的惠普公司其理念创新的价值观是：“我们对人充分信任与尊重，我们追求高标准的贡献，我们将始终如一的情操与我们的事业融为一体。我们通过团队，通过鼓励灵活与创新来实现共同的目标——我们致力于科技的发展是为了增进人类的福利。”我国的海尔集团从一个曾亏空 147 万元人民币、资不抵债、管理混乱的集体企业发展为今天的国际化的大型企业集团，其取得辉煌成绩的奥秘就是创新。创新理念是海尔的灵魂，是海尔保持旺盛生命力和竞争力持续发展的奥秘所在。我国创新型企业的代表华为公司曾提出“企业家精神、创新精神、敬业精神和团结合作精神是我们企业文化的精髓”。

(三)创新型企业的理念创新

当前创新型企业要实现持续创新发展，应与时俱进地进行企业理念创新，使企业始终保持生机与活力，竞争力不断实现新的突破。创新型企业主要需要以下几种理念创新：发展理念创新；体制理念创新；经营理念创新；管理理念创新。它们协调一致，相互补充，形成一个强有力的综合框架。如果企业能够切切实实地实现这些理念创新，那么，将大大地推进企业其他方面的有效创新，使创新能力真正成为企业的核心竞争力，从而使创新型企业在激烈的市场竞争中获得持续竞争优势。

1. 发展理念创新。创新型企业要实现持续创新发展，就应以全新思维方式进行发展理念创新。创新型企业的发展理念创新包括了企业目标观、战略观、文化观、生态观、科学发展观等子观念的创新。这些观念对创新型企业不断探索正确的前进方向起着重要的引领作用。企业树立的目标应该长远，不仅应考虑当前生存目标和盈利目标，还要考虑未来的发展目标；不仅要设计调整好自身的生态发展，还要考虑生态环境的影响并肩负社会责任。“协作竞争、结盟取胜、双赢模式”是由美国著名的麦肯锡咨询公司提出的21世纪企业发展的新战略，这是一种适应新经济需要的网络型的战略。创新型企业的战略观应体现出国际化理念和可持续发展的理念。新的经济时代，企业所面对的是信息化、全球化的大市场，企业要实现发展理念创新，就要不断分析市场的需求亮点和趋势，分析出现的机遇和挑战，分析自身的优势和劣势，制定新的经营内容、经营手段、经营策略、管理体制、组织框架、重大战略步骤等。科学发展观强调以人为本，全面、协调、可持续发展，指导企业不断探索正确的前进方向，以全新的思维方式重新审视企业的前进方向，构建全新的创新型增长模式。

2. 体制理念创新。创新型企业的体制理念创新是指企业在制度安排中应具有的创新理念，即将创新精神制度化，在制度安排上鼓励创新。制度创新通过改变产权结构为企业创新活动提供有效的激励机制。现代企业是社会发展特定阶段下一定生产力和生产资料所有制形式的直接反映，并为法律和条令所规范，具有产权明晰、权责明确、政企分开和科学管理等重要特征，其核心制度主要包括产权制度、经营制度和管理制度三个方面的内容。体制理念创新主要包括各种制度创新理念，如契约观、忠诚观、效率观和生产力中心观等。市场经济的发展需要一定的制度基础，而制度具有高度的复杂性，它体现着人们的愿望与需求、结果与目标、方法与手段等，因而习惯、惯例和流行的意识形态都有一个累积的逐渐发展的过程。体制理念创新就是为建立新的要素组合方式或新的产权制度，即创建在生产激励方式、产权组合、资源利用效率上完全不同于原有组织的新的组织形式，以从根本上实现其经济福利改善的目的。成功的创新不仅仅是技术创新，美国“硅谷”的成功真正体现了“制度重于技术”的内涵：“硅谷”有自由创新和创业的制度环境；有不断促进创新和创业的风险投资市场；有良好的定价机制与风险资本退出机制；有完善的试产机制、高效且高度专业化的市场服务体系。体制理念创新的实质就是要具有生产关系变革的理念，不断完善适应现代生产力和市场经济发展需要的生产关系条件；或者说体制创新的目标，就是要创造一个人尽其才、物尽其用、货畅其流的体制环境。

3. 经营理念创新。创新型企业的经营理念创新，是指在企业经营活动中员工应该具有的创新理念。由于企业的经营活动实际上就是企业与其外部所发生的业务关系，因而经营理念创新就是企业在处理它与外部关系时所应进行的理念创新。企业经营理念创新主要包括市场观、竞争观、速度观、诚信观、法律观等子观念创新。创新型企业的市场观是指在市场经济条件下，作为经济主体的企业创新者，根据企业的使命和总体经营战略，通过改变原有的经营要素或者引入新的经营要素，并实现其商品化和市场化，进而开辟新的市场，促进企业生存和发展，且对新市场进行研究、开发、组织管理的理念创新过程，为此，应树立正确的市场导向观念、市场创造观念、开发与合作观念、质量观念和绿色营销观念等。创新型企业的竞争观要求企业不要将自己利益的获得建立在损害竞争对手或危害社会的基础上，而是要建立在能够提供高质量、低价格的产品和优质的服务上，要确立在比较优势的竞争、理性的自由竞争和规范性竞争的基础之上，树立诚信观和法律观。创新性企业的速度观强调企业要根据外部环境的变化，如市场的变化、技术的变化、消费主体的观念变化以及产业政策、宏观经济环境的变化等，快速调整自己的经营活动的观念。速度和效率是新经济的两大特征，速度可以战胜规模，效率能使企业由小变大。在网络时代，实现速度要靠创新思路和创新精神。没有创新只靠速度赢得的市场难以为继。在创新的过程中，创新还要和速度结合起来，把企业与市场整合在一起，流程全部围绕着用户来转，这样可以实现创新的需求。在网络时代，用户的价值体现在个性化和全球化上。“速度至上是新经济时代经营的重要理念”。

4. 管理理念创新。创新型企业的管理理念创新，是指在企业管理活动中员工应该具有的创新理念，是主要用于创新性地协调企业管理过程中的各种关系和矛盾的理念。企业管理理念创新主要包括人本观、效率观、信息观、学习观、共享观和互动观等。以人为本新理念既重视资金、技术、机器、设备等硬件要素，更重视人的感情、创造力、人与人的关系等软件要素。新理念以尊重人的个性为前提，重视企业士气、客户关系、公众关系、社会责任等软指标。创新型企业效率观是企业在进行管理时注意管理收益和管理成本的有效结合，并权衡管理中的成本和收益，以提高管理效率，实施高效性的管理理念。创新型企业信息观是指企业信息素质理念创新。企业应重视信息，特别是市场信息，应重视提高企业信息素质。企业位于市场前沿，具有信息多而快、内容繁杂、难以精确描述的特点，不注意提高企业信息素质，难以准确把握市场新动向，难以取得竞争胜利。新理念从观念上重视信息，保证信息快速、准确地传递，不断探索提高企业信息素质的方式和途径。所谓企业信息素质是指企业每一个职工的信息观念、信息能力及信息水平的素质。在观念上要重视信息，具有信息就是效率、信息就是金钱的观念，要以环境变化信息来指导企业决策，帮助企业迅速作出调整，适应环境变化，同时提升企业的信息能力。创新型企业的学习观是通过学习构建适应知识经济需要的学习型组织。在世界排名前100家企业中，已有50%的企业以“学习型组织”为样本进行改造。实践证明，通过这样的改造，世界500强企业的自我超越、心智模式、团体学习等方面都有了脱胎换骨的再造，都能在原有基础上焕发活力，增强自身实力和市场竞争力。韦尔奇所进行的最大的理念变革就是把通用公司变成了一家全球性的学习公司，而不断提升全体员工的素质——正是学习理念的创新使美国通用公司持续快速发展。在学习中共享，在学习中互动，不但内部要相互学习，而且要向其他公司学习，善于把学到的知识运用到创新实践中去。

中 篇

小微企业
部门职能及岗位描述

(以南充攀信公司部门职能和岗位描述为例)

第一部分 小微企业部门职能

部门职能反映部门的本质职能。主要职能是按行业惯例或传统基本上不能变更的职能；而兼管职能是指可以在不同部门之间改变责任范围的职能，它的内容可按一定程序进行增减。

岗位是组成企业管理的每一块砖或每一个部件，组织系统表上的每一个空格都表示职务名称，针对每一个岗位都必须有一份岗位描述。

“总经理”就是一个部门； 同时，也是一个职务！

总经理

职能名称： 总经理

直接上级： 董事会

部门本职： 受公司董事会委托，负责公司的经营管理

主要职能：

1. 负责企业的经营机构的设置
2. 向董事会提出经营预算和费用预算
3. 领导企业的经营活动，实现董事会所批准的预算和利润指标
4. 保证企业能提供国家标准的产品和服务
5. 收集客户的反映，研究市场的需求，不断调整企业的经营方式，使企业不断得到发展
6. 塑造企业形象
7. 决定广告基调，指导经营战略
8. 代表企业对外开展公关活动
9. 按规定模式管理企业
10. 建立和完善企业的工作程序和规章制度
11. 向董事会提出组织系统表、人员编制和工资总额计划
12. 决定企业部门以下人员的任免和奖罚

13. 定期向董事会提供营业状况和财务状况报告并接受咨询

14. 保证企业的安全

15. 发现并消除企业的安全隐患，向董事会提出预算外开支计划

16. 保证员工和客户在企业内的安全

办公室

部门名称：**办公室**

直接上级：**总经理**

部门本职：

1. 企业的办公秩序和行政法律事务管理及经营

2. 为企业及时提供合格的人才和人力

主要职能：

1. 负责企业的办公秩序及规章制度的有效执行和建立修订

2. 文件的拟、收、发、存

3. 组织召集会议、会议纪要

4. 开具一切企业对外证明，加盖公章

5. 法律事务：证照申办，地方关系，合同条款审查

6. 检查公司的一切程序是否得到落实

7. 文件资料档案的收集、整理及存档

8. 完成总经理交办的其他工作任务

9. 协调企业中各部门之间的关系

10. 企业发展规划制定

11. 负责机构图中各部门职能的建立和修订

12. 负责企业经营计划的制定和经营管理工作

13. 人员招聘：安排面试、背景调查、考核、上岗、劳动合同签订

14. 劳资管理：考勤、工资、福利、保险和人力调配

15. 奖惩：提出奖、惩动议，核准各部门奖、惩动议，执行奖惩决定

16. 纪检：检查公司的员工手册和一切规章制度是否得到有效执行

17. 培训：岗位培训、本企业知识培训、素质培训、专业培训、培训计划、检查、统计

18. 考核：考核、建立员工人事管理、技术档案和业绩档案

19. 负责岗位图中各岗位描述的建立和修订

兼管职能：

1. 后勤：员工生活、卫生项目、后勤保障

2. 公司大事记

3. 负责调解员工之间的矛盾，关心员工的生活

4. 司机班的管理

5. 统计：为企业提供各项统计数据

6. 保卫：负责公司本部的内保消防和安全

7. 不管部

综合管理部

部门名称：综合管理部

直接上级：副总经理

下属岗位：业务内勤、业务外勤

部门本职：

1. 搜集分析各相关信息，对营销环境作出正确判断

2. 与顾客进行双向沟通，做好售前售后服务，形成产品再次购买，或提高潜在购买力

主要职能：

1. 对于本企业所处区域的市场信息进行搜集、分析，并作出市场形势判断

2. 对本行业经济政策进行搜集、整理、分析，判断经济政策对本行业的影响度

3. 掌握行业信息，洞察行业发展趋向

4. 用合法手段探求产品商业信息(主要指竞品的资源状况、营销战略、战术要领等)

5. 深入调查目标市场的需求信息，把握市场变化的脉搏

6. 了解把握本企业资源状况并与竞争对手作资源对比分析

7. 掌握本企业产品在通路上的流通状况信息

8. 掌握社会媒体信息及产品媒体运作信息

9. 重要信息原文及时上报

10. 及时掌握攀钢政策变化情况并上报，做好攀钢订货、进货、验收工作

11. 按公司要求定期做好盘点、统计工作，负责做好货物的出库和开平厂有关协调工作

12. 根据市场状况拟定产品推广计划，报批并实施

13. 设置通讯热线，保持企业与顾客的双项沟通

14. 接受顾客投诉，按程序进行处理

15. 进行售后服务运作，营造顾客购买机会

16. 进行售后服务运作，营造顾客再次购买机会

17. 提高服务质量，树立品牌形象，培养顾客忠诚度

18. 强化服务信誉，开启潜在消费群市场

19. 开发服务项目，参与市场竞争，体现服务优势

20. 变换服务方式，强化服务卖点，突显竞争优势

21. 提高服务人员素质，展现企业文化，树立企业形象

财务部

部门名称：财务部

直接上级：总经理

部门本职：企业的财和物的管理

主要职能：

1. 财务处理、银行、税务、物价、工商、审计事务处理、应收、付款、信用调查、信用判断、控制、财务报表

2. 收款、付款、报销，日清月结，工资发放

3. 成本控制：寻价、比价、成本计算、监督预算、监督项目采购、合同经济条款审

查、折旧、报损、报失、检查合同执行情况、监督资金计划的执行

4. 负责企业的会计核算和财务管理工作

5. 根据经营管理和项目计划，制定财务预算方案，并适时写出财务分析报告

6. 搞好费用管理，督促各部门增收节支、开源节流

7. 企业筹资、安排和调度，并对企业债权、债务进行清理

8. 材料、设备、物品的收、发、存，公司所有固定资产的定期盘存，管理物品账、项目剩余材料，申请大宗项目订货

兼管职能：

采购：公司所需物品采购

业务部

部门名称：业务部

直接上级：总经理

部门本职：

1. 满足目标市场需求，完成企业所赋予的使命

2. 巩固开拓市场，确保销售、回款目标的完成

主要职能：

1. 根据公司下达给部门的使命及对市场的预测制定年度营销战略

2. 制定年度营销目标及目标分解

3. 制定年度营销预算及预算分解

4. 根据营销计划确定本部门组织构架、设计及人员配备

5. 组织制定本部门各项规章制度，报批并实施、监督及检查

6. 拟定销售政策，报批并实施(价格政策、激励政策等)

7. 根据市场需求状况报批新产品开发方案

8. 根据营销战略发展方案组织开辟新的目标市场

9. 制定产品上市方案，报批并组织实施

10. 巩固、完善原有市场，开发新市场，提高品牌形象

11. 建立客户档案，做好售前售后服务工作

12. 与消费者、客户建立沟通热线，保持双向沟通，对信息进行分析，出现问题及时处理

13. 制订产品推广计划并予以实施

14. 进行产品订售、收款、对账等日常业务作业

15. 与公司内相关部门做好产品销售、销研等协调工作

16. 制订本营销系统内人员培训计划，并予以实施

17. 参加合同条款的计划和签约

18. 进行年度销售预测提报营销总监

19. 制订年度销售计划，进行目标分解，并执行实施

20. 管理、督导销售部正常工作运作，正常业务运作

21. 设立、管理、监督驻外机构正常运作

22. 管理督导门市业务正常运作

23. 营销网络的开拓与合理布局

24. 建立各级客户资料档案，保持与客户之间的双向沟通

25. 合理进行销售部预算控制

26. 研究把握业务人员的需求，充分调动其积极性

27. 制订销售部业务人员行动计划，并予以检查控制

28. 配合本系统内相关部门做好推广促销活动

29. 对媒体刊播实施监督

30. 预测通路危机，呈报并处理

31. 检查通路阻碍，呈报并处理

32. 按推广计划的要求进行货物陈列、宣传品的张贴及发放

33. 按公司回款制度，催收或结算货款

兼管职能：

1. 按照“售出去、钱回来”的原则，负责货款的及时回笼

2. 制定各种销售合同、协议样本，报批后执行

3. 签定大宗项目订货合同

开平厂

部门名称：开平厂

直接上级：副总经理

部门本职：安全生产、保证质量、按时交货

主要职能：

1. 把安全放在第一位，定期进行全面的安全自查，重要物品妥善保管，注意防火防盗，杜绝一切安全隐患

2. 按操作规程进行操作生产，操作前认真核实开平尺寸及要求，特殊情况必须协调清楚或以公司有关部门书面通知内容为准

3. 严格按公司出入库管理规定进行出入库管理货物

4. 设备定人负责，定时检查、维护

5. 提高开平质量，反复核对开平尺寸，达到准确无误

6. 微笑服务，顾客至上，协调好邻里及相关关系

7. 加强对仓库物品的管理，保证货物安全，月底盘库准确无误

8. 遵守职业道德，保守商业机密

9. 服从领导安排，及时完成上级领导交给的其他工作任务

第二部分 小微企业岗位描述

总经理

岗位名称：总经理

直接上级：董事长

直接下级：副总经理、办公室主任、财务部经理、综合管理部经理、业务部经理、开平厂主管

本职工作：全面负责企业的日常管理，对董事会负责

直接责任：

1. 主持公司的生产经营管理工作，组织实施董事会决议
2. 组织实施公司年度经营计划和投资方案
3. 拟订公司内部管理机构设置方案
4. 制定公司的基本管理制度
5. 制定公司的具体规章
6. 提请聘任或解聘公司副总经理、财务负责人
7. 聘任或解聘除应由董事会聘任或解聘以外的负责管理人员
8. 公司章程和董事会授予的其他职权

副总经理

岗位名称：副总经理

直接上级：总经理

直接下级：综合管理部经理、业务部经理、开平厂主管

本职工作：做好总经理的助手，受总经理的委托，协助总经理做好分管部门的工作，行使对公司日常运作的指导、指挥、监督、管理的权力，并承担执行各项规章制度、工作指令的义务，主持公司经营管理工作，对公司各部门的管理与协调

直接责任：

1. 协助总经理制订公司发展战略规划、经营计划、业务发展计划

2. 组织、监督公司各项规划和计划的实施

3. 负责将公司内部管理制度化、规范化

4. 组织编制年度营销计划及营销费用、内部利润指标等计划

5. 有权向总经理提出营业部的业务经理、副经理人选

6. 负责协调业务部门、财会、行政及客户、供应商的协作关系

7. 对各营业部的工作负领导责任，协调各营业部的内部业务

8. 负责对企业文化的建设工作

9. 在总经理缺席时，受托代行总经理职务

10. 总经理临时授权的其他工作

11. 负责各营业部特定范围的管理职能，参加公司管理与营销会议，发表工作意见和行使表决权

12. 重大问题及时向总经理及时沟通、请示汇报，严格按沟通的一致意见或指令执行

办公室主任

岗位名称：办公室主任

直接上级：总经理

本职工作：企业办公秩序控制、行政法律事务管理及经营管理，为企业及时提供合格的人才和人力

直接责任：

1. 定期主持例会，并参加企业有关工作会议

2. 正确传达执行上级指示

3. 掌握和执行国家有关计划、政策和法律法规

4. 在总经理授权范围内批阅相关重要文件

5. 巡视企业全面规章制度的执行情况

6. 负责组织记载企业大事记及组织重大活动的接待工作

7. 召集企业的重大会议、项目会议及其他专题会议

8. 协调地方关系

9. 按工作程序做好与相关部门的横向联系，并及时对部门之间争议提出界定要求

10. 制订年度工作目标和工作计划，按月做出预算及工作计划，报批通过后执行

11. 主持制定和修订各部门职能、工作程序和企业规章制度，报批通过后执行

12. 根据实行反馈意见，及时修定企业各部门职能、各岗位描述

13. 受理员工上报的合理化建议，按照程序处理

14. 负责公司的培训、执行、检查

15. 制订岗位技能培训计划，并组织实施、考核

16. 指导、巡视、监督、检查各部门的工作，了解和掌握各部门情况和有关数据

17. 定期听取各岗位述职并对其作出工作评定

18. 填写员工过失单和奖励单，根据权限按照程序执行

19. 及时对工作中的争议作出裁决

20. 定期向直接上级述职

21. 关心所属下级的思想、工作、生活

22. 完成上级交办的其他工作任务

23. 人员招聘：安排面试、背景调查、考核、上岗、劳动合同签订

24. 劳资管理：考勤、工资、福利、保险和人力调配

25. 奖惩：提出奖惩动议，核准各部门奖惩动议，执行奖惩决定

26. 检查公司的员工手册和一切规章制度是否得到有效执行

27. 培训：岗位培训、本企业知识培训、素质培训、专业培训、培训计划、检查、统计

28. 考核：考核、建立员工人事管理、技术档案和业绩档案

29. 对本部门的整体工作绩效负责

30. 对印章的合理使用负责

31. 对所组织会议的执行效果负责

32. 对下属人员的工作负直接领导责任

33. 考核指标：（1）部门月度及年度计划的完成情况、费用控制情况、下属行为管理；（2）部门合作满意度(年度)、员工满意度、后勤支持投诉率；（3）办公设施等固定资产管理状况、公司环境卫生状况，重要任务完成情况

兼管职能：负责调解员工之间的矛盾，关心员工的生活

领导责任：

1. 对本部门工作目标的完成负责
2. 对企业员工的纪律行为、工作秩序、整体精神面貌负责
3. 对本部门工作流程的正确执行负责
4. 对本部门负责监督检查的规章制度和执行情况负责
5. 对本部门所掌管的企业秘密的安全负责

主要权力：

1. 对本部门所属员工和各项业务工作的管理权
2. 有对直接下级岗位调配的建议权和任用的提名权
3. 对隔级下级有人事任命权
4. 对所属下级的工作有监督、检查权
5. 对所属下级的工作争议有裁决权
6. 对直接下级有奖惩的建议权
7. 对所属下级的管理水平、业务水平和业绩有考核权
8. 对限额资金有支配权
9. 在权限范围内按程序对隔级、下级有奖惩的批准权
10. 公司印章使用的审核权
11. 对重大会议根据需要有现场指挥权
12. 权限内的财务审批权，对通讯费用的审核权
14. 对直接下级人员调配、奖惩的建议权，任免的提名权和考核评价权
15. 对所属下级工作的监督、检查权和争议的裁决权

管辖范围：

1. 本部门所属员工
2. 本部门所属办公场所及办公设施、设备
3. 本部门卫生责任区

驾驶员

岗位名称：驾驶员

直接上级：办公室主任

本职工作：车辆良好，安全出行，文明开车

直接责任：

1. 公司驾驶员必须遵守《中华人民共和国道路交通管理条例》及有关交通安全管理的规章规则，遵守公司员工管理手册安全驾车，同时遵守本公司其他相关的规章制度

2. 驾驶员应爱惜公司车辆，平时要注意车辆的保养，经常检查车辆的主要机件，每月至少用半天时间对自己所开车辆进行检修，确保车辆正常行驶

3. 驾驶员应每天抽适当时间擦洗自己所开车辆，以保持车辆的清洁(包括车内、车外和引擎的清洁)。出车前，要例行检查车辆的水、电、油及其他性能是否正常，发现不正常时，要立即加补或调整；出车回来，要检查存油量，发现存油不足一格时，应立即加油，不得出车时才临时去加油

4. 驾驶员发现所驾车辆有故障时要立即检修；不会检修的，应立即报告办公室，并提出具体的维修意见(包括维修项目和大致需要的经费等)。未经批准，不许私自将车辆送厂维修，违者费用不予报销

5. 出车在外或出车归来停放车辆，一定要注意选取停放地点和位置，不能在不准停车的路段或危险地段停车。驾驶员离开车辆时，要锁好保险锁，防止车辆被盗； 钥匙及行驶证交给管理人员，不准私自用车

6. 晚间驾驶员要注意休息，不准开疲劳车，不准酒后驾车。驾驶员酒后驾车或私自用车造成的一切违章或交通事故后果均由驾驶员本人承担，并给予行政处罚

7. 驾驶员驾车一定要遵守交通规则，文明开车，不准危险驾车 (包括高速、追尾、争道、赛车等)；对于旁人包括公司领导的指令，驾驶员认为不能做到的，可以提出异议，请求变更指令。 行车途中如发生交通事故，能适用快速处理的，应采用快速处理方式解决； 如必须现场处理，应当立即报警待处，不得逃离现场； 如因违反交通规则而发生事故的，驾驶员应承担全部后果和责任

8. 驾驶员对自己所开车辆的各种证件的有效性应经常检查，出车时一定保证证件齐全；如因违章或证件不全被罚款的，违章造成事故的由当事驾驶员承担责任和后果

9. 车内不准吸烟。本公司员工在车内吸烟时，应当即有礼貌地制止；公司外的客人在车内吸烟时，可婉转告知本公司陪同人，但不能直接制止

10. 公司用车时，要准时出车，不得误点；出车后，按要求做好行车记录，详细记录行车时间、里程、起始地、乘坐人姓名、事由等，并由乘坐人签字确认（如仅有公司外客人乘坐，由安排人员签字确认），次日将行车记录交管理人员审核签章。 每月末按乘坐人或部门统计当月行车里程总数；各部门合计数应与当月总行驶里程一致，不一致则由驾驶员承担多余里程

11. 上班时间内驾驶员未被派出车的，应随时等候出车，准随便乱窜其他办公室。 有要事确需离开时，要告知管理人员去向和所需时间，经批准后方可离开；出车外出回来，应立即到管理人员处报到

12. 驾驶员对管理人员的工作安排，应无条件服从，不准借故拖延或拒不出车； 对工作安排有意见的，事后可向上级领导反映

13. 驾驶员出车执行任务，遇特殊情况不能按时返回的，应及时设法通知管理人员，并说明原因

14. 公司每月给予驾驶员手机补贴 50 元。任何时候，驾驶员必须随身携带手机，对公司领导或管理人员的呼叫，应立即应答； 情况特殊确实不能应答的，事后一定要说明原因。当月三次以上通讯联系不上，取消该月手机使用补贴费

15. 驾驶员未经领导批准，不得将自己保管的车辆随便交给其他人驾驶。如公司领导批准同意将车交给其他驾驶员驾驶，当事驾驶员应负责检查借车人是否具有合法的驾驶资格（包括驾照有效期、车型及驾照真实性）；严禁将车辆交给无证人员驾驶或练习开车，任何人不得利用公司车辆学开车

16. 驾驶员全年安全行车，未出交通事故的，给予奖励 2000 元，年终奖发放时兑现。若发生交通事故，经车辆保险部门理赔后公司仍要承担损失的，损失金额超过 2000 元的，取消奖励；损失 2000 元以内的，减去实际损失后的剩余部分作为奖励

17. 费用报销：驾驶员所有因公费用（停车费、过路费、加油、修理等等）必须以正式有效凭证作为报销凭证，由驾驶员整理粘贴报销凭证后交管理人员审核签字，再交总经理签字，方可报销； 原则上一周报销一次，每月末汇报当月报销情况，以及停车费、过路费使用人

18. 本规定须对上岗驾驶员公示，无异议者应在本规定文件上签字，与用工合同一起存档

综合管理部经理

岗位名称：综合管理部经理

直接上级：分管副总经理

直接下级：业务内勤、业务外勤

本职工作：分析信息，正确判断营销环境

直接责任：

1. 分析市场需求，判断消费倾向，提报产品改善和产品开发建议
2. 关注通路价格的稳定性，预测通路危机，及时上报直接上级
3. 分析产品在通路中流通速度与走向，预测流通阻碍产生的环节及时间，上报直接上级
4. 分析行业价格浮动态势，预测产品价格走势
5. 分析国家政治、经济政策对行业产品带来的影响
6. 分析相关行业产品发展态势及对本行业产品发展的影响
7. 分析产品营销策略，确认产品竞争优势与劣势
8. 制订本部门年度工作目标和工作计划，按月作出计划，即月度工作计划，报批通过后执行
9. 正确传达上级指示
10. 定期主持本部门例会，并参加企业有关业务会议
11. 负责制定本部门工作程序和规章制度，报批通过后执行
12. 制定直接下级岗位描述，并界定直接下级的工作
13. 受理直接下级上报的合理化建议，按照程序处理
14. 向直接下级授权，并布置工作任务
15. 制订本部门岗位技能培训计划，协助人力资源部实施考核
16. 指导、巡视、监督、检查所属下级的各项工作
17. 定期听取直接下级述职，并对其作出工作评定
18. 根据工作需要调配直接下级的工作岗位，报直接上级批准后施行，并报办公室备案
19. 负责本部门主管人员任用的提名

20. 关心所属下级的思想、工作、生活

21. 及时对下级工作中的争议作出裁决

22. 定期向直接上级述职

领导责任：

1. 对本部门所掌管的企业秘密的安全负责

2. 对本部门完成工作目标负责

3. 对各种市场信息的及时提供负责

4. 对所属下级的纪律行为、工作秩序、整体精神面貌负责

5. 对本部门给企业造成的影响负责

6. 对本部门预算开支的合理支配负责

7. 对本部门工作流程的正确执行负责

8. 及时掌握攀钢政策变化情况并上报，做好攀钢订货、进货、验收工作

9. 按公司要求定期做好盘点、统计工作，负责做好货物的出库和开平厂有关协调工作

10. 根据市场状况拟定产品推广计划，报批并实施

11. 设置通讯热线，保持企业与顾客的双项沟通

13. 接受顾客投诉，按程序进行处理

14. 进行售后服务运作，营造顾客购买机会

15. 进行售后服务运作，营造顾客再次购买机会

主要权力：

1. 有对本部门所属员工及各项业务工作的管理权

2. 有向上级报告权

3. 有对直接下级岗位调配的建议权和任用的提名权

4. 对所属下级的工作有监督检查权

5. 有对所属下级的工作争议的裁决权

6. 对直接下级有奖惩的建议权

7. 对所属下级的管理水平、业务水平和业绩有考核权

8. 对限额资金有支配权

9. 有代表企业与政府相关部门和有关社会团体联络的权力

综合管理部业务外勤

岗位名称：业务外勤

直接上级：综合管理部经理

本职工作：及时掌握政策变化情况并上报，做好订货、进货、验收工作

直接责任：

1. 分析市场需求，判断消费倾向，提报产品开发建议
2. 关注通路价格的稳定性，预测通路危机，及时上报直接上级
3. 分析产品在通路中流通速度与走向，预测流通阻碍产生的环节及时间，上报直接上级
4. 分析行业价格浮动态势，预测产品价格走势
5. 分析产品营销策略，确认产品竞争优势与劣势
6. 及时掌握攀钢政策变化情况并上报，做好攀钢订货、进货、验收工作
7. 定期向直接上级述职

综合管理部业务内勤

岗位名称：业务内勤

直接上级：综合管理部经理

本职工作：按公司要求定期做好盘点、统计工作，负责做好货物的出库和开平厂有关协调工作

直接责任：

1. 分析市场需求，判断消费倾向，提报产品开发建议
2. 关注通路价格的稳定性，预测通路危机，及时上报直接上级
3. 分析产品在通路中流通速度与走向，预测流通阻碍产生的环节及时间，上报直接上级
4. 分析行业价格浮动态势，预测产品价格走势
5. 分析产品营销策略，确认产品竞争优势与劣势
6. 按公司要求定期做好盘点、统计工作，负责做好货物的出库和开平厂有关协调工作

7. 定期向直接上级述职

财务部经理

岗位名称：财务部经理

直接上级：总经理

本职工作：企业的财和物的管理

直接责任：

1. 负责主持本部的全面工作，组织并督促部门人员全面完成本部职责范围内的各项工作任务

2. 贯彻落实本部岗位责任制和工作标准，密切与生产、营销、计划等部门的工作联系，加强与有关部门的协作配合工作

3. 负责组织《会计法》及地方政府有关财务工作法律法规的贯彻落实

4. 负责组织公司财务管理制度、会计成本核算规程、成本管理会计监督及其有关的财务专项管理制度的拟定、修改、补充和实施

5. 组织领导编制公司财务计划、审查财务计划，拟订资金筹措和使用方案，全面平衡资金，开辟财源，加速资金周转，提高资金使用效率

6. 组织领导本部门按上级规定和要求编制财务决算工作

7. 负责组织公司的成本管理工作， 进行成本预测、控制、核算、分析和考核，降低消耗、节约费用，提高赢利水平，确保公司利润指标的完成

8. 负责建立和完善公司财务稽核，审计内部控制制度，监督其执行情况

9. 审查公司经营计划及各项经济合同，并认真监督其执行，参与公司技术、经营以及产品开发、基本建设、技术改造和其他项目的经济效益的审议

10. 参与审查产品价格、工资、资金及其涉及财务收支的各种方案

11. 组织考核、分析公司经营成果，提出可行的建议和措施

12. 负责财会人员的业务培训， 规划会计机构、会计专业职务的设置和会计人员的配备，组织会计人员培训和考核，坚持会计人员依法行使职权

13. 负责向公司总经理、主管汇报财务状况和经营成果，定期或不定期汇报各项财务收

支和盈亏情况，以便领导及时进行决策

14. 有权向主管领导提议下属人选，并对其工作考核评价

15. 完成公司领导交办的其他工作任务

领导责任：

1. 对本部门工作目标的完成负责
2. 对企业员工的纪律行为、工作秩序、整体精神面貌负责
3. 对本部门工作流程的正确执行负责
4. 对本部门负责监督检查的规章制度和执行情况负责
5. 对本部门所掌管的企业秘密的安全负责

主要权力：

1. 对本部门所属员工和各项业务工作的管理权
2. 有对直接下级岗位调配的建议权和任用的提名权
3. 对隔级下级有人事任命权

4、对所属下级的工作有监督、检查权

5. 对所属下级的工作争议有裁决权
6. 对直接下级有奖惩的建议权
7. 对所属下级的管理水平、业务水平和业绩有考核权
8. 对限额资金有支配权
9. 在权限范围内按程序对隔级、下级有奖惩的批准权

管辖范围：

1. 本部门所属员工
2. 本部门所属办公场所及办公设施、设备

会计

岗位名称：会计

直接上级：财务部经理

本职工作：会计核算、财务管理

直接责任：

1. 起草编制年度财务预算方案：根据当年经济预测、公司年度经营计划和上年度财务决算，编制公司年度财务预算方案，报上级批准； 对公司的财务预算执行情况进行检查，提出调整建议，建立财务分析评价指标体系和投入产出分析模型，以优化和控制财务结构，收集整理相关财务统计、分析资料，对整个公司进行月、季度、年度的财务分析，及时提供财务信息，为公司领导的管理决策、改善资产质量提供意见； 对阶段或者全年的经济状况进行分析，提交分析报告

2. 负责往来账、银行账的对账工作：负责计算机的日常往来对账和银行对账工作，及时纠正对账中发现的错误和问题，保证账账相符； 按月编制银行未达、已达账项明细表、银行存款余额调节表、往来未对及已对项目明细表，负责监督催办银行往来业务的账务处理

3. 负责职工工资发放，税费代缴：根据人力资源部提供的工资表，支付工资、补贴、津贴、奖金；根据税法规定计算、代扣个人收入所得税，办理代扣费用款项，计算实发工资额

4. 负责公司总部的账务处理，参与财务决算，编制会计报表：审核各类原始凭证，制作记账凭证，保证各类凭证真实性、合法性填制明细账、总账；负责计算机的记账、结账和账簿输出等管理工作； 负责审查账务处理业务的真实性、合法性、完整性，审查会计核算的相关报表、计算表的真实性、合法性、完整性，准备公司财务决算工作所需的财务资料 ；按月编制公司会计报表，对报表中的经济指标和有关数据进行分析和说明；参与公司会计决算工作，编制年度财务决算报表；负责会计报表的汇编、会审工作；负责编制年度合并会计报表，并进行相应调整事项的记录处理

5. 负责公司总部会计核算的日常稽核工作，监督日常财务制度执行：根据公司的财务制度和会计制度的规定以及经费开支范围和标准，对不符合规定的凭证应退回处理审核支票的领用手续和空白支票的管理； 监督各项业务借款的报销工作，审核库存现金日报表，审核向部门外报送的各种报表；收集统计公司内、外稽查所需会计资料，对查找和了解到的情况负有保密责任；定期、不定期会同有关人员核查库存现金、有价证券

6. 保管财务票据，管理会计档案：保管有关财务票据、各种发票，严格票据的领用使用手续； 负责对已审核的记账凭证，各类账簿、决算报表，以及银行对账单、工资发放明细表、往来对账明细表等会计资料进行装订、整理、立卷和归档；负责会计档案

的日常管理，按要求办理会计档案的借阅、归还登记；定期对超过档案管理期限的会计凭证和有关辅助资料进行清理，并按财务制度规定登记销毁

7. 检查监督公司的会计核算工作：监督检查公司账务处理业务，检查公司会计报表的编制工作，检查公司财务票据和会计档案的保管工作，监督检查公司其他会计制度执行情况

8. 协助总经理搞好公司财务管理和会计核算工作，做到真实完整

9. 编制公司总账、会计报表及报表说明，确保会计工作的真实、准确、及时

10. 负责对各项税费的清算及纳税申报、解缴，并进行账务处理，负责税务登记的年审、新办及注销工作

11. 负责企业所用发票、有效单据的管理，做到申购、发放、登记、归档及保管工作

12. 每月认真、及时、准确地勾兑、清理银行未达账和各往来单位的对账

13. 负责固定资产明细核算和管理，保证账账、账实相符

14. 负责对收入、成本、费用、收益、债权、债务的经济内容进行清理核算

15. 及时收集、核查购销业务或有关人员的商品进、销、存单据，次日前编制会计凭证登记入账

16. 按合同《结算资金管理办法》的规定做好进销货款和商品收发的监督工作，会同有关人员做好库存商品的盘点工作，保证账实相符

17. 及时登记、定期清理往来账项，对一月以上未了结的购、销货款书面报告经理

18. 完成上级领导交办的其他各项工作

主要权力：

如果购销和核算不符合会计制度及公司有关规定的，会计有拒绝报销的权力

出纳员

岗位名称： 出纳员

直接上级： 财务部经理

本职工作： 现金收发

直接责任：

1. 认真执行国家财经法规、现金管理制度，遵守本公司的财务管理制度

2. 保守本公司商业机密，不经过领导同意，不许泄露公司的会计信息

3. 负责货币资金的收付和管理工作

4. 负责每天办理各项经营收入的收款工作，每日逐笔核对收入款的到账情况，收到款在第一时间开出收据并交会计开送货单

5. 出纳员直接收到的现金销售款，要在第一时间存入公司指定账户，不能挪用公款和私自外借，如有以上问题公司将严惩不怠

6. 每日根据凭证逐笔登记现金、银行存款日记账，账簿一律采用订本式，做到记账准确、整洁、日清月结，不得随意更换、涂改账簿

7. 支出报销、借款时，要对原始单据进行审核，符合报销程序和管理制度、金额准确后才能付款；不见会计、市场部经理的签字，出纳不得付款；无论经理是否签字同意，借款要本着前账不清，后账不借的原则

8. 负责每日清点库存现金，核对现金日记账，保证账实相符，保证现金安全；如出现现金长短款要及时查明原因，原因不明出纳要负责赔偿

9. 负责现金收付，未经审核批准的现金凭证不得付款

10. 按规定处理报销事项

11. 审查原始凭证，保证其合法性、准确性

12. 做记账凭证

13. 每日进行账、款盘存，做好日审

14. 对凭证进行月结，月结后的凭证交会计收存

15. 每日将现金存入银行，定期对账

16. 填写收支、存款日报表，报财务部经理

17. 掌管保险柜，下班后保险柜现金只能在规定额度内

18. 对原始凭证的合法性负责

19. 对现金日记账和银行存款的正确负责

20. 对现金安全负责，并妥善保管好有价证券、支票、印鉴和原始凭证

21. 发放工资

22. 服从领导安排，及时配合会计做好其他日常工作

主要权力：

1. 如报销单据不合法及违反企业有关规定的，有拒绝付款的权力

2. 对任何人不合手续的提取现金有拒绝的权力

业务部经理

岗位名称：业务部经理

直接上级：分管副总经理

直接下级：业务员

本职工作：

1. 强化管理、经营市场、创造利益、达成目标
2. 确保通路的通畅、完成销售目标及回款目标

直接责任：

1. 确认执行公司赋予业务部的使命
2. 了解把握本公司产品所处的营销环境（营销环境、经济气候、经济政策、行业竞争态势等）
3. 了解把握本公司资源，确认资源优势
4. 洞察市场需求走向
5. 赋予产品卖点，保持市场竞争优势
6. 产品结构合理化，做好产品生命周期管理
7. 洞察通路危机确保产品在渠道中的流畅运行
8. 创造有形利益的同时注重品牌形象的塑造
9. 销售预测呈报公司
10. 拟定销售政策报批并督导实施
11. 拟订年度营销计划，分解计划，报批并督导实施
12. 拟定年度营销预测，分解预测，报批并督导实施
13. 根据公司中长期规划合理配备人才，进行组织建设
14. 负责本部门经理人员任用的提名，主管级人员的任命
15. 巡视、监督、检查所属下级的各项工作
16. 洞察所属下级思想动态，做好激励、沟通工作
17. 权限内发生的问题果断决策

18. 定期主持本部门例会，并参加企业有关营销业务会议
19. 批阅本部门及与其相关的文件，在权限范围内签发文件
20. 按工作程序做好与相关部门的横向联系，出现问题及时解决或呈报
21. 主持制定本部门的工作程序和规章制度，报批通过后实施
22. 向直接下级授权，并布置工作任务
23. 定期向直接上级述职
24. 制订岗位技能培训计划，协助培训部实施考核
25. 分析市场状况，正确作出市场销售预测报批
26. 拟订年度销售计划，分解目标，报批并督导实施
27. 拟订年度预算，分解、报批并督导实施
28. 根据中期及年度销售计划开拓完善经销网络
29. 根据网络发展规划合理进行人员配备
30. 汇总市场信息，提报产品改善或产品开发建议
31. 洞察预测通路危机，及时提出改善意见报批
32. 把握重点客户，控制 70%以上的产品销售动态
33. 关注所辖人员思想动态，及时沟通解决
34. 根据销售预算进行过程控制，降低销售费用
35. 参与重大销售谈判和签定合同
36. 组织建立健全客户档案，确保销售人员离职后客户不丢失
37. 指导、巡视、监督、检查所属下级的各项工作
38. 向直接下级授权，并布置工作
39. 定期向直接上级述职
40. 定期听取直接下级述职，并对其作出工作评定
41. 负责制定销售部的工作程序和规章制度，报批通过后实行
42. 制定直接下级的岗位描述，并界定直接下级的工作
43. 受理直接下级上报的合理化建议，按照程序处理
44. 填写直接下级过失单和奖励单，根据权限按照程序执行
45. 及时对下级工作中的争议作出裁决
46. 每周定期组织例会，并参加企业有关销售业务会议

47. 及时了解用户需求，做好用户沟通协调，并及时报告上级

48. 对销售产品货款回笼负责，积极催收并上报情况

49. 对业务费开支做到事先预算请示报告，按批准额度开支报销

领导责任：

1. 对本部门工作目标的完成负责
2. 对本部门的经营效益负责
3. 对所属下级的纪律行为、工作秩序、团队精神负责
4. 对本部门给企业所造成的影响负责
5. 对预算内容负责
6. 对本部门预测开支的合理支配负责
7. 对本部门工作流程的正确执行负责
8. 对营销战略方案的执行效果负责
9. 对本部门营销利润和销售成本负责
10. 对本部门负责监督检查的规章制度和执行情况负责
11. 对本部门所掌管的企业秘密的安全负责
12. 对所辖范围内的人员安全负责
13. 对所辖范围内的公司财产安全负责

主要权力：

1. 有对本部门所属员工及各项业务工作的管理权
2. 有向上级报告权
3. 草签销售协议的权力
4. 对重大经营活动有现场指挥权
5. 代表企业和客户谈判的权力
6. 在公司规定范畴内决定价格的权力
7. 有更换经销商、代理商、零售商的决定权
8. 有对直接下级岗位调配的建议权和任用的提名权
9. 对所属下级的工作有监督检查权
10. 对所属下级的工作争议有裁决权
11. 对直接下级有奖惩的建议权

12. 对所属下级的管理水平和业务水平有考核权

13. 对限额范围内资金有支配权

14. 在权限范围内按程序对下级有奖惩的批准权

15. 有代表企业与政府相关部门和有关社会团体联络的权力

16. 有产品开发的提案权

17. 有产品淘汰提案权

18. 规定范畴内的财务审批权

19. 对业务部工作目标的完成负责

20. 对销售网络建设的合理性、健康性负责

21. 对确保货款及时回笼负责

22. 对销售指标制定和分解的合理性负责

23. 对业务部给企业造成的影响负责

24. 对所属下级的纪律行为、工作秩序、整体精神面貌负责

25. 对业务部预算开支的合理支配负责

26. 对业务部工作流程的正确执行负责

27. 对业务部负责监督检查的规章制度的执行情况负责

28. 对业务部掌管的企业秘密的安全负责

29. 对筛选客户有建议权

30. 有退货处理权

31. 一定范围内的销货折让权

业务员

岗位名称： 业务员

直接上级： 业务部经理

本职工作：

1. 积极促销、发展用户、创造利益、达成目标

2. 确保通路的通畅、完成销售目标及回款目标

直接责任：

1. 确认执行公司赋予业务员的使命

2. 了解把握本公司产品所处的营销环境(营销环境、经济气候、经济政策、行业竞争态势等)

3. 了解把握本公司资源，确认资源优势

4. 洞察市场需求走向

5. 赋予产品卖点，保持市场竞争优势

6. 开垢市场，发展用户,扩大销售

7. 洞察通路危机确保产品在渠道中的流畅运行

8. 销售预测呈报上级

9. 权限内发生的问题果断决策

10. 定期向直接上级述职

11. 分析市场状况，正确作出市场销售预测报批

12. 拟订年度销售计划，报批并督导实施

13. 根据中期及年度销售计划开拓完善经销网络

14. 汇总市场信息，提报产品改善或产品开发建议

15. 洞察预测通路危机，及时提出改善意见报批

16. 把握重点客户，控制产品销售动态

17. 参与销售谈判和签订合同

18. 建立健全客户档案，并保持良好的客情关系，做好用户资源保密工作

19. 定期向直接上级述职

20. 积极参加本部门工作例会，并参加企业有关销售业务会议

21. 跟踪销售产品的质量状况，及时汇报和解决用户反馈的质量问题

22. 及时了解用户需求，做好用户沟通协调，并及时报告上级

23. 对销售产品货款回笼负责，积极催收并上报情况

24. 对业务费开支做到事先预算请示报告，按批准额度开支报销

25. 详细了解所辖区域市场，收集市场动态与竞品信息，及时上报上级领导；通过相关的市场调查（通过网络、走访客户、文本资料等），熟悉并掌握所辖区域的资源状况，包括物业、产品消费水平、销售目标及差距、现有的客户数量、各公司在当地的分额及主要竞争对手信息等；掌握区域市场动态，特点和趋势，并将所收集到的有用信息反馈

给相关部门以便作为决策参考资料；根据以上基本状况，确定在当地的市场目标

26. 按计划及要求拜访客户，并填报拜访表；挖掘客户信息，进行有效过滤；与客户沟通，建立客户关系；对有意向客户进行跟踪，以便完成营销任务定额；在合同执行过程中认真跟进，同营管部及设计师进行有效的信息沟通，随时了解合同完成的进度及效果，以求为客户提供优质服务，并跟踪合同完成后的回款

27. 结合公司安排，提出市场销售，时间安排及推广建设计划

28. 结合具体市场，逐步规划销售网络，并逐步提升销售网络质量

29. 执行公司规定的销售政策，并根据市场反馈，提出合理改进意见

30. 不断学习行业知识，不断提高业务素质，以便完成各项任务指标，扩大公司市场影响，增强国内市场竞争能力，提高企业的知名度

31. 每天下午做好第二天的工作计划，以方便第二天工作计划的安排；每个星期要做一份总结报告，总结上一星期的工作情况；每个月底要做一份本月份报告，总结本月的工作情况

32. 处理好与各部门的关系，并及时地向它请教有关产品的最新信息和动态

33. 遵守职业道德，保守商业机密

34. 完成上级领导所交给的其他工作任务

开平厂负责人

岗位名称：开平厂负责人

直接上级：分管副总经理

直接下级：开平厂工作人员

本职工作：安全生产、保证质量、按时交货

直接责任：

1. 固树立安全第一的思想，定期进行全面的安全自查，重要物品妥善保管，注意防火防盗，杜绝一切安全隐患

2. 按操作规程进行操作生产，操作前认真核实开平尺寸及要求，特殊情况必须搞清楚后才能生产

3. 严格按公司出入库管理规定进行出入库管理货物

4.定时检查、维护设备，保证设备良好

5.努力提高开平质量，做到准确无误

6.顾客至上，为用户着想

7.保证货物安全，月底盘库做到账实相符

8.遵守职业道德，保守商业机密

9.服从领导安排，及时完成上级领导所交给的其他工作任务

下篇

小微企业
基本管理制度汇编

小微企业基本管理制度汇编运用说明

严格的管理制度是小微企业稳健高效运行的保证，是经营管理研究者和实践者的共识。作为小微企业来说，着手以现代企业制度为内涵的“二次革新”，是新常态下小微企业的明智之举。

小微企业基本管理制度正是站在管理者的角度，充分考虑了本管理的方方面面，聚焦本管理最为关键的环节，精心编写了小微企业管理中所普遍涉及到的工作标准化、流程化、工具化问题，可在操作、执行层面上提高企业效率。

小微企业基本管理制度是根据各类企业的经营范围和现状及发展趋势，分别从行政管理制度、财务管理制度、人事管理制度、安全管理制度、后勤管理制度五个部分系统、科学、全面地作了编写，注重实用性和可操作性，努力从企业的管理实际出发，从企业管理最普遍、最实用的部分入手，使管理者使用起来既有章可循、得心应手，又有助于提高企业管理水平。由于小微企业涉及各行业，因而本制度可能满足不了全面而系统的需要，因此需要根据各自企业自身状况加以补充和完善。

当然，一个企业随着时代的进步、产品的更新、项目的创新，制度也要创新，并不是一成不变的，因此各类企业需要在实践过程中不断改进和完善已经形成的制度，以期达到高效管理、高效工作的目的。此外，在应用这些管理制度时，切不可以制度完全代替管理而形成一种僵化的格局，或以管理的随意性完全取代管理制度而无法无章；其中，度的把握要由企业管理者们在日常经营管理中琢磨和维系。

第一部分 行政管理制度

一、行政办公管理制度

1. 证照管理制度

第一条 公司证照由总经办指定专人统一管理。

第二条 证照是指由上级主管部门颁发的各类证书、批文等，如营业执照、法人代码证、法定代表人证书、税务登记证、组织机构代码证、资质证等等。

第三条 证照的使用包括借用、复印等。

第四条 证照使用必须填写《证照使用申请单》。

第五条 证照借用程序：

借用人申请→部门负责人复核→主管副总经理审核→总经理核准→办理借用手续→证照借用完毕后，应在规定时限内归还证照保管人。

第六条 证照复印程序：

借用人申请→部门负责人复核→主管副总经理核准→办理借用手续→归还。

第七条 如证照复印件未使用，应立即退还证照保管人。

第八条 如需使用原件，则须总经理核准。

第九条 证照复印件必须加盖“再复印无效章”。

第十条 证照保管人必须做好登记，认真填写《证照使用登记表》。

2. 保密制度

▲总则

第一条 为保守公司秘密，维护公司权益，特制定本制度。

第二条 公司秘密是关系公司权力和利益，包括依照特定程序确定的、在一定时间内只限一定范围的人员知悉的事项。

第三条 公司附属组织和分支机构以及职员都有保守公司秘密的义务。

第四条 公司保密工作，实行既确保秘密又便利工作的方针。

第五条　对保守、保护公司秘密以及改进保密技术、措施等方面成绩显著的部门或职员实行奖励。

▲保密范围和密级确定

第六条　公司秘密包括本制度第二条所规定的下列秘密事项：

(1)公司重大决策中的秘密事项；

(2)公司尚未付诸实施的经营战略、经营方向、经营规划、经营项目及经营决策；

(3)公司内部掌握的合同、协议、意见书及可行性报告、主要会议记录；

(4)公司财务预决算报告及各类财务报表、统计报表；

(5)公司所掌握的尚未进入市场或尚未公开的各类信息；

(6)公司职员人事档案工资性、劳务性收入及资料；

(7)其他经公司确定应当保密的事项；

一般性决定、决议、通告、通知、行政管理资料等内部文件不属于保密范围。

第七条　公司秘密的密级分为“绝密”“机密”“秘密”三级。

绝密是最重要的公司秘密，泄露会使公司的权益和利益遭受特别严重的损害；机密是重要的公司秘密，泄露会使公司权益和利益遭受到严重的损害；秘密是一般的公司秘密，泄露会使公司的权益和利益遭受损害。

第八条　密级的确定：

(1)公司经营发展中，直接影响公司权益和利益的重要决策文件资料为绝密级；

(2)公司的规划、财务报表、统计资料、重要会议记录、公司经营情况为机密级；

(3)公司人事档案、合同、协议、职员工资性收入、尚未进入市场或尚未公开的各类信息为秘密级。

第九条　属于公司秘密的文件、资料，应当依据本制度第七条、第八条的规定标明密级，并确定保密期限。保密期限届满，自行解密。

▲保密措施

第十条　属于公司秘密的文件、资料和其他物品的制作、收发、传递、使用、复制、摘抄、保存和销毁，由总经理办公室或主管副总经理委托专人执行；采用电脑技术存取、处理、传递的公司秘密由电脑负责人保密。

第十一条　对于密级文件、资料和其他物品，必须采取以下保密措施：

(1)非经总经理或主管副总经理批准，不得复制和摘抄；

(2)收发、传递和外出携带，由指定人员担任，并采取必要的安全措施；

(3)在设备完善的保险装置中保存。

第十二条　属于公司秘密的设备或者产品的研制、生产、运输、使用、保存、维修和销毁，由公司指定专门部门负责执行，并采用相应的保密措施。

第十三条　在对外交往与合作中需要提供公司秘密事项的，应当事先经总经理批准。

第十四条　具有属于公司秘密内容的会议和其他活动，主办部门应采取下列保密措施：

(1)选择具备保密条件的会议场所；

(2)根据工作需要，限定参加会议人员的范围，对参加涉及密级事项会议的人员予以指定；

(3)依照保密规定使用会议设备和管理会议文件；

(4)确定会议内容是否传达及传达范围。

第十五条　不准在私人交往和通信中泄露公司秘密，不准在公共场所谈论公司秘密，不准通过其他方式传递公司秘密。

第十六条　公司工作人员发现公司秘密已经泄露或者可能泄露时，应当立即采取补救措施并及时报告总经理办公室；总经理办公室接到报告，应立即作出处理。

▲责任与处罚

第十七条　出现下列情况之一者，给予警告，并扣发工资100元以上500元以下：

(1)泄露公司秘密，尚未造成严重后果或经济损失的；

(2)违反本制度第十条、第十二条、第十三条、第十四条、第十五条所规定的秘密内容的；

(3)已泄露公司秘密但采取补救措施的。

第十八条　出现下列情况之一的，予以辞退并酌情赔偿经济损失：

(1)故意或过失泄露公司秘密，造成严重后果或重大经济损失的；

(2)违反本保密制度规定，为他人窃取、刺探、收买或违章提供公司秘密的；

(3)利用职权强制他人违反保密规定的。

▲附则

第十九条　本制度所规定的泄密是指下列行为之一：

(1)使公司秘密被不应知悉者知悉的；

(2)使公司秘密超出了限定的接触范围，而不能证明未被不应知悉者知悉的。

3. 网络使用管理制度

▲ 宗旨

第一条　公司网络资源只能用于工作。个人由于一般业务学习、新闻、娱乐等而需用网络的，不允许在公司网络中进行。为规范公司网络的管理，确保网络资源能高效安全地用于工作，特制定本制度。

▲ 范围

第二条　本规定所涉及的网络范围包括公司各办公地点的局域网、办公地点之间的广域连接、公司各片区和办事处广域网、移动网络接入、Internet 出口以及网络上所提供的各类服务如 Internet 电子邮件、代理服务、办公平台等。

▲ 主管部门

第三条　行政管理部作为公司网络的规划、设计、建设和管理部门，有权对公司网络运行情况进行监管和控制。知识产权室有权对公司网络上的信息进行检查和备案，任何接收与发出的邮件，都有可能被备份审查。

▲ 管理规定

第四条　任何人均不得在网络上从事与工作无关的事项，违反者将受到处罚；同时也不允许任何与工作无关的信息出现在网络上，否则要追查责任。

第五条　公司网络结构由行政管理部统一规划建设并负责管理维护，任何部门和个人不得私自更改网络结构，办公室如需安装集线器等必须事先与网络管理员取得联系。个人电脑及实验环境设备等所用 IP 地址必须按所在地点网络管理员所指定的方式设置，不可擅自改动，擅自改动者将受到处分。

第六条　严禁任何人以任何手段蓄意破坏公司网络的正常运行，或窃取公司网上的保护信息。

第七条　公司网上服务如 DNS、DHCP 、WINS 等由行政管理部统一规划，任何部门和个人不得在网上擅自设置该类服务。

第八条　为确保广域网的正常运行，禁止通过各种方式，包括利用邮件、FTP 、Win200 共享等在广域网中传送超大文件。

第九条　严禁任何部门和个人在网上私自设立 Bibs 、News 、个人主页、WWW 站点、FTP 站点及各种文件服务器，严禁在公司网络上玩任何形式的网络游戏、浏览图片、欣赏音乐等各种与工作无关的内容；违反者将受到处分。

第十条　任何部门和个人应高度重视保护公司的技术秘密和商业秘密，对于需要上网的各类保密信息必须保证有严密的授权控制。

第十一条　公司禁止任何个人私自订阅电子杂志；因工作需要要订阅电子杂志，经审批后由图书馆集中订阅和管理。

▲ 处罚规定

第十二条　对于蓄意破坏网络正常运行、蓄意窃取网上秘密信息的个人，作辞退处理，并依法追究法律责任。

第十三条　对于在公司网上散布淫秽、破坏社会秩序的或政治性评论内容的个人，作辞退处理，情节严重者将移交司法机关处理。

第十四条　对于私自设立 BBS 、NEWS 、个人主页、WWW 站点、FTP 站点等各种形式网络服务的责任人或玩网络游戏的个人，第一次发现降薪一级，第二次发现将其降职，第三次作辞退处理。

第十五条　对各种工作用文件服务器的申请，需经系统主管审核，由行政管理部批准后方可设立；擅自申请者将处以降薪一级的处罚。

第十六条　对于在网上设立各种形式的网络游戏服务的责任人，处以降薪一级直至辞退的处理。

第十七条　对于由管理不善引起公司秘密泄露的责任人，处以罚款、降薪、降职等处理。

第十八条　对于私自更改网络结构，私自设置 DNS 、WINS 等服务的责任人，处以罚款、降薪等处罚。

第十九条　任何员工发送与工作无关的电子邮件，将处以降薪、降职及至辞退的处理；有意接收与工作无关的邮件，每次罚款 100～500 元。

第二十条　任何员工在上、下班时间，通过公司网络查阅与工作无关的内容，一次降薪一级；因工作需要的，可通过图书馆的网络查阅。

第二十一条　对于其他任何利用网络资源从事与工作无关的行为，将对其处以罚款、降薪等处理。

第二十二条　任何部门未经许可不得在网上挂任何应用系统。

▲ 附则

第二十三条　本制度自×年×月×日起生效。从即日至×年×月×日为整改时间。

4. 证明函管理规定

第一条　证明函的范围，包括介绍信、法定代表人证明书、授权委托书等。

第二条　公司证明函由总经办指定专人统一管理。

第三条　使用证明函必须填写《证明函使用申请单》，经部门经理核准后方可。

第四条　法定代表人证明书、授权委托书须经主管副总经理核准。

第五条　使用证明函必须做好登记，填写《证明函使用登记表》。

第六条　严禁开出空白证明函或外借证明函。

第七条　证明函开出后，使用人应妥善保管；如发生遗失或被盗，应立即向主管领导汇报，并迅速采取相应措施，避免造成损失；如证明函未使用，应立即退还总经办。

第八条　总经办应妥善保管证明函存根。

5. 来宾接待制度

▲ 总则

第一条　为进一步规范接待工作、提高公司的接待管理水平，以更好地反映公司精神面貌，促进各级领导和兄弟单位的支持和合作，达到增进友谊、交流信息、有效改善企业外部环境、树立良好企业形象的目的，特制定本管理办法。

▲ 接待工作的主要任务

第二条　安排上级部门、兄弟单位、友邻部门和基层单位领导来公司人员的吃、住、行。

第三条　安排重要来宾的检查、考察、调研等活动。

第四条　协助办理公司大型会议的会务工作。

第五条　协助开展公共关系工作，协调好公司的外部环境。

▲ 接待工作的基本原则

第六条　坚持为提高企业发展和经济效益服务的原则，强化公关意识，强化接待工作，宣传企业形象，提高公司声誉，并广泛获取信息。

第七条　接待工作要坚持规范化、标准化，符合礼仪要求，按制度和程序办事，克服随意性。

第八条　接待安排应根据来宾的身份和任务，安排不同领导的接待，确定相应人员的陪同；既要热情周到，也要讲究节约，量入而出，量力而行，反对铺张浪费。

第九条　坚持办公室归口管理与对口部门接待相结合的原则。办公室负责接待工作的统一管理，办理重要接待事务；对涉及较强业务性的接待事务，应由有关项目部牵头对口接待、办公室配合。

第十条　接待工作中应自尊自重，本着尊敬来宾的原则，搞好服务，不允许发生有损公司形象的事件。

▲ 接待工作的程序与规定

第十一条　日常接待工作的规范：

（1）接打电话时，要使用文明语言，如“您好”“请问贵姓”“您找哪位”“请稍候”“谢谢”等等之类的礼貌用语。

（2）在打电话前要准备好记录用纸、笔或其他所需要的文件、资料，不能等电话接通后，去找所需要的东西而让对方拿着听筒等候。

（3）当客人来访时，应热情迎接，主动引客人到办公室或接待室交谈，忌让客人长久等候无人过问；如本人有事离开办公室时，应将办公桌上的文件、资料安放好，以免泄密或丢失。

（4）宴请客人时，应根据宴请的性质和规模不同，分为工作餐、聚餐、宴会；根据来宾的身份，确定不同的人作陪。

第十二条　一般性接待工作的程序：

（1）接待前的准备工作

- 对来宾的基本情况做到心中有数。
- 制订和落实接待计划。
- 做好接待前的细节工作。

（2）接待中的服务工作

- 安排专人迎接来宾。
- 妥善安排来宾的生活。
- 商定活动日程。
- 安排公司领导看望来宾。
- 精心组织好活动。
- 安排宴请和浏览。
- 为客人订购返程车船或飞机票。

（3）接待后的工作

- 诚恳地向来宾征求接待工作的意见，并询问有什么需要接待人员办理的事情。

- 把已经订好的返程车（船、飞机）票送到客人手中，并商量离开招待所或宾馆的具体时间。
- 安排送客车辆，如有必要还应安排公司领导为客人送行。

▲ 接待工作的有关要求

第十三条　根据领导意图及客人的需求，掌握接待工作的规律，做到目标明确、思路清晰、计划周密、主次分明、机动灵活，以高度的事业心和责任感，发扬严细作风，扎实做好工作。

第十四条　严格执行规定和标准，坚持请示报告制度，在授权范围以外个人不得擅自作任何决定和承诺。

第十五条　着装整洁大方，举止谈吐文明礼貌，服务热情、周到、耐心，保持良好的精神风貌，从各方面体现公司的良好形象。

第十六条　办公室接待管理人员要不断加强学习和培训，熟悉接待服务管理知识，掌握公共礼仪规范，了解公司的基本情况以及本省的政治、经济、人文、地理、风俗民情和风景名胜的一般知识，并具备必需的应变能力和语言表达能力。

▲ 附则

第十七条　本管理办法经总经理办公会讨论通过，自颁布之日起开始实施。

第十八条　本办法由办公室负责解释。

6. 公司大事记规则

企业大事记是记录企业发展过程中所出现的人物、事件以及精神理念等的史册。

第一条 人物

人物构成了企业的主体，在企业发展过程中，会不断出现各种人才，这些人也许影响着企业的决策，也许为企业的产品作出重大贡献，也许在管理上显示才能，使企业发生飞跃。

记录人物所作出的贡献、说过的话、人物的性格、爱好甚至包括其缺点、所犯过的错误等等。记载这些人物，其中企业的代表人物就从这里产生。

第二条 事物

企业在发展过程中，会发生各种事件，这些事也许是对企业发展有利的，也许是企业的损失，记录下其中的重大事件，将可帮助企业总结经验。

积极的事件，包括各个喜庆的日子、企业的扩大、新产品的诞生、对员工的奖励会等等，将这些事件记录下来，并把有代表意义的事宣布于众，可以鼓舞员工的士气。消极的事件也要记录。首先，要尊重历史事实；其次，记录消极的事件也可帮助后人吸取教训，避免那些不利的事件再次发生。此外，传奇故事也将从这里发生。

第三条 行规

行规是一个行业在运作过程中所产生的该行业的行为规范。行规会逐步形成符合行业特点的管理模式。记录这些行规并总结，有利于形成符合企业的管理模式。

第四条 产品

企业靠产品生存。企业的发展，需要不断提高产品质量，不断迎合市场的需要，而这一过程需要生产技术的改进、管理方式的提高、品牌的出现。

记录每一次技术改造过程、市场的反映、品牌的诞生、经销方式的改变等等，有助于进一步提高产品质量、开发新的产品、创造新的品牌。

第五条 发展史

每一个企业的兴旺，开始都要经过一段艰苦的创业，在这艰苦的创业过程中，会留下很多感人的故事。它是一个企业历史的精华。

7. 四小时复命制

对任何命令不管完成与否，都要在规定时间内复命。如执行人在执行开始后发现有困难或阻力，应努力去克服；如确实有不可克服的困难，执行人无法按时、按标准完成，要立即向下命令者复命，讲明不能完成任务的困难或原因。此处的“立即”，我们规定为不得超过四小时，这就叫“四小时复命制”。 如已完成任务，也要复命。

二、会议管理制度

1. 会议管理制度

▲ 总则

为改进作风，减少会议，缩短会议时间，提高会议质量，特制定本制度。

▲ 会议分类及组织

第一条　公司会议归纳为四类：

（1）公司级会议：主要包括公司领导会、公司员工大会、公司技术人员会以及各种代表大会。应分别报请公司董事会或总经理批准后，由负责人分别组织召开。

（2 ）专业会议：系公司的工程、技术、业务综合会（如施工进程分析会、工程质量分析会、设计准备会、工程技术协调会、安全工作会等），由分管公司领导批准，主管业务部门负责组织。

（3 ）部门工作会：各部门召开的工作会（如部门办工会、业务会、部门员工会等）由各部门领导决定召开并负责组织。

（4 ）班组（小组）会：由各部门小组长或业务主管决定并主持召开。

第二条　上级或外单位在公司召开的会议（如现场会、报告会、办公会等）或公司级业务会（如洽谈会、座谈会等）一律由综合办受理安排，有关业务对口部门协作做好会务工作。

▲ 会议安排

第三条　例会的安排：

为避免会议过多或重复，公司正常性的会议一律纳入例会制，原则上要按例行规定的时间、地点、内容、组织召开。例行会议安排如下：

（1）总经理办公会：研究、部署行政工作，讨论决定公司行政工作重大问题。

（2）公司业务会：总结评价当月施工行政工作情况，安排布置下月工作任务。

（3）业务主管以上干部大会（或员工大会）：总结上季（半年、全年）工作情况、部署本季（半年、新年）工作任务，表彰奖励先进集体、个人。

（4）施工、运营活动分析会：汇报、分析公司计划执行情况和施工、运营成果，评价各方面的工作情况，肯定成绩，揭露矛盾，提出改进措施，不断提高公司效益。

（5）质量分析会：汇报、总结上月施工质量情况，讨论分析施工质量事故（问题）、研究决定质量改进措施。

（6）安全工作会（含治安、消防工作）：汇报总结前季安全生产、治安、消防工作情况，分析处理事故，检查分析事故隐患，研究确定安全防范措施。

（7）设计工作会（含设计准备会）：汇报、总结当月设计进程、科研、技术和日常设计准备工作计划完成情况，布置下月设计工作任务，研究确定解决有关技术问题的措施方案。

（8）工程技术协调会：调度、平衡生产进度，研究解决各部门不能自行解决的重大问题。

（9）部门业务会：检查、总结、布置工作。

（10）部门办公会：检查、总结、布置工作。

（11）班组会：检查、总结、布置工作。

（12）部门班前会：对前一天工作进行讲评，布置当日工作任务和注意事项。

第四条　其他会议的安排。

凡涉及多个部门负责人参加的各种会议，均须于会议召开前经部门或分管领导批准后，分别报综合办汇总，并由综合办统一安排，方可召开。

第五条　综合办应将公司例会和各种临时会议，统一平衡编制会议计划并订印发放到公司领导和各部门及有关服务人员。

第六条　凡综合办已列入会议计划的会议，如需改期，或遇特殊情况需安排新的其他会议时，召集单位应提前报请综合办调整会议计划；未经综合办同意，任何人不得随便打乱正常会议计划。

第七条　对于准备不充分或重复性或无多大作用的会议，综合办有权拒绝安排。

第八条　对于参加人员相同、内容接近、时间相合的几个会议，综合办有权安排合并召开。

第九条　各部门会期必须服从公司统一安排，各部门小会不应安排在公司例会同期召开（与会人员不发生时间上的冲突除外），应坚持小会服从大会、局部服从整体的原则。

▲ 会议的准备

第十条　所有会议主持人和召集单位与会人员都应分别做好有关准备工作。

2. 例会管理规定

▲ 目的

第一条　实现有效管理，促进公司上下的沟通与合作。

第二条　提高公司各部门执行工作目标的效率，追踪各部门工作进度。

第三条　集思广益，提出改进性及开展性的工作方案。

第四条　协调各部门的工作方法、工作进度、人员及设备的调配。

▲ 会议分类

第五条　总经理办公会。

（1）会议组织：行政办公室。

（2）会议主持人：公司总经理；总经理若因公出差无法主持时，则由副总经理或指定公司高级干部代行职权。

（3）会议参加人：副总经理、总经理助理、各部门经理。

（4）列席人员：视实际需要，可让其他有关人员出席。

（5）会议内容：

• 听取各部门主管对所属工作的汇报；对完成有困难的工作集体，协商并寻找解决办法。

• 对工作中出现的问题及时跟踪改进，对工作中的失误找出原因并及时改正、总结。

• 探讨公司经营活动的最佳方案，并对各阶段经营业绩及时总结，以达到整体经营目标的实现。

• 对上期工作进行总结，并部署下期工作任务。

（6）会议记录人：行政部秘书。

（7）会议时间：时间为每月末 5 日内。

第六条 管理例会。

（1）会议主持人：各部门经理轮流主持。

（2）会议参加人：各部门经理。

（3）列席人员：视实际需要所邀请的其他人员。

（4）会议内容：

• 协调各部门工作进度，使各项经营活动按照预期目标有序进行。

• 对涉及部门较多、对公司整体有较大影响的问题集体探讨，集思广益，寻求解决问题的方法；不能达成共识时，上报总经理办公会请总经理裁决。

• 追踪并改进日常管理工作。

（5）会议记录人：行政部秘书。

（6）会议时间：时间为每周的周五下午或周一上午。

第七条 公司全体会。

（1）会议主持人：公司总经理或者总经理指定人员。

（2）会议参加人：公司全体人员。

（3）列席人员：视实际需要所邀请的公司外部人员。

（4）会议内容：

• 公司营运状况，日常工作进度以及将要采取的重大决策向全体员工宣布，促使上下信息的沟通。

• 公布有关员工奖励或惩处措施，以求公开、公正、合理。

（5）会议记录人：行政部秘书。

（6）会议时间：时间为每月初 5 日内。

第八条 部门工作会。

（1）会议主持人：部门经理或部门经理指定人员。

（2）会议参加人：部门所有人员。

（3）列席人员：视实际需要所邀请的其他部门人员。

（4）会议内容：

- 协调部门内部工作开展，对工作中的问题及时地发现、解决。
- 所属工作有进展难度时，提出帮助请求，由集体讨论解决。
- 明确部门工作在公司整体经营活动中的进展状况，及时总结工作的经验教训并制订下期工作计划。

（5）会议记录：部门文职人员。

（6）会议时间：时间由部长自行安排。每周至少 2 次。

▲ 会议记录

第九条　总经理办公会会议记录应在一天内整理完毕，送交会议主持人核阅；核阅后应复印分发各出席人一份，传阅各出席人，并要求阅者签字为据。该份记录最后传回会议主持人，作为下一次会议的重要资料。

第十条　管理例会会议记录整理完毕后，分发至各出席人，每人一份。

第十一条　公司全体会会议记录由行政部秘书整理完毕，先请总经理签字确认，然后分发至各部门，以备查询。

第十二条　部门工作会议各与会人员均应记录会议要点，与本身工作相关内容应详记，以便对日后工作有指导意义。

3. 会议礼仪管理制度

会议礼仪，是召开会议前、会议中、会议后及参会人应注意的事项，懂得会议礼仪对会议精神的执行有较大的促进作用。

第一条 会议座次排定。

一是环绕式。就是不设立主席台，把座椅、沙发、茶几摆放在会场的四周，不明确座次的具体尊卑，而听任与会者在入场后自由就座。这一安排座次的方式，与茶话会的主题最相符，也最流行。

二是散座式。散座式排位，常见于在室外举行的茶话会，它的座椅、沙发、茶几四处自由地组合，甚至可由与会者根据个人要求而随意安置。这样就容易创造出一种宽松、惬意的社交环境。

三是圆桌式。圆桌式排位，指的是在会场上摆放圆桌，请与会者在周围自由就坐。圆桌式排位一般分下面两种形式：一是适合人数较少的，仅在会场中央安放一张大型的椭圆形会议桌，而请全体与会者在周围就坐；二是在会场上安放数张圆桌，请与会者自由组合。

四是主席式。这种排位是指在会场上，主持人、主人和主宾被有意识地安排在一起就坐。

第二条　会议发言人的礼仪。

会议发言有正式发言和自由发言两种，前者一般是领导报告，后者一般是讨论发言。正式发言者，应衣冠整齐，走上主席台应步态自然，刚劲有力，体现一种成竹在胸、自信自强的风度与气质；发言时应口齿清晰，讲究逻辑，简明扼要；如果是书面发言，要时常抬头扫视一下会场，不能低头读稿，旁若无人；发言完毕，应对听众的倾听表示谢意。自由发言则比较随意，应该要注意，发言应讲究顺序和秩序，不能争抢发言；发言应简短，观点应明确；与他人有分歧，应以理服人，态度平和，听从主持人的指挥，不能只顾自己；对于会议参加者的提问，应礼貌作答，对不能回答的问题则应机智而礼貌地说明理由；对提问者的批评和意见应认真听取，即使对其错误的批评也不应失态。

第三条　会议参加者的礼仪。

会议参加者应衣着整洁，仪表大方，准时入场，进出有序，依会议安排落座；开会时应认真听讲，不要私下小声说话或交头接耳；发言人发言结束时，应予鼓掌致意；中途退场应轻手轻脚，不影响他人。

第四条　主持人的礼仪。

各种会议的主持人，一般由具有一定职位的人来担任，其礼仪表现对会议能否圆满成功有着重要的影响。

（1）主持人应衣着整洁，大方庄重，精神饱满，切忌不修边幅、邋里邋遢

（2）走上主席台应步伐稳健有力；行走的速度因会议的性质而定，欢快、热烈的会议步频应较慢。

（3）入席后，如果是站立主持，应双腿并拢，腰背挺直。持稿时，右手持稿的底中部，左手五指并拢自然下垂；双手持稿时，应与胸齐高。坐姿主持时，应身体挺直，双臂前伸，两手轻按于桌沿。主持过程中，切忌出现搔头、揉眼等不雅动作。

（4）主持人言谈应口齿清楚，思维敏捷，简明扼要。

（5）主持人应根据会议性质调节会议气氛，或庄重，或幽默，或沉稳，或活泼。

（6）主持人对会场上的熟人不能打招呼，更不能寒暄闲谈，只可在会议开始前点头、微笑致意。

4. 会议操作流程及服务规范

▲ 会议操作流程

第一条　了解现有会议室情况，包括会议室名称、所在位置、摆放形式、容纳人数等。

第二条　了解会议室的名称、会议名称、使用时间、摆放形式、到会人数及其他特殊要求（重要客人，是否配水果、烟缸等）。

第三条　填写会议使用通知单，并做好记录。

第四条　传达信息，向各岗位传达信息，并通知其做好准备工作。

第五条　会议室布置。

（1）将会议室卫生打扫干净，并检查设施设备情况。

（2）对会议室进行桌椅摆放、鲜花、花草植物、话筒、音响、横幅、投影等布置，并随时与会议负责人联系，征求对方的意见及临时要求。

（3）会议桌上的物品摆放。

第六条　检查。

（1）部门负责人对会议室进行全面检查。

（2）请会议负责人检查，指出不符合要求处及时进行调整。

（3）会议服务员应提前一小时到达会场，整理好自己的仪表仪容。

（4）做好各项检查工作，包括会议室的卫生、设施设备状况、用具用品、花草、植物、茶杯、茶叶、香巾、开水、备用矿泉水、卫生间卫生等。

（5）部门管理人员在会议开始前半小时再次对会议室进行检查，确保万无一失。

▲ 会议服务规范

第七条　引客时为主要客人提供拉椅服务。

第八条　客人入座后，为客人上茶，按照先宾后主、先上级后下级的顺序上茶；必须使用托盘，并从客人右边上茶，先放杯垫，再放茶杯，杯把朝向客人的右边，上茶时要说“请”。

第九条　待会议开始后从主宾处按顺时针上香巾，要求香巾冬热夏凉，香巾篮摆在客人的右手侧。

第十条 会议要求每隔10～15分钟续水一次；续水时应左手拿开水瓶，从客人右侧，微侧身用右手小指和无名指夹起杯盖，用拇指、食指、中指握住杯把，在客人身后加水，再轻轻地将茶杯放在桌上，盖上杯盖，杯把朝向客人的右边，注意续水时不要倒得太满（八分为宜）；如是矿泉水，要随时注意客人的饮用情况，及时更换。

第十一条 续水时应慢，以免开水溅到客人身上。

第十二条 会议进行过程中，细心观察会议室的动静，如发现客人有事招呼，要随时应承。

第十三条 会议结束，清理会场。

（1）会议结束后，对会场进行检查：有无遗留物品；检查设施设备有无关闭。

（2）收拾、整理会场。

5. 会议纪律管理制度

第一条 会议实行签到制度。凡不能参加会议或不能准时参加会议者，要向主管领导请假；不请假又不按时到场者，将记工作差错一次，并责令在电子政务“我的检查栏”写出检讨。

第二条 与会人员提前10分钟入场，不得无故迟到、早退，不得中途退会。

第三条 会议期间关闭通信工具或将通信工具设置振动模式。

第四条 不准在会场或有上级领导出席的任何会议和正规场合接打手机。

第五条 会议期间不准大声喧哗、交头接耳或打磕睡。

第六条 会议内不得随地吐痰，不得乱扔废弃物。

第七条 与会人员不准做与会议无关的杂事，不得在会场上随意走动。

第八条 不准泄露会议机密，要妥善保管会议材料，不得向无关人员泄露会议内容。

第九条 会议内容要“精”“短”“实”。

6. 会议室管理制度

第一条 会议室是公司举行会议、接待来客的场所，为了加强会议室的管理，保证各类会议的顺利召开及规范有序地使用，提高会议室的利用率，特制定本规定。

第二条 会议室由行政部负责管理。

第三条　会议室只限本公司相关职能部门使用；外单位借用会议室须经行政部经理批准，并到办公室办理借用手续。各部门无权将会议室借给外单位使用。

第四条　公司各部门使用会议室须经办公室同意后，办理相关手续，领取会议室钥匙。

第五条　使用会议室的部门，必须爱护会议室的设施，保持会议室清洁；用后应及时清洗水杯和烟灰缸，打扫卫生，检查安全，锁好门、关好窗，将钥匙交还办公室。

第六条　任何部门和个人未经办公室同意不得将会议室的各种设施拿出会议室或转作他用。

第七条　会议室内的卫生每周至少要清洁一次；遇有会议时，要一次一清洁。

第八条　每次会议之前，管理人员应进行电源检查，配备饮用水、水果（必要时）等工作。

第九条　会议室管理人员要严格室内物品的管理和维护（含花木等），做到会散、人走、电源关、门上锁。

第十条　与会人员要爱护会议室内的公共设施，损坏赔偿，不许将室内物品移作他用。

第十一条　本规定由行政部制定，经审批后自颁布之日起执行。

7．会议室使用管理办法

第一条　会议室是召开会议、研讨工作的地方，未经允许，不得挪作他用。

第二条　严禁在会议室打牌、嬉戏打闹、聚会等。

第三条　各部门需占用会议室者，需提前向办公室申请登记。

第四条　临时召开会议需占用会议室时，要及时向办公室提出申请并登记，以免发生冲突。

第五条　所有使用部门或个人，要按照会议室使用办法，保护室内公物，保持室内整洁。

第六条　室内物品未经办公室批准，不得私自转借他人或挪作他用；若要借用会议室内的物品，需填写物品借用申请表，并要及时归还原处。

第七条　使用部门或个人，要维持室内清洁，使用完毕后及时清理打扫，桌椅有移动者及时放回原位，以方便其他部门或个人使用。

第八条　所有向办公室申请登记使用会议室的个人或单位，均需注明原因、使用时间、负责人姓名、归还时间，并向办公室领取钥匙。

第八条　所有使用部门或个人切记按时归还，以防耽误他人使用。

三、文书档案管理

1. 文书管理办法

▲ 目的

第一条 为使公司的公文处理建立科学、合理、规范的程序，使公文处理准确、及时，提高公文处理的工作效率和公文的质量，特制定本办法。

▲ 组织管理

第二条 公司各部门与外界来往文书的收发由行政管理部门统一办理。各分公司（工厂）所在地的总收发由其所属部门办理，行政部门负责文书的收受及发送。

第三条 管理部门应指定人员负责来往文书的核稿及收发、拆封、登记、分发、稽催、校对、监印、档案管理等事宜。

▲ 公文的种类

第四条 公司的通用公文种类有：

（1）请示。向上级部门请求请示、批准的事项。

（2）报告。向上级部门汇报工作、反映情况、提出建议、答复下级的请示事项。

（3）决定。对公司重要事项或重大活动作出安排。

（4）决议。经过会议讨论或议定，要求贯彻执行的事项。

（5）批复。上级答复下级的请示事项。

（6）通告。在公司范围内公布应当遵守或周知的事项。

（7）通知。传达、批转上级、同级、不相属部门的公文；传达要求下级部门协助或需要通知或共同执行的事项；发布规章、任免聘用事项。

（8）通报。表彰先进，批评错误，传达重要情况。

（9）函。对同级或不相属单位间相互介绍、商洽、询问、催办、答复某些问题，请有关部门批准。

（10）会议纪要。记载和表达会议重要精神及议定事项，要求与会单位共同遵守执行。

第五条 公司的专用公文，有备忘录、意向书、协议书、合同书、契约、各种报告、广告书、说明书、请柬、贺词、新闻稿、启事等。

第六条 文书的类别：

（1）绝密。指极为重要并且不得向无关人员泄漏内容的文书。

（2）秘密。指次重要并且所涉及内容不能向无关人员透露的文书。

（3）机密。指不宜向公司以外人员透露内容的文书。

（4）普通。指非机密文书。如果附有其他调查问卷之类的重要内容，则另当别论。

（5）传阅。指在本公司内部传阅或传达的文书。

▲文书制作要领

第七条　公文内容

（1 ）发文号：由公司的代字、发文年度、发文顺序号组成，位于文头与界栏线上。收文机关：向上级的请示、报告，一般只写一个主送单位；需同时报送另一个上级部门的，用“抄报”；对同级或下级则用“抄送”。

（2）标题：对公文主要内容的概括和反映，是公文的眉目。

（3）正文：公文的主体部分。

（4）发文机关：制发文的单位，位于正文的右下侧，应写全称或通用简称。

（5）公文日期：包括年、月、日，写在公文末尾，一般以印制日期为准，重要公文以签发日期为准。

（6）公文印章：加印在发文日期中间。

（7）密级：保密文件注明密级。

（8）附件：附件位于正文之后、印章之前，注明附件的序号、标题。

第八条　用纸格式：

（1）国内公文用纸用 16 开型（26cm×18.4cm ），涉外公文用 A4 型（29.7cm×21.0cm ）。

（2）图文区：国内用 16 开型（23.3cm×14.9cm ），国际标准用 A4 型（27cm×17.5scm ）。

第九条　印装格式：

（1）公文均采用横书横排。

（2）单面印刷可在上端装订，双面印刷在左面装订。

（3）装订可用线装、钉装、胶粘办法。

第十条　版面格式：首页采用文头。

第十一条　公文行文原则。

（1）上行文原则：

• 逐级行文，即下一级行文给直接上级。

- 多级同时行文，即下级向上级和更高上级同时行文。
- 越级行文，遇特殊、紧急情况，或对直接上级的检举、控告。

（2）下行文原则：

- 逐级行文。
- 多级同时行文。
- 直贯到底行文。

（3）平行文原则：相互没有隶属关系的部门之间可以行文。

第十二条　文书的署名。

（1）公司内文书，如果是一般往来文书，只需主管署名；如果是单纯的上报文书或者不涉及各部门且内容不重要的文书，只需部门署名；如果是重要文书，按责任范围由总裁、副总裁、常务董事署名，或者署有关部门的主管姓名与职务。

（2）对外文书，如合同书、责任状、政府许可申请书、回执、公告等重要文书，一律署总裁职务与姓名，如果是总裁委托事项可由指名责任者署名；上列规定以外的文书，也可署分公司或分支机构主管的职务与姓名。

第十三条　文书的盖章。

（1）在正本上必须加盖文书署名者的印章，副本可以加盖署名者或所在部门印章。

（2）如果文书署名者不在，可加盖职务或代理者印章，并加盖具体执行者印章代替。但在这种情况下，文书存档前必须加盖署名者印章。

（3）以部门或公司名义起草的文书，须在旁侧加盖有关责任者的印章。

第十四条　文书制作注意事项。

（1）文书必须简明扼要，一事一议，语言措辞力求准确规范。

（2）起草文书的理由包括起因以及中间交涉过程，并加以证明，附上相关资料与文件。

（3）必须明确起草文书的责任者，并署上请示审批提案者姓名。

（4）对请示提案文书进行修改时，修改者必须认真审阅原件，修改者须署名。

（5）可行可不行的坚决不行文，以减少行文数量，提高行文权威性和质量。

（6）减少联合行文，避免联合签审过程中延误时间和扯皮。

（7）行文分清主次，提高行文针对性，减轻行文对象单位负担。

（8）不轻易越级行文。

▲ 文书制作流程

第十五条　对外行文操作流程。

（1）拟稿：

- 由具体承办人员起草，并由部门负责人审核。

  对外发文一般以公司名义发文；在各分、子公司有必要发文时，在公司后加下属企业全称。

- 发文稿必须符合公文种类、格式使用规范。

（2）核稿：

- 拟稿完毕后填写发文拟稿单，一并送各级领导审核。
- 审核有问题时与有关当事人沟通，统一意见后进行修改。

（3）签发：有关领导审核签发，明确签署意见、姓名、日期。

（4）编号：由行政部统一编排发文字号。

（5）缮印、校对：

- 急件应先行处理。
- 保密件应由专人打印。
- 打印后的校样、废纸等应妥善处理。
- 校对专人处理，以原稿为准，重要文件多人校对。
- 打印、校对责任人签名。

（6）在校对完毕无误、规范的文件上统一盖印。

（7）填写登记簿。

（8）封发：

- 发文工作由行政部门负责。
- 查验无误后信件封口，填写准确，注明急件、密级。

第十六条　对内行文处理程序。

（1）对内行文一般按对外行文处理程序参照执行。

（2）特殊情况下各级部门、下属企业对公司行文可不必经缮印程序。

（3）对内行文由各部门、下属企业负责人、公司领导签发。

▲ 文书的发送

一些需要邮寄或专人递交的文书，按下列要点进行发送，必要时还需给文秘室回复或回执；调查报告不受本条规定限制。

第十七条　文书封面必须明确写清发送或接收单位、单位地址以及收件人姓名，并且注明快递、邮寄、面呈或转交等字样。

第十八条 公司内部文书原则上不封缄。

第十九条 各部门的邮寄文书，必须于发送前在“发信登记本”与“邮资明细账”上做好登记并填写。

▲ 文书的处理

第二十条 普通文书的处理原则。

（1）由部门经理以上级别的主管，负责对文书进行审阅、回答、批办以及其他必要处理，或者由其指定下属对文书进行具体处理。

（2）如果遇到重要或异常事项，必须及时与上级主管取得联系，按上级指示办理。

（3）各种有关联的事项，必须与各部门商议后方能予以处置。

第二十一条 机密文书的处理原则。

（1）机密文书原则上由责任者或当事人自行处理。

（2）指名或亲启文书，原则上应在封面上注明文书所涉及事项的要点和发文者姓名，并由发文者封缄。

（3）到达的指名或亲启文书，原则由信封上所指名的人开启，其他人不得擅自启封；如果某主管在职务上有权替代来件所指名者，不受本条规定的约束。

▲ 文书的阅览原则

第二十二条 某文书被阅览后，阅览者必须签字，表示已经阅览完毕；如有必要，可在文书的空白处填写阅览后的意见，并转给或交还文书的主管。

第二十三条 有必要在各部门传阅的文书，必须附“传阅登记簿”，按“传阅登记簿”规定栏目填写，并最终交还文书主管。

▲ 收文操作流程

第二十四条 签收。

一切外来信件、电报、传真，统一由行政部门签收，填写登记在收件登记簿上；写明公司或行政部门收启的，统一由行政部拆封处理。

第二十五条 写明各部门或个人收启的分送各处；如系公文，应主动送行政部登记处理。

第二十六条 分发。

（1）行政部根据公文性质、要求，填写公文阅办单。

（2）分发去向。

- 重要来文，由行政部长提出初步意见（拟办），再由公司领导批示（批办）。
- 一般文件，直转有关职能部门处理（承办）。具体承办时务求实效，分清主办、协办、复文与不复文。
- 参阅性文件，直接组织传阅。
- 范围不明的文件，送领导审阅。

第二十七条　催办。

分对内催办与对外催办，包括发函、派专人打电话等方式，要使用工作催办单，对来文做到事事有交待、件件有着落，防止漏办、延误。

第二十八条　结办文件传阅完毕，已答复发文单位，有处理意见的文件，均视为结办。

▲ 文书的整理与保存

第二十九条　全部完结的文书，在结办后 3 天内，交行政主管归存，按“完整、有序”原则对文件整理、检查，按类别、年代立卷，分别按所属部门、文件机密程度、整理编号和保存年限进行整理与编辑，并在“文书保存簿”上做好登记，归档保存。

第三十条　公司个人不得保存公司公文，凡参加会议带回的文件，应及时交行政部登记保管；调离公司的员工应将文件和记录本清理移交。

第三十一条　分公司或分支机构的文书分为两类：一类是特别重要的文书，直接归主管保存；另一类是一般的文书，留存于各部门保管。

▲ 文书的保存年限

第三十二条　永久保存文书包括：章程、股东大会及董事会议事记录、重要的制度性规定；重要的契约书、协议书、登记注册文书；股票关系文书、重要的诉讼关系文书；重要的政府许可证件；有关公司历史的文书；决算书和其他重要的文书。

第三十三条　保存 10 年文书包括：请求审批提案文书；人事任命文书；奖金工资与津贴有关文书；财务会计账簿、传票与会计分析报表以及永久保存以外的重要文书。

第三十四条　保存 5 年文书指不需要保存 10 年的次重要文书。

第三十五条　保存 1 年文书，指无关紧要或者临时性文书；如果是调查报告，则由所在部门主管负责确定保存年限。

▲ 注意事项

第三十六条　重要的机密文书，一律存放在保险柜或带锁的文件柜中。

第三十七条　保存期满及没必要继续保存的文书，经主管决定，填写销毁的理由和日期之后销毁。机要文书一律以焚烧的方式销毁。任何个人不准擅自销毁文件，或以废纸出售。不需立卷的文件材料逐件登记报公司领导批准销毁。

第三十八条 销毁秘密级以上文件要进行登记，有专人监督，保证不丢失、不遗漏。

第三十九条 如果职务或部门划分发生变更或者作出调整，则必须在有关登记簿上注明变更与调整的理由，以及变更与调整后的结果。

第四十条 必须做好重要文书的借阅登记工作，并注明归还日期。一切借阅都必须出具借阅证。

▲ 附则

第四十一条 本办法适用于公司本部及下属企业的公文管理。

第四十二条 本办法由行政部解释、补充，由公司总经理批准颁行。

2. 收发文管理办法

第一条 总则。

为提高公司行政事务管理效率，规范收发工作行为，特制定本办法。

第二条 收发管理体制。

本公司所有外来文书，均由行政部文秘室统一接收负责。公司指定专职或兼职人员负责收发工作。

第三条 文秘室按下列规定处理所收到的文书。

（1）把公司文书与私人文书区分开来。

（2）文秘室直接开启公司文书，并在文书的空白处加盖收发印章，注明收发日期。

（3）对于送达各部门且不开启也能估计事项并不重要的文书，以及绝密文书、亲启文书，在封面上加盖文秘室收发印章，注明收发日期。

（4）内容简单、非机密文件不一定密封发出，可直接传阅或发送。

第四条 对于定期制发文件或使用频率较高的文件，为简化手续，可事先规定好行文格式和文例，并以此为准事先作好印刷准备。

第五条 除有特别规定外，发文通常应按如下规定注明发文部门：

（1）办公室文件注明办公室主任姓名。

（2）机关内部文件注明承办部门负责人姓名。

（3）对外发文注明收文部门名称。

（4）会议文件按规定署名，原则上理事会或常务理事会注明理事长，各种委员会注明委员长姓名。

第六条　发文时对收件人的书写要求。

（1）对担任领导职务的理事等应注明其姓名及职务。

（2）对全体成员可书写“各位委员”。

（3）对某一特定委员可注明该委员姓名及所在部门名称。

第七条　对某些有特殊处理要求的文件应按如下规定予以注明：

（1）对有密级的文件应据其密级分别注明“秘密”“机密”“绝密”字样。

（2）需紧急处理的文件应注明急件。

（3）参考资料应注明参考。

（4）传阅文件应注明传阅。

（5）挂号信函、快递、特快专递等应在发送时分别处理。

第八条　文件一般应保存副本两套备查，必要时可根据需要处理。

第九条　凡符合下列规定的文书，都必须做好登记。

（1）在一般文书或送交部门的普通文书中，如果判定或者未开启也能判断是重要文书或者夹有重要物品的文书。

（2）专人传递送达的文书。

（3）标有“绝密”类或“亲启”字样的文书。

第十条　文秘室必须优先处理电报、特快专递类文书，不得拖延。

第十一条　凡下班后或规定工作时间以外到达的文书，一律由值班人员接收，于此后第一个工作日早晨移交文秘室。

第十二条　文书的分发按下列规定进行：

（1）写给各部门的文书，经登记后直接分发给各部门。

（2）重要文书、专递文书或者夹有重要物品的文书，直接送交文书接收入；在接收入不在的情况下，嘱托部门主管转交，领取文书者必须在登记簿上签名盖章。

（3）文书中一切夹带或附带的物品，必须原样送到当事人手中。

（4）私人信件直接分送本人（在特殊情况下也可由代理者领取）；在必要情况下，让领取者在登记簿上签名盖章。

第十三条　各部门接到文书时，在必要情况下，应给文秘室一个回复，表示那些需要回复的文书已经收到。

第十四条 分送给各部门的文件，如果出现差错，直接退回文秘室处理。

第十五条 文书的寄发。

（1）文书的邮寄、送发统一由行政部文秘室负责。

（2）寄发公司外的一般文书各部门及有关人员封缄之后直接送交文秘室统一寄发。

（3）文秘室汇集所有待发文书，做好文书发送登记；待发文书必须在一定时间内发送出去；特快专递以及电报等文书必须即时发出。

（4）凡机密或亲启文书，文秘室必须加盖“绝密”“密”“亲启”等印章后发送，并给发文部门或发文者必要的回复。

（5）其他重要文书或快递文书，必须加盖“专递”“面呈”“快递”等字样印章，并给发文部门或发文者必要的回复。

（6）邮费由文秘室统一开支。

（7）文秘室按月决算全部邮费开支。

第十六条 附则。

本办法由行政部解释、补充，由公司颁发生效。

3. 文书打字、复印管理办法

第一条 总则。

为加强公司行政事物统一、有序化管理，特制定本办法。

第二条 适用范围。

（1）本办法适用于需公司统一打字、复印的工作。

（2）凡各部门专用电脑打字工作，则不列人本办法管理，可参照执行。

第三条 任务的承办。

（1）公司打字工作由办公室负责管理；申请人填写打字复印登记簿经各级有关领导审批后，由行政部根据轻重缓急统一安排；打字员不准私自接受打印任务。

（2）公司复印工作由办公室负责管理；申请人填写打字复印登记簿经各级有关领导审批后，由行政主管或自行领用复印纸复印。

（3）公司公文打印任务按公文处理办法程序办理。

（4）打印件打印完后应将原稿、发文拟稿单、打印件一并交行政部。

第四条 打字复印费用核算。

（1）打印员应将打印材料信息按部门、人员分别造册登记、统计打字、复印工作量、数量。

（2）公司依据制定的费用开支标准表，定期核算各部门费用，并纳入成本效益考核范围。

（3）私人材料原则上不在公司打印、复印；经特批允许后，其费用从其本人工资中扣除。

第五条　技术规范：

（1）打字员打字错误一般不超过5%，打字速度为100字/分钟。

（2）复印用纸损耗率不超过2%。

（3）电脑、复印机完好率超过95%。

（4）工作室保持整洁，不准吸烟，不乱堆杂物。

（5）其他无关人员一律不准私自上机操作；因工作需要，经行政部经理安排后方可上机。

第六条　保密要求：

（1）打字员要对保密材料保密，对其废品当场销毁。

（2）公司保密材料复印须经有关领导签字批准：绝密文件经总经理审批，机密级须经副总经理签字。

第七条　附则。

本办法由行政部解释、补充，由公司颁布生效。

4. 档案管理制度

▲ 管理部门

第一条　管理部门。

（1）文书结案后，原稿由各文书管理部门归档，经办部门视实际需要留存影印本；如为特殊案件因业务处理需要、原稿须由经办部门保管者，应经文书管理部门主管同意后妥为保存，文书管理部门以影印本归档，原稿用毕后仍应送文书管理部门归档并换回影印本。

（2）公司档卷分类目录及编号原则，由办公室统一制定管理。

▲ 整理与分类

第二条　文件点收。

文件结案移送归档时，依如下原则点收：

（1）检查文件的文本及附件是否完整；如有短少，应立即追查归入。

（2）文件如经抽存者，应有管理部门主管的签认。

（3）文件的处理手续是否完备；如有遗漏，应立即退回经办部门补办。

(4) 与本案无关的文件或不应随案归档的文件，应立即退回经办部门。

(5) 有价证券或其他贵重物品，应退回经办部门；经办部门应送指定保管部门签收后，文件送归档。

第三条 文件整理。

文件整理点收文件后，应依下列方式整理：

(1) 中文直写文件以右方装订为原则，中文横写或外文文件则以左方装订为原则。

(2) 右方装订文件及其附件均应对准右上角，左方装订则对准左上角理齐钉牢。

(3) 文件如有皱折、破损、参差不齐等情形，应先整补，裁切折叠，使其整齐划一。

第四条 档案分类。

(1) 档案分类应视案件内容、部门组织、业务项目等因素，按部门、大类、小类三级分类:先以部门界别区分；部门界别之后依案件性质分为若干大类；再在同类中依序分为若干小类。

(2) 档案分类应力求实用；倘因案件较多，前款三级不敷应用时，得于第三级之后另增第四级细类；如案件不多，亦可仅使用部门及大类或小类二级。

(3) 同一小类（或细类）之案件以装订于一档夹为原则；如案件较多，一个档夹不敷使用时，得分为两个以上的档夹装订，并于小类（或细类）之后增设卷次编号，以便查考。

(4) 每一档夹封面内页应设目次表，案件归档时依序编号、登录，并以每一案一个目次编号为原则。

(5)档号之表示方式如下 A1A2 一 B1B2 一 C1C2 一 D1 一 E1E2 ，其中 A1AZ2 为经办部门代号，B1B2 为大类号，C1C2 为小类号，D1 为档卷卷次，E1E2 为档案目次。

第五条 档案名称及编号。

(1) 档案各级分类应赋予一名称；其名称应简明扼要，以能充分表示档案内容性质为原则，且有一定范畴，不宜笼统含混。

(2) 各级分类、卷次及目次的编号，均以十进位阿拉伯数字表示；其位数使用视案件多寡及增长情形而斟酌决定。

(3) 档案分类各级名称经确定后，应编制“档案分类编号表”，即将所有分类各级名称及其代表数字编号，用一定顺序依次排列，以便查阅。

(4) 档案分类各级编号内应预留若干空档，以备将来组织扩大或业务增繁时，随时增补之用。

(5) 档案分类各级名称及其代表数字一经确定，不宜任意修改；如确有修改必要，应事先审慎研议，并拟具新旧档案分类编号对照表，以免混淆。

第六条　档号编定。

（1）案件如系新案，应就档案分类编号表，查明该案件所属类别及其卷次、目次顺序编列档号。

（2）案件如可归属前案，应查明前案之档号予以同号编列。

（3）档号以一案一号为原则；遇有一案件叙述数事或一案归入多类者，应先确定其主要类别，编列档号。

（4）档号应自左而右编列；右方装订的案件，应将档号填写于案件首页的左上角；左方装订者则填写于右上角。

▲ 归档与档案清理

第七条　保存期限。

（1）归档文件，应依目次号顺序以活页方式装订于相关类别的档夹内，并视实际需要使用“见出纸”注明目次号码，以便翻阅。

（2）档夹的背脊应标明档夹内所含案件的分类编号及名称，以便查档。

第八条　保存期限。

文件保存期限除政府有关法令或本企业其他规章特定者外，依下列规定办理：

（1）永久保存：

- 公司章程；
- 股东名簿；
- 组织规程及办事细则；
- 董事会及股东会记录；
- 财务报表；
- 政府机关核准文件；
- 不动产所有权状及其他债权凭证；
- 工程设计图；
- 其他经核定须永久保存的文书。

（2）10年保存：

- 预算、决算书类；
- 会计凭证；
- 事业计划资料；
- 其他经核定须保存10年的文书。

（3） 5 年保存：

- 期满或解除之合约；
- 其他经核定保存 5 年的文书。

（4）1 年保存：结案后无长期保存必要者。

（5）规章由规章管理部门永久保存，使用部门视其有效期间予以保存。

第九条　档卷清理。

（1）管档人员应随时拂拭档案架，维护档案清洁，以防虫蛀腐朽。每年年度更换时，依规定清理一次；已届保存期限者，得予以销毁；销毁前应造册呈总经理核准，必要时向主管官署报备，并于目次表之附注栏内注明销毁日期。

（2）保管期限届满的文件中，部分经核定仍有保存参考价值者，管档人员应将“收（发）文登记单”第五联附注在其保留文件上，并在第五联上注明部分销毁之日期。

▲ 调卷

第十条　档案借阅程序。

（1）各部门经办人员因业务需要需调阅档案时，应填具“调卷单”，经其部门主管核准后持向管档人员调阅。

（2 管档人员接到“调卷单”经核查后，取出该项档案，并于“调卷单”上填注借出日期，将档案交与调卷人员；“调卷单”则依预定归还日期之先后整理，以备稽催。

（3）于档案室当场借阅者，可免填“调卷单”。

（4）档案归还时，经管档人员核查无讹并于“调卷单”填注归还日期及签章确认后，档案即行归入档夹。“调卷单”由管档人员留存备查。

第十一条　调卷管理。

（1）　“调卷单”以一单一案为原则，借阅时间最长以一周为限；如有特殊情形欲延长调阅期限时，应按调阅程序重新办理。

（2）调卷人员对于所调案件，不得抽换增损；如有拆开必要时，亦须报明原因，请管档人员负责处理。

（3）调卷人员调阅档案，应于规定期限内归还；如有其他人员调阅同一档案时，应经调卷变更登记，不得私自授受。

（4）调阅案件限与经办业务有关者；如调阅与经办业务无关之案件，应经文书管理部门主管同意。

5. 声像档案管理制度

▲ 总则

第一条　为加强公司的声像档案管理，特制定本制度。

第二条　公司的声像档案是指公司各部门或个人在社会实践活动中直接对公司有保存价值的录音、录像、照片、影片等。声像档案一般由录音带、录像带、摄像带、影片、照片和文字说明两部分组成。

第三条　声像档案是公司全部档案的重要组成部分，必须由档案室实行统一管理。

▲ 声像档案资料的收集

第四条　反映公司主要职能活动、工作成果和存在问题的声像资料。

第五条　各级领导人和著名人物参加的与公司有关的重大活动的声像资料。

第六条　公司有关人员组织或参加的重要会议、会见以及外事活动的声像资料。

第七条　其他公司形成的与本公司有关的重要声像资料。

第八条　其他具有保存价值的声像资料。

第九条　声像档案资料应在形成后一个月内随档案室其他载体形态的档案同时归档；如有特殊情况可以适当延长归档时间。

第十条　档案室应随时收集零散的具备保存价值的声像资料。

第十一条　录音带、录像带、摄像带、影片、照片（含底片）和文字说明要收集齐全，按时归档并建立归档控制措施；凡未按规定归档的，其形成费用不予报销。

第十二条　接收原件，特殊情况下也可以接收复制件。

▲ 声像档案的整理

声像档案的整理由摄录人员负责、档案部门协助。

第十三条　照片档案按年代、主题分类；同属一类的照片按时间顺序同时填写其底片号；底片在卷宗内编流水号，其格式为卷宗号上流水号。

第十四条　录音带、录像带、摄像带按年代、主题分类，按内容编号；同一内容分录几盘的应视为一个案卷，编一案卷号，然后每盘再依次编排序号。

第十五条　编注与其他载体档案有联系的用参照号。

第十六条　保管期限:应视其内容的重要程度、时间、名称、可靠度、有效性等因素，划定保管期限。

第十七条　文字说明的基本内容包括事由、时间、地点、人物、背景、作者（摄制者）等。

第十八条 照片编制采用横写格式；其格式为照片-底片号-文字说明-参见号-摄制时间-摄制者。

第十九条 录音带、录像带、摄像带的编制要在盒套上标注页码，再按要求逐项填写。

▲ **声像档案的保管**

第二十条 对库存的照片档案，每半年检查一次。

第二十一条 归档保存的声像档案，任何人不得私自撤销、抽出、清洗、消磁和涂改；销毁声像档案必须经过鉴定，征得归档同意后，报主管审批并登记造册。

第二十二条 建立健全声像档案统计制度，做好声像档案收进、移出、库存数量、保管情况、提供利用及效果等项的统计工作。

第二十三条 本办法由行政部解释、补充，由公司总经理批准颁行。

6. 档案借阅管理办法

第一条 档案属于公司机密，未经许可不得外借、外传；未经公司领导批准，外单位人员不得借阅。

第二条 借阅部门保管的档案材料，须经档案所属部门负责人批准:借阅档案材料，属借阅部门经办的，由部门负责人批准；借阅非本部门经办的档案材料，须经公司领导批准。阅档必须在办公室所指定的地方，不得携带外出；需要借出档案的，须经公司领导批准。

第三条 借阅档案，必须履行登记、签收手续。

第四条 借出档案材料的时间不得超过一周，必要时可以续借；过期由档案管理员催还；需要长期借出的，须经综合部部长报经理批准。

第五条 借出档案时，应在借出的档案位置上，放一代替卡，标明卷号、借阅时间、借阅单位或借阅人，以便查阅和催还。

第六条 借阅档案者必须妥善保管档案，不得任意转借或复印，不得拆卸、损污文件，归还时保证档案材料完整无损；否则，追究当事人责任。

第七条 借出的档案材料，因保管不慎丢失时，要及时追查，并报告主管部门及时处理。

7. 档案鉴定销毁制度

第一条 对档案要认真进行鉴定，确无保存价值或保管期满的档案，可确定销毁。

第二条　档案的鉴定、销毁工作必须有组织、有领导地进行:在办公室主任的主持由综合档案室和有关立卷单位人员组成档案鉴定、销毁小组，负责档案的鉴定、销毁工作。

第三条　经鉴定作废的文字部分和蓝图凭证等必须保存达半年后，底图保存 1～2 年后，方可销毁。

第四条　经过鉴定，需要销毁的档案，必须编造销毁清册，经有关领导批准后，方可销毁。

第五条　销毁档案时,必须由两人以上在指定地点监销;监销人员必须在销毁清册上签名盖章，并注明销毁方式和日期。

第六条　销毁档案清册要永久保存，并将所销毁档案在目录中注销。

8. 档案统计制度

为了有效管理公司的全部档案，维护档案的完整与安全，充分发挥档案的作用，做到家底清、情况明、数据准确，更好地掌握和研究档案工作开展的状况、变化规律，从而总结经验，改进工作，不断地提高档案工作水平，特制定本制度。

第一条　办公室对接收的文件资料，要办理交接手续，列出文件资料清单，一式两份，双方签字，各存一份，以备待查和统计。

第二条　对接收的文件材料，应整理归档，编制档案目录，以案卷（件）为单位统计档案现存总数量。

第三条　档案保管状况的统计，对遗失损坏的档案要记录数量和损坏原因。

第四条　每月进行一次档案提供利用的统计，内容包括借阅档案人次、卷（件）数，复印档案的数量，利用目的和效果。

第五条　每年统计年度档案的归档情况，内容包括各类档案的归档情况、库房及设备的增置情况、档案人员变更情况、提供档案利用的人次与卷数、编研档案资料的数量等。

第六条　每年对归档档案进行综合汇总统计，主要有档案总数量、各类档案的数量、库房及设备的增置情况、档案人员变更情况、提供档案利用的人次、编研档案资料的数量等。

第七条　按上级主管部门（档案行政部门）的要求填好统计报表并及时上报。

四、办公用品管理制度

1. 办公室物资管理规定

▲ 总则

第一条 为使办公室物资管理合理化，满足工作需要，合理节约开支，特制定本规定；此规定的执行部门为办公室。

▲ 物资分类

第二条 公司办公室物资分为低值易耗品、管制品、个人保管物品、实物资产。

低值易耗品：笔、纸、电池、订书钉、胶水等。

管制品：订书机、打洞机、剪刀、美工刀、文件夹、计算器等。

个人保管物品：个人使用保管的300元以上并涉及今后的费用开销的物资，如手机、助动车等。

实物资产：物资价格达300 元以上，如空调、计算机、摄像机、照相机等。

▲ 物资采购

第三条 公司物资的采购，原则上由办公室统一购买；属特殊物资经办公室同意，可由申购部门自行购买。

申购物品填写物品申购单，300 元以内物品申购交部门经理同意，办公室批准；300 元以上（含300 元）物品申购交部门经理同意，办公室批准，总经理批准。

第四条 物资采购由办公室指定专人负责，并采取以下方式：

（1）定点：公司定点到大型超市进行物品采购。

（2）定时：每月月初进行物品采购。

（3）定量：动态调整，保证常备物资的库存合理性。

（4）特殊物品：选择多方厂家的产品进行比较，择优选用。

▲ 物资领用管理

第五条 公司根据物资分类，进行不同的领用方式：

低值易耗品：直接向办公室物品保管人员签字领用；

管制品：直接向办公室物品保管人员签字领用；

实物资产：由办公室设立实物资产管理台账，以准确记录固定资产的现状。

▲公司物资借用

第六条　凡借用公司办公器材，需填写物资借用单，并由部门经理签字认可。

第七条　借用物资超时未还的，办公室有责任督促归还。

第八条　借用物资发生损坏或遗失的，视具体情况照价或折价赔偿。

▲ 附则

第九条　新进人员到职时由管理部门通知，向办公室领用办公物品。人员离职时，必须向办公室办理办公物品归还手续；未经办公室认可的，管理部不得为其办理离职手续。

第十条　办公室有权控制每位员工的办公物品领用总支出。

2. 印章管理办法

▲总则

第一条　印章是公司经营管理活动中行使职权的重要凭证和工具。印章的管理，关系到公司正常的经营管理活动的开展，甚至影响到公司的生存和发展，为防止不必要事件的发生，维护公司的利益，特制定本办法。

▲ 印章的雕刻

第二条　印章雕刻的申请、审核和批准：由需刻印部门负责人据工作需要提出雕刻印章的申请，经总经理批准方可雕刻。

第三条　印章雕刻：经过批准后的雕刻申请，统一由采购部办理。

▲ 印章的领取和保管

第四条　公司各类印章由各级和各岗位专人依职权领取并保管。

第五条　印章必须由各保管人妥善保管，不得转借他人。

第六条　公司建立印章管理表，专人领取和归还印章情况在表上予以记录。

第七条　持有公司印章的员工若离职，须办理归还印章手续后方可办理离职手续。

▲ 印章的使用

第八条　公司各级人员每次使用印章须按要求填写印章使用单，将其与所需印的文件一并逐级上报，经公司有关人员审核。

第九条　经有关人员审核，并最终由具有该印章使用决定权的人员批准后方可交印章保管人盖章；通过审批后的销售订单递至财务盖章，无特殊情况一般规定 5 分钟内给予落实。

第十条　印章保管人应对文件内容和印章使用单上载明的签署情况予以核对，经核对无误的方可盖章。

第十一条 在逐级审核过程中被否决的，该文件予以退回。

第十二条 公司总经理对公司所有的印章的使用拥有绝对的决定权。

第十三条 涉及法律等重要事项需使用印章的，须依有关规定经法律顾问审核签字。

第十四条 财务人员依日常的权限及常规工作内容自行使用财务印章无须经上述程序。

第十五条 用印后该印章使用单作为用印凭据由印章保管人留存，定期进行整理后交财务部归档。

第十六条 印章原则上不许带出公司；确因工作需要将印章带出使用的，应事先填写《 印章借用申请单》 ，注明事项，经公司总经理批准后方可携带使用。

第十七条 公章的使用决定权归公司总经理，其他各印章的使用决定权由公司总经理根据实际工作需要进行授权。

▲ 印章的作废和销毁

第十八条 印章的作废包括不适用作废、磨损作废、遗失作废等。

第十九条 经确认作废的印章由使用部门提出销毁申请，填写印章销毁申请，公司总经理批准后方能销毁。

▲ 责任

第二十条 印章保管人必须妥善保管印章；如有遗失，必须及时报告。

第二十一条 任何人员必须严格依照本办法规定程序使用印章；未经本办法规定的程序，不得擅自使用。

第二十二条 违反本办法的规定，给公司造成损失的，由公司对违纪者予以行政处分；造成严重损失或情节严重的，移送有关机关处理。

▲ 附则

第二十三条 本办法解释权归公司总经理。

3. 电脑安全管理制度

本制度所涉及的电脑设备，包括公司所属的所有电脑设备。

▲ 病毒防护

第一条 装有软驱的微机一律不得入网。

第二条 对于联网的计算机，任何人在未经批准的情况下，不得向计算机网络拷入软件或文档。

第三条　对于尚未联网的计算机，其软件的安装由电脑室负责。

第四条　任何微机需安装软件时，由相关专业负责人提出书面报告，经经理同意后，由电脑室负责安装。

第五条　所有微机不得安装游戏软件。

第六条　数据的备份由相关专业负责人管理，备份用的软盘由专业负责人提供。

第七条　软盘在使用前，必须确保无病毒。

第八条　使用人在离开前应退出系统并关机。

第九条　任何人未经保管人同意，不得使用他人的电脑。

第十条　由电脑室指定专人负责电脑部管辖范围内所有微机的病毒检测和清理工作。

第十一条　由电脑室起草防病毒作业计划（含检测周期、时间、方式、工具及责任人），报电脑经理批准后实施。

第十二条　由各专业负责人和电脑室的专人根据上述作业计划按时（每周最少一次）进行检测工作，并填写检测记录。

第十三条　由电脑经理负责对防病毒措施的落实情况进行监督。

▲ 硬件保护及保养

第十四条　除电脑室负责硬件维护的人员外，任何人不得随意拆卸所使用的微机或相关的电脑设备。

第十五条　硬件维护人员在拆卸微机时，必须采取必要的防静电措施。

第十六条　硬件维护人员在作业完成后或准备离去时，必须将所拆卸的设备复原。

第十七条　各专业负责人要认真落实所辖微机及配套设备的使用和保养责任。

第十八条　各专业负责人要采取必要措施，确保所用的微机及外设始终处于整洁和良好的状态。

第十九条　所有带锁的微机，在使用完毕或离去前必须上锁。

第二十条　对于关键的电脑设备应配备必要的断电继电保护电源。

第二十一条　各单位所辖微机的使用、清洗和保养工作，由相应专业负责人负责。

第二十二条　各专业负责人必须经常检查所辖微机及外设的状况，及时发现和解决问题。

五、员工出差管理制度

1. 员工出差管理规定

第一条　为加强出差的管理，特制定本规定。

第二条　员工出差依下列程序办理：

（1）出差前应填写“出差申请单”。出差期限由派遣负责人视情况需要，事前予以核定，并依照程序核实。

（2）出差人凭核准的“出差申请单”向财务部暂支相当数额的差旅费，返回后一周内填具“出差旅费报告单”，并结清暂支款；未于一周内报销者，财务应于当月工资中先予扣回，等报销时再行核付。

第三条　出差的审核决定权限如下：

（1）国内出差：1日内由部门经理核准，1日以上一律由总经理核准。

（2）国外出差，一律由总经理核准。

第四条　出差不得报支加班费，但假日出差酌情予以计薪。

第五条　出差途中，除因病或遇意外灾害或因工作实际需要电话联系请示批准延时外，不得因私事或借故延长出差时间，否则除不予报销差旅费外，并依情节轻重予以相应处罚。

第六条　出差差旅费分为交通费、住宿费、膳食费、通讯费、交际费等，其标准另定。

第七条　出差费用的报销：

（1）交通费、住宿费按标准报销，超标自付，欠标不补。

（2）膳食费按标准领取。

（3）通讯费以邮局凭证报销。

（4）交际费由领导核定，凭据报销。

2. 员工出差实施细则

第一条　员工因公务上之需要，受命出差国内外（包括迁调）悉依照本章之规定办理。

第二条　员工出差均依各单位主管之命令或指示，视实际之需要，于限定日期呈请总经理核准后执行。

第三条　出差员工应于出发前，依式填写所定表格，通知总务组登记；如情形特殊事前不及办理时，亦需尽速补填表格，送交登记。

第四条　员工出差得按实报支出差旅费，除特殊情况经总经理核准者外，如有超额报支，一律剔除之。

第五条　员工出差前，得按实际需要预借旅费，其预借款额，经由各主管初审，呈请总经理核准后暂付之；出差完毕，向总务组销差后应于三日内呈报核销；如三日后仍未报支者，会计组应将该员之预借旅费在薪津项下先予扣回，报支时再行核付。

第六条　员工在本市及郊区或其他当日可往返之出差按实支给交通费及误餐费。

第七条　员工出差在一日以上，其另有不满一日之旅费，无论出发或返回日一律二分之一给付；又乘夜车往返者，不另支宿费。

第八条　交通费包括旅程中必须之舟车等费，按实际报支；但其他零星费用均在膳杂费内开支，不得另行报支。

第九条　凡因公拍发之邮电及特别公务，临时雇用人员、车马等项所支出之必要费用，另列特别费用内得按实凭证报支。

第十条　员工出差除中途患病及天然不可抗力之原因并有确实证明者外，不得任意改变起程日期或延长出差时间；但事后经总经理特准者，得追认之。

第十一条　员工出差旅费，应据实提交凭据核发之；但如发现有虚报不实情事，除将所领追回外，并视情节之轻重酌予惩处。

第十二条　员工出差事前事后及旅途中所应填写的一切表格及应办手续另定。

3. 员工出国管理办法

第一条　凡本公司员工因公经核准出国者，悉依本办法之规定办理之。

第二条　因公奉派出国人员，于出国前需先立承诺书（如附件一）言明：按期归国并继续为公司服务；如在返国三年内自动辞职者，愿无条件赔偿出国期间之费用除以三年平均数额之差额，并放弃先诉抗辩权。

第三条　出国人员返国后，应于两星期之内书面提呈出国经过及观感心得，并必要时由总经理安排时间向公司内有关部门人员讲解心得及工作计划。

第四条　奉派出国人员，出国期间其薪金、津贴仍准照领取，并得预支核定日数之差旅费。

第五条　出国人员应照规定期限归国，并于返国后 10 日内检具有关凭证向会计部报销；因故拖延不归或费用开支经审核不准报销者，概由出国人员自行负担。

第六条　出国人员在国外之旅行，应以规定之路程为限；规定以外路程之差旅费如经总经理核准者，准予报销。

第七条　出国接受技术训练或受国内外厂商机构补助的人员，其差旅费如已由有关单位支给者，其支给部分不得再向公司申请；但厂商供给之费用较本办法所订之费用为低时，其差额得由公司补助之。

第八条　本办法经经理级会议通过呈总经理核定公布实施，其修改或补充亦同。

◇附件

承诺书

立承诺书人因公经××股份有限公司派遣出国，谨保证：

（一）按期归国返回公司工作。

（二）返国后三年内决不自动离职；如违背承诺依贵公司所定之办法负责赔偿，连带保证人愿负担一切连带赔偿责任，并放弃先诉抗辩权。

××股份有限公司立承诺书人：

年　　月　　日

连带保证人：

地　　址：

身份证编号：

说明：

（一）因公出国者，其手续由总务部代为办理。

（二）在同一地区内停留三十日以上者，自第三十一日起，膳宿杂费以八折计算。

（三）低职人员随同高职出国者，其费用得酌实情比照高职人员报支。

（四）美金币值如有变动，得视该地区汇率调整之。

4. 员工差旅费管理制度

▲ 目的

第一条　为加强出差费用的管理，特制定本制度。

▲ **国内部分**

第二条　本公司员工因公奉派国内出差办理公务者，依本制度规定发给出差旅费。

第三条　本公司员工乘坐火车、轮船、飞机按相关标准发给交通费：

（1）乘坐火车及长途汽车，原则上应出具铁路局、公路局或汽车公司的购票证明单；如因故未能取得购票证明单者，由出差人出具凭单。

（2）乘坐轮船应取具轮船公司或旅行社的购票证明单或船票存根。

（3）因急要公务必需搭乘飞机者应事先报准并凭飞机票根报支旅费。

（4）搭乘公司的交通工具者，不得再报支交通费。

第四条　员工出差的膳食、住宿、杂费按下列标准核发：

（1）主管级：每日120元。

（2）一般级：每日100元。

第五条　出差期间因公支出的下列费用，准予按实报销，并依下列规定办理：

（1）乘坐计程车原则上应取得汽车公司开具的统一发票，无法取得者由出差人员出具凭单为凭。

（2）电话费应以电信局的收据为凭。

（3）邮费应以邮局的证明为凭。

（4）因公宴客的费用，应以统一发票或贴足印花的正式收据为凭。

（5）因公携带的行李运费，应以正式的运费收据为凭。

第六条　员工出差，应由派遣出差单位的主管填写通知单（一式二份），递请核准后，一份送秘书处登记出差日期，另一份由出差人凭此预借或报支旅费（按照规定格式逐项填写）。

第七条　员工出差销差后三日内应填具“出差旅费报支单”，送请各单位主管核实后递请秘书处审核，总经理核准后，出纳人员方得凭以报支。

第八条　员工出差前，得凭核准的派遣出差通知单预借旅费，于出差完毕报支旅费时扣回。

第九条　市内及短程（一日内）出差人员，除按实报支车资外，另可报支误餐费。

（1）下午一时以后销差者准报午餐。

（2）下午八时以后销差者准加报晚餐。

（3）不得再报支加班费。

第十条　奉令调遣的人员，可以比照以上有关条文报支交通费、膳食费（一天）及行李运费。

第十一条　调遣人员若在公司用膳，则不得报支误餐费。

第十二条 调遣人员若超过一天以上但不能视为出差的，可以由公司酌情予以补贴。

▲ 国外部分

第十三条 本公司员工奉派出国，除薪金、津贴照领外，并准予报支出差旅费，其标准如下：

（1）凡出国往返于公司所指定地点的交通费按实报支，自行观光的交通费自理。

（2）膳食、住宿、杂费按当时行情，并依国税局出差规定在报支额度内支给。

（3）派遣在同城市持续驻留 50 日以上者自第 31 日起按上列标准八折支给。

第十四条 受政府或其他机构聘请（派遣）出国考察或实习的本公司人员已在受聘或派遣的机构支领出差旅费者，不得再向本公司支领出差旅费。

第十五条 出差期间因公支出应取得正式收据并按实报销，其无法取得正式收据的零星付款可以以出差人签呈为准。

第十六条 如因公务上的原因必须支付的费用而超过日用费规定者，可以呈请总经理核发特别津贴。

第十七条 国外出差旅费报销办法仍比照本制度第五条至第七条规定办理。

▲ 附则

第十八条 本制度经公司总经理核定后实行，修改时亦同。

第二部分 财务管理制度

一、财务预算管理制度

1. 企业财务预算管理制度

▲ 总则

第一条　为促进公司建立、健全内部约束机制，进一步规范公司财务管理行为，推动公司加强预算管理，制定本制度。

第二条　本制度适用于公司本部及所属子公司或控股公司。

▲ 财务预算基本内容

第三条　预算管理是利用预算对公司内部各部门、各单位的各种财务及非财务资源进行分配、考核、控制，以便有效地组织和协调公司的生产经营活动，完成既定的经营目标。

第四条　公司财务预算是公司全面预算的重要组成部分，是公司全面预算的中心。公司财务预算是在预测和决策的基础上，围绕公司战略目标，对一定时期内公司的资金取得和投放、各项收入和支出、公司经营成果及其分配等资金运动所作的具体安排。财务预算与业务预算、资本预算、筹资预算共同构成公司的全面预算。

第五条　公司财务预算应当围绕公司的战略要求和发展规划，以业务预算、资本预算为基础，以经营利润为目标，以现金流为核心进行编制，并主要以财务预算报表形式予以体现。

第六条　公司财务预算一般按年度编制，业务预算、资本预算、筹资预算分季度、月份落实。

▲ 预算组织分工

第七条　公司法定代表人对公司财务预算的管理工作负总责；各公司则设立财务预算委员会或指定公司财务管理部门负责财务预算管理事宜，并对公司法定代表人负责。

第八条　财务预算委员会主要拟定财务预算的目标、政策，制定财务预算管理的具体措施和办法，审议、平衡财务预算方案，组织下达财务预算，协调解决财务预算编制和执行中的问题，组织审计、考核财务预算的执行情况，督促公司完成财务预算目标。

第九条　财务预算编制在公司财务预算管理委员会领导下进行；公司财务管理部门具体负责组织编制、审查、汇总、上报、下达，负责预算执行和日常流程控制，负责预算执行情况的分析和报告，负责预算执行情况考核等。

第十条　公司内部生产、投资、物资、人力资源、市场营销等职能部门具体负责本部门业务涉及的财务预算的编制、执行、分析、控制等工作，并配合财务预算委员会做好公司总预算的综合平衡、协调、分析、控制、考核等工作；其主要负责人参与公司财务预算委员会的相关工作，并对本部门财务预算执行结果承担责任。

第十一条　公司是财务预算执行单位，在公司董事会或公司经营层的指导下，负责本单位现金流量、经营成果和各项成本费用预算的编制、控制、分析工作，接受公司董事会的检查、考核；其主要负责人对本单位财务预算的执行结果承担责任。

▲ 财务预算的编制

第十二条　预算编制是实现全面预算管理的关键环节，编制质量的高低直接影响预算执行结果；财务预算编制要在公司全面预算管理委员会所制定的编制方针指引下进行。

第十三条　公司编制财务预算要按照内部经济活动的责任权限进行，并遵循以下基本原则和要求：

（1）坚持效益优先原则，实行总量平衡，进行全面预算管理；

（2）坚持积极稳健原则，确保以收定支，加强财务风险控制；

（3）坚持权责对等原则，确保切实可行，围绕经营战略实施。

第十四条　公司编制财务预算要按照先业务预算、资本预算、筹资预算，后财务预算的流程进行，并按照各预算执行单位所承担的经济业务的类型及其责任权限，编制不同形式的财务预算。

第十五条　业务预算是反映预算期内公司可能形成现金收付的生产经营活动（或者营业活动）的预算，一般包括销售或营业预算、生产预算、制造费用预算、产品成本预算、营业成本预算、采购预算、期间费用预算等，公司可根据实际情况并参照公司具体要求编制。

第十六条　资本预算是公司在预算期内进行资本性投资活动的预算，主要包括固定资产投资预算、权益性资本投资预算和债券投资预算。

第十七条　筹资预算是公司在预算期内需要新借入的长短期借款、经批准发行的债券以及对原有借款、债券还本付息的预算，主要依据公司有关资金需求决策资料、发行债券审批文件、期初借款余额及利率等编制。

公司经批准发行股票、配股和增发股票，应当根据股票发行计划、配股计划和增发股票计划等资料单独编制预算；股票发行费用，也应当在筹资预算中分项作出安排。

第十八条　财务预算主要是以现金预算、预计资产负债表和预计损益表等形式反映；公司应当按照本公司所制定的财务预算编制基础表格和财务预算指标计算口径进行编制。

第十九条　公司财务预算可以根据不同的预算项目，分别采用固定预算、弹性预算、滚动预算、零基预算、概率预算等方法进行编制；同时在编制时，为确保预算的可执行性，可设立一定的预备费作为预算外支出。

第二十条　编制公司财务预算，应按照“上下结合、分级编制、逐级汇总”的程序进行，按照下达目标、编制上报、审查平衡、审议批准、下达执行等编制程序进行编制，并制定详细的财务预算编制政策。

财务预算编制结束后，于当年 11 月底前将财务预算方案上报集团公司，经审查、汇总、平衡后批复各公司执行。

第二十一条　预算的编制日程：年度预算的编制，自预算年度上一年的 10 月 1 日开始至 11 月 25 日全部编制完成，并在次年 1 月底前分解落实财务预算指标。下属各公司要依照总公司全面预算管理要求编排预算，并制定详细的编制日程和要求，确保财务预算的顺利编制。

▲ 财务预算的执行、控制与差异分析

第二十二条　公司财务预算一经批复下达，各预算执行单位必须认真组织实施，并将财务预算指标层层分解，从横向和纵向落实到内部各部门、各单位、各环节和各岗位，形成全方位的财务预算执行责任体系；控制方法原则上依金额进行管理，同时运用项目管理、数量管理等方法。

第二十三条　公司应当将财务预算作为预算期内组织、协调各项经营活动的基本依据，将年度预算细分为月份和季度预算，以分期预算控制确保年度财务预算目标的实现。

第二十四条　公司应强化现金流量的财务预算管理，按时组织预算资金的收入，严格控制预算资金的支付，调节资金收付平衡，控制支付风险；对于预算内的资金拨付，按照授权审批程序执行；对于预算外的项目支出，应当按财务预算管理制度规范支付程序；对于无合同、无凭证、无手续的项目支出，不予支付。

第二十五条　公司应当严格执行销售或营业、生产和成本费用预算，努力完成利润指标；一般情况下，没有预算的，要坚决控制其发生；对费用预算实行不可突破法，节约奖励，且预算项目之间原则上不得挪用。

第二十六条　在日常控制中，公司应当健全凭证记录，完善各项管理规章制度，严格执行生产经营月度计划和成本费用的定额、定率标准，加强适时的监控；各预算管理职能部门都要相应建立财务预算管理簿，按预算的项目详细记录预算额、实际发生额、差异额、累计预算额、累计实际发生额、累计差异额。

第二十七条　在管理过程中，对纳入预算范围的项目由预算执行部门负责人进行控制，预算管理职能部门负责监督，并逐步借助计算机系统进行管理；预算外的支出，则由公司财务预算管理委员会直接控制。

第二十八条　公司必须建立财务预算报告制度，要求各预算执行部门定期报告财务预算的执行情况。对于财务预算执行中发生的新情况、新问题及出现偏差较大的重大项目，财务预算管理委员会应当责成有关预算执行部门查找原因，提出改进经营管理的措施和建议。预算差异分析报告应包括以下内容：

（1）本期预算额、本期实际发生额、本期差异额、累计预算额、累计实际发生额、累计差异额；

（2）对差异额进行的分析；

（3）产生不利差异的原因、责任归属、改进措施，以及形成有利差异的原因和今后进行巩固、推广的建议。

第二十九条　公司财务管理部门应当利用财务报表监控财务预算的执行情况，及时向预算执行部门、公司财务预算委员会乃至董事会或经理办公会提供财务预算的执行进度、执行差异及其对公司财务预算目标的影响等财务信息，促进公司完成财务预算目标。

▲ 财务预算的调整

第三十条　下达执行的年度财务预算，一般不予调整； 而财务预算执行单位在执行中由于市场环境、经营条件、政策法规等发生重大变化，致使财务预算的编制基础不成立，或者将导致财务预算执行结果产生重大偏差的，可以调整财务预算。

第三十一条　提出预算修正的前提:当某一项或几项因素向着劣势方向变化,影响财务预算目标的实现时，应首先挖掘与预算目标相关的其他因素的潜力，或采取其他措施来弥补；只有在无法弥补的情况下，才能提出财务预算修正申请。

第三十二条　确需调整的财务预算，应当由预算执行部门逐级向公司财务预算委员会提出书面报告，阐述财务预算执行的具体情况、客观因素变化情况及其对财务预算执行造成的影响程度，提出财务预算的调整幅度。

公司财务管理部门应对预算执行单位的财务预算调整报告进行审核分析，集中编制公司年度财务预算调整方案，提交财务预算委员会审报公司总部确认后方可下达执行。

▲ 财务预算的专评与激励

第三十三条　预算年度终了，财务预算委员会应当向董事会或者经理办公会报告财务预算执行情况，并依据财务预算完成情况和财务预算审计情况对预算执行部门进行考核。

第三十四条　财务预算的考评具有两层含义：一是对整个公司财务预算管理系统进行考核评价，即对经营业绩进行评价；二是对预算执行者的考核与评价。财务预算考评是发挥预算约束与激励作用的必要措施，通过预算目标的细化分解与激励措施的付诸实施，达到“人人肩上有指标，项项指标连收入”。

第三十五条　预算考评是对预算执行效果的一个认可过程。要结合本企业经济责任制考评要求，制定考评细则。考评应遵循以下原则：

（1）目标原则：以预算目标为基准，按预算完成情况评价预算执行者的业绩；

（2）激励原则：预算目标是对预算执行者业绩评价的主要依据，考评必须与激励制度相配合；

（3）时效原则：预算考评是动态考评，每期预算执行完毕应及时进行；

（4）例外原则：对一些影响预算执行的重大因素，如产业环境的变化、市场的变化、重大意外灾害等，考评时应作为特殊情况处理；

（5）分级考评原则：公司预算考评要根据组织结构层次或预算目标的分解层次进行。

第三十六条　为调动预算执行者的积极性，公司可以制定激励政策，设立经营者奖、效益奖、节约奖、改善提案奖等奖项。

第三十七条　财务预算委员会应当定期组织财务预算审计，纠正财务预算执行中存在的问题，把重大的调整应提交公司董事会或经理办公会审议批准，充分发挥内部审计的监督作用，维护财务预算管理的严肃性。

财务预算审计可以全面审计或者抽样审计，在特殊情况下，也可组织不定期的专项审计。审计工作结束后，审计管理部门应当形成审计报告，直接提交财务预算委员会乃至董事会或者经理办公会，作为财务预算调整、改进内部经营管理和财务考评的一项重要参考。

▲ 附则

第三十八条　本制度自××年×月×日起执行。以前制度与本制度相抵触的，以本制度为准。

第三十九条　公司可以根据本制度及本公司管理需要制定相应的实施细则，并组织实施。

第四十条　　本制度未尽事宜，按公司有关制度执行。

第四十一条　本制度由公司财务部负责解释和修改。

2. 财务资金预算管理制度

▲ 总则

第一条　目的及依据。

为提高本公司经营绩效暨配合财务部统筹及灵活运用资金，以充分发挥其经济效用，各单位除应按年编制年度资金预算外，并应逐月编列资金预计表，以便达成资金运用的最高效益，特制定本制度。

第二条　资金范围。

本办法所称“资金”，系指库存现金、银行存款及随时可变现的有价证券而言。为定期编表计算及收支运用方便起见，预计资金仅指现金及银行存款，而随时可变现的有价证券则归属于资金调度的行列。

第三条　作业期间。

（1）资料提供部门除应于年度经营计划书编订时提送年度资金预算外，应于每月24日前逐月预计次三个月份资金收支资料送会计部，以利汇编。

（2）会计部应于每月28日前编妥次三个月份资金来源运用预计表，按月配合修订并于次月15日前编妥上月份实际与预计比较的资金来源运用比较表一式三份，呈总经理核阅后，一份自存，一份留存总经理室，一份送财务部。

▲ 收入

第四条　内销收入。

营业部门依据各种销售条件及收款期限，预计可收（兑）现数编列。

第五条　劳务收入。

营业部门收受同业产品代为加工，依公司收款条件及合同规定预计可收（兑）现数编列。

第六条　退税收入。

（1）退税部门依据申请退税进度，预计可退现数编列。

（2）预计核退营业税虽非实际退现，但因能抵缴现金支出，得视同退现。

第七条　其他收入。

凡无法直接归属于上项收入都属于其他收入的范围，包括财务收入、增资收入等。

▲ 支出

第八条　资本支出。

（1）土地：依据购地支付计划提供的支付预算数编列。

（2）房屋：依据兴建工程进度，预计所需支付资金编列。

（3）设备分期付款、分期缴纳关税等：会计部依据分期付款偿付日期予以编列。

（4）机构设备、预付工程定金等：工程部依据工程合同及进度，预定支付预算；采购部依据外购计划，预计支付资金编列。

第九条　材料支出。

资材部依请购、采购、结汇作业，分别预计内外购原物料支付资金编列。

第十条　薪资。

会计部依据产销计划等资料及最近实际发生数，斟酌预计支付数编列。

第十一条　经常费用。

（1）外协工缴：外协经办部门应参照外协厂商约定付款条件等资料，斟酌预计支付数编列。

（2）制造费用：会计部依据生产计划，参考制造费用有关资料及最近实际发生数，斟酌预计支付数编列。

（3）推销费用：营业部依据营业计划，参照以往月份推销费用占营业额的比例推算编列。

（4）管理费用：会计部参照以往实际数及管理工作计划编列。

（5）财务费用：会计部依据财务部资金调度情况，核算利息支付编列。

第十二条　其他支出。

凡不属于上列各项的支出都属于“其他支出”，包括偿还长期（分期）借款、股息、红利等的支付；其数额在10万元以上者，均应加以说明。

▲ 异常说明

第十三条　各单位应按月编制“资金来源运用比较表”，以了解资金实际运用情况；其因实际数与预计比较每项差异在百分之十以上者，应由资料提供部门填列“资金差异报告表”列明差异原因，于每月10日前送会计部汇编。

▲ 资金调度

第十四条　各单位经营资金由公司最高主管负责筹划，并由财务部协助筹措调度。

第十五条 财务部应按月根据国内外购料借款数额编列“购料借款月报表”，并于当月24日送财务部汇总呈总经理核准。

第十六条 财务部应于次月5日前按月将有关银行贷款额度、可动用资金、定期存款余额等资料编列“银行短期借款明细表”，呈总经理核阅，作为经营决策的参考。

▲ 附则

第十七条 本准则经总经理核准后实施，修改时亦同。

3. 各部门月绩分析制度

第一条 为避免同类工作重复，及时有效控制，节省人力，特制定本制度。

第二条 各部门原已有立账或类似统计表的记载，统由各部门自行控制设账，管理部不再另设明细账，而以总账统驭。

第三条 上述明细账暂以应收账款（营建部门含预收定金）周转金等项试行；等实行后，再行检讨或增减。

第四条 各部门明细账至少每月与管理部核对一次；如有不符合，部门当会同管理部追查原因并更正。

第五条 有关的账册原则上一律使用统一格式，由管理部提供，仅划分工程部门与营业部门，但不增加人力、物力及从业人员的困扰；也可用原有而习惯的账册代用。

第六条 每届月底各部门应提供给管理部应收账款及周转金余额明细表，以资核对及备查。

第七条 应收账款（营业部门含预收定金）除必须写明统一发票号码外，如超过三个月、半年、一年以上者其明细分别以“◎、*、※”红色符号表示。

第八条 周转金明细表除写明经手人支款性质外，尚需写明何时还款或冲转日期（如无把握亦必须预估），管理部负责催办。周转金的使用，应尽量避免或减少，否则徒增利息负担（例如某部支用10万元按月息1.5%计算，一年即需负担1.8万元的利息），但长期性的周转金如工地及各部门的备用金除外。

第九条 有关客户查询或对账由各部门各自处理；但如有官方或会计师查账时，管理部当会同部门经办人员就有关资料备询并提示。

第十条 本办法经经理级会议通过并呈总经理核准后实施，修改时亦同。

二、固定资产管理制度

1. 财产管理规定

第一条　所谓财产，系指资产负债表上所列属于固定资产科目者，其有关事务处理悉依照本规定办理。

第二条　本公司财产管理系由财务部统筹管理并委托使用单位保管，依其性质划分如下：

（1）土地。

（2）房屋及建筑设备：办公室、厂房、仓库、宿舍、水道、围墙、停车场、道路。

（3）交通及运输设备：小轿车、客货车、推高机、起重机、机车、手推车、台车。

（4）机器设备：连续式铸造钢板设备、钢铁热轧设备、钢铁冷轧及冷压成型设备、金属热处理设备。

（5）电气设备：输电、配电、变电设备、照明设备。

（6）空气调节设备：冷气机、抽送风机、电扇。

（7）事务设备：机具设备（计时机、复印机、打字机、计算机、电话机、对讲机、扩音机、油印机等）、家具设备（写读家具、储放家具、坐息家具）、通讯设备。

（8）供水设备：水塔、储水池、过滤设备、抽水机、马达、给水配管设备。

（9）其他设备：防护设备（消防警卫、医疗）、装演设备、康乐设备。

第三条　财产保管部门应会同财务部每年定期盘点，但对新置者每月对账一次，其盘盈或盘亏应确实办理增值或减损。

第四条　由购入而取得之不动产，应即办理所有权移转登记；其有关产权之登记与变更登记及税法规定事宜与减损报废之报备，均由财务部另行规定办理。

第五条　各项工程修造不论金额多寡均应编列预算表，并送财务部备查复核，其紧急处理者仍应补办手续。

第六条　有关不动产出租或租入，均应事先订立契约书，并会同财务部复核，转呈总经理核准后始得办理。

第七条　资本支出与费用支出划分之标准如下：

（1）支出结果能获得其他资产者属资本支出，否则应列为费用支出。

（2）资产因扩充、换置、改良而能增加其价值或效能者属资本支出，否则即为费用支出。

（3）支出结果所获得之固定资产，其耐用年限在 2 年以上且其金额在 5 万元以上者属资本支出，其耐用年限不及 2 年或其效用仅及本期者属费用支出。

（4）凡为维持财产之原始使用效能，所需之维护费用作为费用支出。

第八条 财产支出核决权限，依内购核决权限表之规定办理。

第九条 固定资产的折旧，采用平均法，并以账面价值为准；其折旧耐用年限依所得税规定。

第十条 使用年限届满之固定资产，仍继续使用者不折旧；但主要或重要生产设备得予以调整以往旧额，并继续折旧。

第十一条 有关固定资产设账，财务部于总分类设置“土地”“房屋及建筑”“机器设备”“电气设备”“空气调节设备”“事务设备”“供水设备”“其他设备”，机械与各项设备之“备抵折旧”等科目，设置财产目录卡，并于各负责管理部门设置同式财产目录表，详细记录负责保管人及移动情况，并经使用人签认留存；财务部门与管理部门于每年会同盘点时并应互为核对双方登记卡表所载内容是否相符，如有不符应即查明更正。

第十二条 本规定经呈总经理核准后公布实施，修改时亦同。

2. 固定资产管理制度

▲ 总则

第一条 目的。

为加强固定资产的保管及使用管理，特制定本制度。

第二条 范围。

本制度所称“固定资产”包括土地、房屋及建筑物、机械设备、运输设备、马达仪表、工具）等。

第三条 财务部列账原则。

前项固定资产，耐用年数在 2 年以下、不具生产性、未超过一定金额者（各公司自定），应以费用科目列账，而不得以固定资产科目列账。

第四条 管理部门。

固定资产按下列类别，由各公司指定部门负责管理(其管理及保养细则由各公司管理部门会同使用部门自行制定之)。

（1）土地、房屋及建筑物、运输设备、事务性设备由办公室负责管理；

（2）机械设备、马达、仪表、机电性设备由财务部门负责管理，但得视实际需要归由性质相关部门管理；

（3）工具由资材仓库负责管理。

第五条　编号。

固定资产取得后，即归管理部门管理，并在会计部门协同下依其类别及会计科目统驭关系，予以分类编号并贴粘样签。

第六条　移交。

人员移交时，对于固定资产应依“人事管理规则”第十一条的规定详列清册办理移交。

第七条　增减报告。

会计部门应于次月15日前就土地、房屋及建筑物、运输设备、机械设备、机电性设备等项目编制“固定资产增置表”一式三联送管理部门核对，并填列异常或更正内容后，第一联管理部门留存，第二联送返会计部门自存，第三联送使用部门留存，采用电脑处理报表代替之。

第八条　盘点。

固定资产管理部门应会同会计部门每年盘点一次；此外，应根据登记卡册，于每季就固定资产项目的每一类别至少抽点十项，盘点后应填造“盘存单”一式三份注明盈亏原因，一份自存，另两份呈报（总）经理核决后一份送会计部门、一份送办公室备查；对于盘盈或盘亏，除应专案说明原因呈核外，还应依增置或减损的规定办理手续。

第九条　增置、营造、修缮处理。

固定资产的增置、营造、修缮应分别依照“材料管理办法”　“工程修造发包事务处理规则”及“营建工程管理办法”等有关规定办理。

▲ 增置及登记

第十条　增置手续。

土地、房屋及建筑物、运输设备、机械设备、机电性设备等固定资产于增置验收后，使用部门（土地、房屋及建筑物由总务部门）应即填写“固定资产增加单”一式三联经会计管理部门签章后，送会计部门填注购置金额、耐用年限、月折旧额，第一联送管理部门转记入“固定资产登记卡”，第二联由会计部门自存转记入“固定资产登记卡”，第三联送使用部门留存。会计部门应每月与管理部门核对“固定资产登记卡”的记载事项，如有缺漏事项应立即通知补正。

第十一条　受赠处理。

固定资产因其他公司拨入、捐赠而取得者，应填明价格；如原价无法查得或根本无原价者，得由管理部门会同会计部门予以估列，并按上述第十条固定资产增置手续办理。

第十二条　登记。

土地、房屋及建筑物等不动产取得所有权后，由总务部门统一办理产权登记后，转记入“房屋、土地登记卡”，变更时亦同。

第十三条　保险。

固定资产应依“关系企业财物保险事务处理程序”的规定办理保险。

▲ 移转、闲置及减损的处理

第十四条　资产移转处理。

土地、房屋及建筑物、运输设备、机械设备、机电性设备等固定资产在公司内相互拨转时，应由移出部门填写“固定资产移转单”一式四联经管理部门签章后送移入部门签认（管理部门不同时，要加印一联会移入管理部门同时签认），第一联送管理部门（管理部门不同者，影印联送移入管理部门转记入 “固定资产登记卡”），第二联送会计部门，第三联送移入部门，第四联送移出部门。其出入厂区，应另填“移转交运单”一式六联，第一联托运部门自存；第二联托运部门转送会计部门暂存凭以核对第三联；第三至第六联出厂时经守卫签注时间、车重后，第三联由守卫暂存并于翌晨转送托运部门的会计部门，经与第二联核对无误，于一日内转送收料部门的会计单位凭以核对收料；第四、五、六联由承运商随同物品出厂、入厂时经守卫签注时间、车重后入厂，经点收后第四联由收料部门存查，第五联由承运商暂存凭以申请运费，第六联由守卫暂存并于翌晨转送收料部门的会计部门与第三联核对。’

第十五条　资产送修处理。

固定资产因故须送厂商修复时，应依照“工程修造发包事务处理规则”的有关规定办理，于送修时由工务部门或管理部门开具“料品交运单”一式六联，第一联经办部门自存；第二联送会计部门；第三联由守卫室暂存于次日转送会计部门；第四、五、六联交承运商连同物品出厂；第四联交收料厂商暂存供做物品回厂交货的凭证，经办部门于验收后转交会计部门核销；第五联供申请运费；第六联由收料厂商签收并送回经办部门。

第十六条　出租或外借处理。

固定资产出租或外借，管理部门应先会同会计部门后按序呈（总）经理核准后始得办理，并应制订契约，副本送会计部门以备核对；契约内容应包括修缮保养及税捐负担、租金、运费、归还期限、保持原状、附属设备明细等；其出入厂区应另填“料品交运单”一式六联，并依上述第十五条流程的规定办理。

第十七条　减损处理。

土地、房屋及建筑物、运输设备、机械设备、机电性什项设备因减损拟报废者，应由使用部门填具“固定资产减损单”一式四联，注明减损原因，送管理部门及会计部门签注处理意见后呈报（总）经理核准，然后第一联送管理部门转记入“固定资产登记卡”；第二、三联依处理意见办理后连同该废品送资材仓库签收（盘亏部分免办缴库）；再后第二联又连同有关资料送会计部门据以向主管机关办理报备、抵押权变更及解除保险等手续；第三联自存；该减损资产若因体积巨大必须就地处理或拆除时，则第四联送委托部门凭以办理。若减损资产于拆移前或拆移后无法缴库时，管理部门或使用部门应妥为保管；其已缴库者由资材仓库保管处理；其无法缴库而决定标售时，其处理流程依下文第十八条的规定办理。

第十八条　闲置固定资产处理。

固定资产的管理部门至少每三个月应将经营上认为无利用价值的闲置固定资产予以整理，填具“闲置固定资产明细表”，拟定处理意见后呈报（总）经理，经核定标售者须按下列规定办理：

（1）管理部门应立即按“闲置固定资产明细表”所列经批示计售部分开具“固定资产让售比价单”一式四联，由（总）经理指派专人或由采购部门负责招商比价，并将比价结果转记于“标售比价单”后；第三联自存；第四联送资管处；第一、二联呈（总）经理核决后，由经办人将第二联送会计部门凭以核对；第一联送管理部门以便发货。

（2）发货时，由销售经办人填写“料品交运单”一式六联（承运商联勿填）并凭此单提货；经守卫签注出厂时间及过磅记录后，送回标售经办人开具“缴款单”向出纳解缴货款，并于“料品交运单”备注栏填写“固定资产让售比价单”号码、发票号码；第一联送资料部门；第四联送承购商收执；第二、三联送守卫查对放行，于翌日转会计部门复核。

（3）提货出厂后管理部门应即填具“固定资产减损单”一式四联（资材仓库联免填），第一联自存转记入“固定资产登记卡”，第二联送会计部门，第三联送使用部门留存。

第十九条　抵押资产的减损出租、外借处理。

提供抵押借款的固定资产如有发生减损、出租或外借时，会计部门应事先备函写明抵押编号及资产名称、数量向总管理处财务部报备，由财务部向贷款及抵押权登记机构办理标的物增减变更手续。

3. 固定资产核算制度

第一条 固定资产划分标准。

(1) 使用年限在一年以上，单价金额较高属固定资产范围；

(2) 不同时具备以上两条件的劳动资料均作为低值易耗品；

(3) 专用工具或玻璃器皿，由于容易损坏、更换频繁，也列为低值易耗品。

第二条 固定资产分类。

(1) 一般分：房屋建筑、机器设备、电子设备、运输设备、其他设备；

(2) 出租固定资产；

(3) 租入固定资产。

第三条 管理规定。

(1) 包括主楼、综合楼、职工宿舍、其他建筑、机械设备、大小汽车等公司全部固定资产的账务管理和计提折旧等，由财务部负责实物管理；部门设备使用管理落实到岗：

① 房屋、道路由物业部管理；

② 电脑财务管理由财务部管理；

③ 电话由总机房管理；

④ 音响设备、电传设备由综合部管理；

⑤ 各种管道、油库、空调、电器系统、机械设备由工程部管理；

⑥ 消防系统由保安部管理；

⑦ 大小汽车由总办管理；

⑧ 依据上述分工，各部门同时应建立固定资产登记表，记录固定资产名称、规格、数量、单价、总值金额、购建日期、规定合理使用年限及放置地段。

(2) 土建房屋、道路等的大修理及日常维修制度由物业部负责制定。

(3) 机械设备、油库、气库及附属设施以及各部所使用的机械设备、电脑、电话、电传系统、音响设备、空调系统及报警、消防系统等的大修理及日常维修制度由工程部负责制定。

(4) 各种汽车的大修理及日常维修制度由车务部负责制定。

(5) 上述由各部制定的大修理及日常维修制度报告总经理审批后下达各部执行；各部根据维修制度规定，编制本部门使用的固定资产的修理计划，按物业部、工程部、车务部等分管范围报送。

（6）由三个部门审查修理项目后，会同财务部审查修理费并加具意见，报总经理审批；修理计划按年、季编报经批准后，由各部门按期执行维修。

（7）各部门应指定一名干部负责固定资产的管理工作。固定资产每年年终必须进行一次盘点，做到实物和账表记录相符，核算资料正确；对固定资产遗失部分，要查明原因，明确责任，适当处理。

4. 固定资产火灾保险事务处理准则

▲ 总则

第一条　目的。

为确保本企业各公司固定资产安全，对于各项固定资产的危险转移、损失请求等保险事务处理有所遵循，特依“固定资产管理制度第十三条”的规定，制定本准则。

第二条　范围。

（1）本准则所称“保险”系指火灾保险；但如有必要时，得增附加保险。

（2）本准则所称“应保险的固定资产”系指易引起灾害导致发生重大损失的固定资产，如建筑物、机器设备、器具设备等。

第三条　投保要件。

（1）各公司对上述第二条所列固定资产包括现有、增设或承受的，于取得后尚未投保而具有危险者，应办理火灾保险或附加保险；其不易发生损失危险者，得于呈准后不予以投保。

（2）已办理保险但受益人更变时，须办理变更手续。

（3）固定资产充为抵押品，虽认定不易发生损失危险而未投保、但质权人要求投保者，仍应予投保。

第四条　投保办理部门。

（1）申请部门：由固定资产管理部门负责投保申请。

（2）审核部门：由安全工程师负责投保的申请的审核，并通知会计部门。

（3）经办部门：由总管理处财务部负责办理投保的手续。

▲ 投保

第五条　投保申请。

(1) 正式投保:固定资产管理部门于取得固定资产时，对于应投保者，须即填写“投保申请书”一式三份，经经理核准送安全工程师审核后会同会计部门签注意见，再转呈(总)经理核准后，一份送总管理处财务部，一份送回固定资产管理部门，一份送会计部门。会计部门对通知安全工程师后的未投保固定资产认为有必要投保时，得函请固定资产管理部门提出投保申请。

(2) 预约投保。

① 公司认为有必要者，得附有关资料，委托财务部办理预约保险，并应于每月 3 日前具体报保险标的物异动情形，由总管理处财务部凭以向保险公司冲抵预约保险；但外购机器有本准则第三条第三款情形者，总管理处财务部得先向保险公司投保预火险后再通知所属公司。

② 机器进厂后，资材管理部门应在每月 3 日前填送“外购机器进厂置放明细表”三份，依置放场地暨贷款银行分别编列；一份留存； 另两份送财务部，其中一份汇送承保保险公司，一份自存。

③机器安装试车后，资产管理部门应按同条第一款规定重新提出申请，并注明原投保预约保单号码。

第六条 投保手续。

总管理处财务部接到“投保申请书”经审查后，填具“要保书”向保险公司办理投保手续；但有特殊情形者，总管理处财务部应将投保权利要点函请申请公司认可。

订立保险契约后，保单正本由总管理处财务部自存；保单副本两份连同收据送固定资产管理部门核对后，保单副本一份留存，另一份连同收据送会计部门凭此整理付款；如投保的固定资产因提供抵押而必须办理受益人移转时，则保单正本交债权人收执。

第七条 增投、减损、移转及撤除处理。

投保的固定资产因增设、减损、移转及撤除等原因而发生变动时，固定资产管理部门应填具“投保物变动(续保)通知单一式三份，经经理核准会同安全工程师送会计部门审核呈交(总)经理核准后，一份送总管理处财务部审查后向保险公司办理另订契约、变更契约或解约等手续，但有特殊情形者总管理处财务部应将投保权利要点函请申请公司认可；一份送回固定资产管理部门；一份送会计部门。

第八条 续保手续。

固定资产管理部门于投保物保险期届满时，如须续保，应填具“投保物变动(续保)通知单”一式三份，经经理核准后送会计部门审核再呈(总)经理核准；然后于投保期限届满一个月前，一份送财务部审查后向保险公司办理续保，一份送回固定资产管理部门，一份会计部门存。

第九条　灾害报告。

固定资产管理部门于投保物遭受灾害时，应即通知总管理处财务部以照会保险公司，并会同总务、会计部门、安全工程师进行现场调查，将受灾害的原因、时间、状况及损害概算等填入“固定资产灾害报告书”一式四份，经经理核准后送会计部门审核再呈（总）经理核准；然后于三日内将两份送总管理处财务部凭以向保险公司办理索赔手续，一份由固定资产管理部门自存，一份送会计部门保存。

第十条　公证勘查报告。

固定资产管理部门如认为有必要，得委请公证机构会同安全工程师、会计、总务部门至现场勘查，凭公证机构的“损失报告”以作为向保险公司索赔的依据。

第十一条　索赔手续。

总管理处财务部接到“固定资产灾害报告”及公证机构的“损失报告”后，即填具保险公司所规定的“火灾赔偿申请书”及“损失清单”，于损失发生后6日内向保险公司请求赔偿，并将其副本送投保公司；受损固定资产如已提供质押，应将送保险公司的“火灾赔偿申请书”副本送质权人。

第十二条　赔偿金入账。

总管理处财务部于领到保险公司损失赔偿金后，应立即连同有关文件汇送会计部门复核办理入账手续，并将处理经过及结果通知投保公司。

第十三条　索赔驳诉。

投保物损失赔偿的请求，如有异议，总管理处财务部应于接获通知一个月内附有关资料，并汇送办公室向法院提起诉讼，以维护保险权益。

第十四条　投保金额及费用统计。

财务部于每月10日前应根据“投保申请书”“投保物变动（续保）通知单”“固定资产灾害报告书”“保单正本”编制上月份“投保公司别固定资产保费月报表”一式数份，呈经理复核后，一份财务部自存，其余分送各固定资产管理部门、会计部门；并同时编制上月份“保险公司别保险保费月报表”一式一份，呈科长复核、经理核章后，由经办人留存备查。

▲ 附则

第十五条　各公司所有外购资材、外购产品、原物料、成品保险等保险事宜除另有规定者外，概依本准则处理；但车辆保险则由固定资产管理部门自行办理。

第十六条　本准则经总管理处总经理核准后实施，修改时亦同。

5. 不动产管理规定

▲ 通则

第一条　性质。

本规定为公司不动产管理事务处理的准则。

第二条　目的。

本规定意在加强不动产保护、改善、利用和不动产权利（指所有权处置权和收益权等）的得失等方面的管理，以提高不动产管理的科学性和规范性，促进公司事业的快速发展。

第三条　当发生不动产权利的得失或变更时，必须签订契约，以使其权利关系明晰；但经过政府法定手续处理的，不在此例。

第四条　管理人。

对于远离公司且无法实行直接管理的不动产，应指定专门管理人；管理人由总务部提名，并经公司主管批准。

第五条　纳税管理人根据政府有关规定，应由总务部长指定不动产纳税管理人，并报有关税务机构。

第六条　资料保管。

不动产及其得失资料应由专人负责整理与保管。

▲ 权利转移

第七条　不动产文书。

当发生不动产所有权得失时，有关单位必须向总务处提交下列文书：

（1）契约：包括各类合同和证明文件。

（2）说明书：说明有关事由、影响、效果、对方与本公司的关系等。

第八条　文书盖章。

上列文书如属总务处权限范围内的，由总务处在查实审核后盖章；如超出其权限范围，需经公司主管裁定后盖章。

第九条　登记申请总务处持盖章后的文书，与对方办理有关手续，然后到有关机构办理不动产登记申请。

▲ 不动产借贷、租赁契约的签订与变更

第十条　各部门在签订或变更土地、房屋的借贷与租赁契约时，必须提供契约和有关报告；后者包括事由、期限、支付方法、对方基本情况及不动产账面价值与现值等内容。

▲ 土地或房屋转移

第十一条　账面价值变更当伴随着土地或房屋的转移；而发生其账面价值与实际价值不等时，应进行账面调整。

第十二条　转移说明书。

各部门如发生不动产转移时，应填写账面变更书所列事项，并附说明书提交给总务部总务处。

第十三条　实施。

不动产的转移、变更及登记事项，由总务处负责。

▲ 不动产管理台账

第十四条　总务处应建立全公司的不动产管理台账，以全面把握全公司的不动产状况。

不动产管理台账应包括下列账票与图表：

（1）公司所有土地：

- 地籍表
- 土地台账
- 土地课税台账
- 土地综合图
- 土地实测图
- 借出土地台账

（2）借入土地：

- 借入土地台账
- 借入土地图
- 借入土地综合图

（3）公司所有房产：

- 房产台账
- 借出房产台账
- 房产名册
- 建筑物分布图

（4）借人房产：

- 借入房产台账
- 借入房产图

▲ 附则

第十五条　本规定自××年×月×日起实施。

6. 财务盘点管理制度

第一条　目的。

为求存货及财产盘点的正确性及盘点事务处理有所遵循，并加强管理人员的责任，以达到财产管理的目的，特制定本制度。

第二条　盘点范围。

（1）存货盘点：系指原料、物料、在制品、制成品、商品、零件保养材料、外协加工料品下脚品。

（2）财务盘点：系指现金、票据、有价证券、租赁契约。

（3）财产盘点：系指固定资产、保管资产、保管品等的盘点而言：

- 固定资产：包括土地、建筑物、机器设备、运输设备、生产器具等资本支出购置者。
- 保管资产：凡属固定资产性质，但以费用报支的杂项设备。
- 保管品：以费用购置者。

第三条　盘点方式。

（1）年中、年终盘点：

- 存货：由资材部门或经管部门会同财务部门于年（中）终时，实施全面总清点一次。
- 财务：由财务部与会计科共同盘点。
- 财产：由经管部门会同财务部门于年（中）终时，实施全面总清点一次。

（2）月末盘点:每月末所有存货，由经管部门及财务部门实施全面清点一次（经管项目达500项以上时，得采取重点盘点）。

（3）月份检查:由检核部门（总经理室）或财务部门照会其部门主管后，会同经管部门作存货随机抽样盘点。

第四条　人员的指派与职责。

（1）总盘人：由总经理担任，负责盘点工作的总指挥，督导盘点工作的进行及异常事项的裁决。

（2）主盘人：由各部门主管担任，负责实际盘点工作的推动及实施。

（3）复盘人：由办公室视需要指派及部门的主管，负责盘点监督之责。

（4）盘点人：由财务、经管部门指派，负责点计数量。

（5）会点人：由财务部门指派（人员不足时，间接部门支援），负责会点并记录，与盘点人分段核对、确切数据。

（6）协点人：由财务、经管部门指派，负责盘点时的料品搬运及整理工作。

（7）特定项目按月盘点及不定期抽点的盘点工作，亦应设置盘点人、会点人、抽点人，其职责亦同。

（8）监点人：由办公室派员担任。

第五条　盘点前准备事项。

（1）盘点编组:由财务部门主管于每次盘点前，事先依盘点种类、项目编排“盘点人员编组表”，呈总经理核定后公布实施。

（2）经管部门将应行盘点的财务及盘点用具预先准备妥当；所需盘点表格，由财务部门准备:

① 存货的堆置，应力求整齐、集中、分类，并置标示牌。

② 现金、有价证券及租赁契约等，应按类别整理并列清单。

③ 各项财产卡依编号顺序，事先准备妥当，以备盘点。

④ 各项财务账册应于盘点前登记完毕；如因特殊原因无法完成时，应由财务部门将尚未入账的有关单据如缴库单、领料单、退料单、交运单、收料单等利用“结存调整表”一式两联，将账面数调整为正确的账面结存数后，第二联财务部门自存，第一联送经管部门。

（3）盘点期间，已收到而未办妥入账手续的原料、物料，应另行分别存放，并予以标示。

第六条 年中、年终全面盘点。

（1）财务部门应于呈报总经理并经核准后，签发盘点通知，并负责召集各事业部的盘点负责人召开盘点协调会后，拟订盘点计划表，通知各有关部门限期办理盘点工作。

（2）盘点期间除紧急用料外，暂停收发料；至于各生产单位于盘点期间所需用料的领料，材料可不移动，但必须标示出。

（3）年中、年终盘点，原则上应采取全面盘点方式；如确因事情特殊无法办理时，应呈报总经理核准后始得改变方式进行。

（4）盘点应尽量采用精确的计量器，避免用主观的目测方式；每项财物数量应于确定后，再继续进行下一项；盘点后不得更改。

（5）盘点物品时，会点人均应依据盘点人实际盘点数，翔实记录于“盘点统计表”上，并且每小段应核对一次，无误者于该表上互相签名确认后，将该表编列同一流水号码，各自存一联，备日后查核；若有出入者，必须再重点；盘点完毕，盘点人应将“盘点统计表”汇总编制“盘存表”一式两联，第一联由经管部门自存，第二联送财务部门供核算盘点盈亏金额之用。

第七条 不定期抽点。

（1）由办公室视实际需要，随时指派人员抽点，但得由财务部门填具“财务抽点通知单”于呈报总经理核准后实施。

（2）盘点日期及项目，以不预先通知经营部门为原则。

（3）盘点前，应由会计部门利用“结存调整表”将账面数先行调整至盘点的确实账面结存数，再行盘点。

（4）不定期抽点，应填列“盘存表”。

第八条 盘点报告。

（1）财务部门应依“盘存表”编制“盘点盈亏报告表”一式三联，送经管部门填列差异原因的说明及对策后，送回财务部门汇总转呈总经理签核，第一联送经管部门，第三联转送办公室，第二联财务部门自存作为账项调整的依据。

（2）不定期抽点，应于盘点后一星期内将“盘点盈亏报告表”呈报上级核准；年中、年终盘点，应由财务部门于盘点后两星期内将“盘点盈亏报告表”呈报上级核准。

（3）盘点盈亏金额，平时仅列入暂估科目，年终时始以净额转入本期营业外收入的盘点盈余或营业外支出的盘点亏损。

第九条 现金、票据及有价证券盘点。

（1）现金、银行存款、零用金、票据、有价证券、租赁契约等项目，除年中、年终盘点时应由财务部门会同经管部门共同盘点外，平时总经理室或财务部门至少每月抽查一次。

（2）现金及票据的盘点，应于盘点当日上下班未行收支前或当日下午结账后办理。

（3）盘点前应先将现金存放处封锁，并于核对账册后开启，由会点人员与经管人员共同盘点。

（4）会点人依实际盘点数翔实填列“现金（票据）盘点报告表”一式三联，经双方签认后呈核，第一联经管部门存，第二联财务部门存，第三联送总经理室。

（5）有价证券及各项所有权状等应确实核对认定，会点人依实际盘点数翔实填列“有价证券盘点报告表”一式三联，经双方签认后呈核，第一联存经管部门，第二联存财务部门，第三联送往总经理室；如有出入，应即呈报总经理批示。

第十条　存货盘点。

（1）存货的盘点，以在当月最末一日进行为原则。

（2）存货，原则上采用全面盘点方式；如因成本计算，无须全面盘点，或实施上有困难者，应呈报总经理核准后始得改变盘点方式。

第十一条　其他项目盘点。

（1）外协加工料品：由各外协加工料品经办人员会同财务人员共同赴外盘点；其“外协加工料品盘点表”一式三联，应由代加工厂商签认，第一联存经管部门，第二联财务部门存查，第三联送办公室。

（2）销货退回的成品，应于盘点前办妥退货手续，含验收及列账。

（3）经管部门将新增加土地、房屋的所有权的影印本，送财务部门核查。

第十二条　注意事项。

（1）所有参加盘点工作的盘点人员，对于本身的工作职责及应行准备事项，必须深入了解。

（2）盘点人员盘点当日一律停止休假，并须依时间提早到达指定的工作地点向该组复盘人报到，接受工作安排。

（3）所有盘点财务都以静态盘点为原则，因此，盘点开始后应立即停止财物的进出及移动。

（4）盘点使用的单据、报表内所有栏目若遇修改处，均须经盘点人员签认方能生效，否则应查究其责。

（5）所有盘点数据必须以实际清点、磅秤或换算的确实资料为据，不得以猜想数据、伪造数据记录之。

（6）盘点人员超时工作时间得报加班或经主管核准可以轮流编排补休。

（7）盘点开始至工作终了期间，各组盘点人员均受复盘人指挥监督。

（8）盘点终了由各组复盘人向主盘人报告，经核准后始得离开岗位。

第十三条　盘点工作奖惩。

（1）盘点工作事务人员要依照本办法的规定，切实遵照办理。表现优异者，经由主盘人签报，各嘉奖一次，以资奖励。

（2）违反本制度的视其情节的轻重，由主盘人签报人事部门商议处理。

三、流动资产管理制度

1. 资金管理制度

第一条　为加强对公司系统内资金使用的监督和管理，加速资金周转，提高资金利润率，保证资金安全，特制定本制度。

第二条　管理机构。

（1）在财务经理领导下，办理内部独立单位的结算、贷款、外汇调剂和资金管理工作。

（2）财务结算具有管理和服务的双重职能，与各部门在资金管理工作中是监督与被监督、管理与接受管理的关系，在结算业务中是服务与被服务的客户关系。

第三条　存款管理。

公司内除在附近银行保留一个存款户、办理小额零星结算外，必须在财务部开设存款账户；办理各种结算业务，在结算量和旬、月末余额的比例不得低于80%；10万元以上的大额款项支付必须在财务部办理特殊情况需专题报告，经批准同意后方可保留其他银行结算业务。

第四条　借款和担保业务管理。

（1）借款和担保限额：

公司内各部门应在每年年初，根据董事会下达的利润任务编制资金计划报财务部。

财务部根据公司的年度任务、经营发展规划、资金来源以及资金效益状况进行综合平衡后，编制公司定额借款；全部借款的最高限额以及信用担保的最高限额，报董事会审批后下达执行；年度中，将严格按照限额计划控制借款规模；如因经营发展使贷款或担保超限额的，应专题报告说明资金超限额的原因，以及新增资金的投向、投量和使用效益，经财务部审查核实后提出意见，报董事会审批追加。

（2）公司内借款的审批:

① 凡公司内借款金额在 10 万元（含 10 万元，外币按记账汇率折算，下同）以内的，由财务部审查同意后，报总经理审批。

② 借款金额在 10 万元以上的，由财务部审查，财务经理加签同意后报董事长审批。

第五条 其他业务的审批。

领用空白支票:在财务部办理结算业务的企业，可以向财务部领用空白支票；每次领用张数不超过 5 张，每张空白支票限额不超过 5 万元，由财务部办理。

第六条 资金管理和检查。

财务部以资金的安全性、效益性、流动性为中心，定期开展以下资金检查和管理工作，并根据检查情况，定期向总经理或董事长专题报告。

（1）定期检查各部门的现金库存状况；

（2）定期检查各部门在财务部的结算情况；

（3）定期检查各部门的对账工作。

第七条 统计报表。

各部门必须在旬后一日内向财务部报送旬末在银行存款、借款、结算业务统计表，财务部汇总后于旬后两日内报总经理。财务部要及时掌握银行存款余额，并且每两天向财务经理及总经理报一次存款余额表。

2. 资金控制制度

第一条 目的。

为提高本公司经营绩效及统筹与灵活运用资金，以充分发挥其经营效用，除应按年编制年度资金预算外，并应逐月编列资金预计表，以便达成资金运用的最高效益，特制定本制度。

第二条 资金范围。

本制度所称“资金”系指库存现金、银行存款。

第三条 作业期间。

（1）资料提供部门，除应于年度经营计划书编订时提送年度资金预算外，还应于每月 24 日前逐月预计次三个月份资金收支资料，并送会计部门以利汇编。

（2）会计部门应于每月 25 日前编妥次三个月份“资金来源运用预计表” 并按月配合修订，

且于次月 15 日前编妥上月份实际与预计比较编制“资金来源运用比较表”各一式二份，呈总经理核阅后，一份自存，一份送资金预算控制以作为预算控制的依据。

（3）会计部门应在各部门资金预计表上列入资金编号，并于每月 25 日前将次月资金预计支出项目逐日逐笔汇总于“支出明细汇总表” 一式二份，一份会计自存，一份送出纳部门以供出纳人员作为每日资金调度的参考。

第四条　内销收入。

（1）业务部依据销售目标及各种销售条件与收款期限，把预计可收取金额填列于“收支预计表”。

（2）已收票据的兑现金额，由会计按实填列。

第五条　退税收入。

（1）退税部门依据申请退税进度预计可退现数编列。

（2）预计核退营业税虽非实际退现，但能抵缴现金支出，应视同退现。

第六条　凡租金收入、下脚收入、利息收入等其他收入由会计预计。

第七条　资本支出。

（1）土地：经办部门依据购地支付计划所提供的支付预算数编列。

（2）设备分期付款、分期缴纳关税：会计依据分期付款偿付日期予以编列。

（3）机器设备、预付定金：依据合同及进度，预定支付预算及外购开立计划，预计支付资金编列。

第八条　原物料支出。

（1）原料：

① 采购依据产销计划预计各种原料耗用量参酌最近库存量与在途量分别设定采购数量，并按最近单价预计付款日期列人原物料资金预计表。

② 如需外购时，应注明预计日期，以作为购料借款的依据。

（2）物料：

① 大宗及常备物料比照前项原料的预计方式办理。

② 小额与零星材料则依据以往实际发生数预计。

第九条　薪资支出。

财务部依据产销计划等资料及现有人数与薪资最近发生数，斟酌预计支付数编列全公司预算。

第十条　经常费用。

（1）外协工缴：外协经办部门应参照外协厂商约定付款条件等资料，斟酌预计支付数编列。

（2）制造费用：财务部依据生产计划与参酌上月份实际发生数剔除异常部分予以预计。

（3）销售费用：

① 营业部门变动费用部分依据销售计划分别预计。

② 固定费用部分由财务部依据产销计划与参酌上月份实际发生数剔除异常部分予以预计。

（4）管理费用：财务部参酌以往实际发生数及管理部门工作计划的支出分别预计。

（5）财务费用：出纳应依据各银行贷款利率及资金调度情况，核算利息支付编列。

第十一条　凡不属于上列各项的皆属其他支出，包括偿还长期借款等。

第十二条　异常说明。

财务部应按月编制资金来源运用比较表，以了解资金的实际运用情况；其因实际数与预计数比较每项差异在10%以上者，应由资料提供部门填列“资金差异报告表”列明差异原因，于每月10日前送会计部门汇编。

第十三条　资金调度。

（1）本公司经营资金调度由财务部负责筹划。

（2）出纳人员每日下班前应结算当日库存现金、银行存款结存及次日到期的应收应付票据金额，以掌握次日资金余缺情况。

第十四条　调度作业。

（1）财务部每日下班前应编制“资金动态及调度处理表”。

（2）为使资金有效灵活运用，财务部应于每周五拟定次周资金调度计划，编制“资金调度计划表”。

第十五条　实施与修改。

本制度呈总经理核准后实施，修改时亦同。

3. 流动资金管理制度

第一条　流动资金既要保证需要又要节约使用，在保证按批准计划供应营业活动正常需要的前提下，以较少的占用资金取得较大的经济效果。

第二条　要求各业务部门在编制流动资金计划时，严格控制库存商品，物料原材料的占用资金不得超过比例规定，即经营总额与同期库存的比例按 1:2 的规定。

第三条　超储物资商品，除经批准为特殊储备者外，原则上不得使用流动资金，只能压缩超储的商品、物料以减少占用流动资金。

第四条　要严格遵守不得挪用流动资金进行基建工程的规定。

第五条　使用的基本要求：

（1）在符合国家政策和公司董事会、总经理的要求前提下，加速资金周转，扩大经营，减少流动资金的占用。

（2）对商品资金的占用，应本着勤俭节约的精神，尽量压缩。

（3）严格控制家具、用具的购置。

（4）要加速委托银行收款和应收款项的结算，减少对流动资金的占用。

（5）各业务部门每月上报经济业务报表的同时，上报流动资金使用效率的实绩，即流动资金周转次数和流动资金周转一次所需的天数。

4. 货款回收管理办法

第一条　未收款。

当月货款未能于次月 5 号以前回收者，自即日起至月底止，列入“未收款”。

第二条　催收款。

未收回款又未能于前项期限内回收者，即转列入“催收款”。

第三条　准呆账。

经销店有下列所述的情形者，其货款列入“准呆账”：

（1）经销商已宣告倒闭，或虽未正式宣告倒闭、但其征候已渐明显者；

（2）经销商因他案受法院查封，货款已无清偿的可能者；

（3）支付货款的票据一再退票，而无令人可信的理由、并且已停止出货达到一个月以上者；

（4）催收款迄今未能解决，并已停止出货一个月以上者；

（5）其他货款的回收明显有重大困难的情形，经签准依法处理者。

第四条　未收款的处理。

（1）当月货款未能于次月 5 日以前回收者，财务部应于每月 10 日以前将其明细列交业务部核定。

（2）前项情形该辖区经理级主管应于未收款期限内监督下属解决。

第五条　催收款的处理。

（1）未收款的处理未能依上条第二款解决、以致转为催收款者，该经理级主管应于未收款转为催收款后5日内将其未能回收的原因及对策书面提交副总经理，转呈总经理核示。

（2）货款经列为催收款后，副总经理应于30日内监督下属解决。

第六条　准呆账的处理。

（1）准呆账的处理乃以业务部门为主办，根据所配合的法律程序，由办公室会同财务部另以专案研究处理。

（2）移送财务部配合处理的时机：准呆账第一、二两款的情形，应于知悉后即日呈送财务部会同办公室配合处理。第三、四款的情形，业务部门应依催收款的处理规定先行处理解决；处理未能有结果、认为有依法处理之必要者，再签移财务部会同办公室依法处理。

（3）正式采取法律途径以前的和解，由财务部会同业务部门前往处理。

（4）法律程序的进行，由财务部会同办公室另以专案签准办理，并随时转业务部门协助有关事项。

第七条　准呆账的检查。

准呆账移送财务部后，由财务部移请董事会定期召集业务、办公室、财务部等部门召开检查会，以检查案件的前因后果作为前车之鉴，并评述有关人员是否失职。

5. 资金预算收入管理制度

第一条　内外销收入业务部门依据各种销售条件及收款期限，预计可收（兑）现数编列“内外销收入预计表”。

第二条　劳务收入营业部门收受同业产品代为加工，依公司收款条件及合约规定预计可收（兑）现数编列“内外销收入预计表”。

第三条　退税收入。

（1）退税部门依据申请退税进度，预计可退现数编列“内外销收入预计表”。

（2）预计核退营业税虽非实际退现，以其能抵缴现金支出，得视同退现。

第四条　凡无法直接归属于上项收入者皆属其他收入，包括财务收入、增资收现等；其数额在1万元以上者，均应加以说明。

6. 资金预算支出管理制度

第一条　资本支出。

（1）支出：按业务部门产品支付计划提供之支付预算数编列。

（2）设备分期付款、分期缴纳关税等：会计部门依据分期付款偿付日期予以编列。

（3）机械设备、杂项设备、预付定金等：业务部门依据合约及进度，预定支付预算；预计支付资金编列“资本支出预计表”。

第二条　材料支出。

各部门依请购、采购、结汇作业，分别预计内外购原物料支付资金编列“内外购原物料预计表”。

第三条　薪金。

会计部门依据产销计划等资料及最近实际发生数，斟酌预计支付数编列。

第四条　经常费用。

（1）制造费用：会计部门依据生产计划，参考制造费用有关资料及最近实际发生数，并斟酌预计支付数编列。

（2）推销费用：业务部门依据销售计划，参照以往月份推销费用占营业额之比例推算编列。

（3）管理费用：会计部门参照以往实际数及管理部门工作计划编列。

（4）财务费用：会计部门依据财务部门资金调度情形，核算利息支付编列。

第五条　其他支出。

凡不属于上列各项者皆属其他支出，包括偿还长期（分期）款、股息、红利等支付；其数额在 1 万元以上，均应加以说明。

四、成本、费用管理制度

1. 成本核算细则

▲ 总则

第一条　为规范公司成本核算工作，提高成本核算的准确性和及时性，制定本细则。

▲ **成本开支范围**

第二条　为生产商品和提供劳务而发生的直接材料、直接工资、其他直接支出和制造费用计入制造成本。

（1）直接材料：指生产商品产品和提供劳务过程中所消耗的，直接用于产品生产、构成产品实体的原料及主要材料、外购半成品以及有助于产品形成的辅助材料和其他直接材料。

（2）直接工资：指在生产商品产品和提供劳务过程中，直接参加产品生产的工人工资以及按生产工人工资总额和规定比例计算提取的职工福利费。

（3）燃料及动力：指直接用于产品生产的外购燃料和水、电、汽、冷动力费用。

（4）制造费用：指应由产品制造成本负担的、不能直接计入各产品成本的有关费用，主要指各生产车间管理人员的工资、奖金、津贴、补贴、职工福利费，生产车间房屋建筑物、机器设备等的折旧费，租赁费（不包括融资租赁费），修理费、机物料消耗、低值易耗品摊销，取暖费（降温费），水电费，办公费，差旅费，运输费，保险费，设计制图费，试验检验费，劳动保护费，修理期间的停工损失以及其他制造费用等。

第三条　下列各项支出不得计入成本。

（1）资本性支出，即购置和建造固定资产和其他资产的支出。

（2）对外投资的支出。

（3）无形资产受让开发支出。

（4）违法经营罚款和被没收财产损失。

（5）税收滞纳金、罚金、罚款。

（6）灾害事故损失赔偿。

（7）各种捐赠支出。

（8）各种赞助支出。

（9）分配给投资者的利润。

（10）国家规定不得列入成本的其他支出。

2. 费用开支管理办法

▲ **总则**

第一条　为加强公司财务管理，控制费用开支，本着精打细算、勤俭节约、有利工作的原则，根据国家规定和公司实际情况，特制定本办法。

▲ 费用开支计划

第二条　公司各部门必须在每月底根据下月工作计划制定本单位费用开支计划，由财务部汇总、审核，经公司办公会议或总经理审批，即为公司当月的费用开支计划，并下达各单位费用开支指标。

第三条　公司同时授予副总经理、部门经理对计划内费用开支的审批权限。

第四条　公司费用开支计划留有弹性，并根据实施情况调整或变更授权。

▲ 审批权限及程序

第五条　凡公司费用开支计划内审批程序为：

（1）费用当事人申请；

（2）部门经理审查确认；

（3）财务部门审核；

（4）授权分管副总或总经理审批。

第六条　凡公司计划外开支，一律最后报总经理审批。

▲ 行政费用管理

第七条　办公用品及低值易耗品采购报销手续：

（1）办公室根据计划统一采购、验收、入库，根据发票、入库单报销。

（2）各部门急需或特殊的办公用品，经批准可自行购买：

- 单价在 50 元以下，或总价在 200 元以下，由办公室主任批准；
- 单价在 50 元以上，或总价在 200 元以上，由分管副总批准。

购买后，提交发票、实物，经办公室查验入库单及入账报销。

（3）原则上不报销办公用品之装卸费用。

第八条　车辆使用费报销。

（1）车辆使用费包括汽油费、维修费、路桥费、泊车费、驾驶员补贴。

（2）办公室在掌握车辆维护、用车、油耗情况基础上，制定当月车辆费用开支计划。

（3）油费报销，需由驾驶员在发票背面注明行车起始路程，由办公室根据里程表、耗油标准、加油时间、数量、用车记录复核，经办公室主任签字验核。

（4）路桥费、洗车费由驾驶员每月汇总报销一次，由办公室根据派车记录复核，经办公室主任签字验核。

（5）车辆维修前须提出书面报告，说明原因和预计费用，报销时在发票上列明详细费用清单，由行政部根据车辆维修情况复核，经办公室主任签字验核。

（6）驾驶员行车补助按加班标准计算，每月在工资中列支发放。

第九条　交通费报销。

（1）交通补贴见公司补贴津贴标准。

（2）交通补贴在员工工资中发放。

（3）员工外勤不能按时返回就餐者可给予误餐补贴。

（4）员工外勤每天交通费标准为__元，经批准可乘坐出租车并报销；凡公司派车和乘坐出租车，均不报销外勤交通费。

第十条　应酬招待开支报销。

（1）根据公司对外接待办法文件中所规定的接待标准接待。

（2）应酬应事先申请并得到批准。

（3）原则上不允许“先斩后奏”；因特殊原因无法事先办理的，事后须及时报告有关领导。

（4）应酬一般在定点酒店、宾馆进行；一般在签单卡签字后按月结算，不得擅自在它处或用现金结算。

▲ 附则

第十一条　本办法由财务部解释、补充，经总经理办公会议批准。

3. 费用报销规定

▲ 目的

第一条　为加强公司财务管理，控制费用开支，本着精打细算、勤俭节约、有利工作的原则，根据公司实际情况，特制定本规定。

▲ 范围

第二条　本规定适用于公司。

▲ 职责

第三条　财务出纳人员：严格审核报销单据是否符合要求、审批手续是否完善，监控公司费用支出情况。

第四条　审批人员：严格审批各项费用支出的真实性及合理性，控制公司费用支出。

第五条　报销人员：根据相关规定，严格执行报销手续，努力节约公司开支。

▲ 费用报销具体规定

第六条 报销票据的内容要求。

原始发票单据应包括日期、商品名称、单价、数量、金额，并盖有开票单位的发票或财务专用章；经办人必须要求开票单位如实填写发票所有内容。涂改、大小写不符、假发票以及未盖章的收据一律不予报销。

第七条 “费用报销单”的填写要求。

员工报销需填制“费用报销单”（或“支付证明单”），所有单据要按性质（如差旅费、招待费、办公费用）分类、分次、分页粘贴填制；差旅费必须分次、按出差地点分开填列，并计算好出差天数，住宿、伙食补助和市内交通费在限额内填报；所有报销单据的张数和合计金额必须准确无误地填写，粘贴要求整齐、美观。

第八条 报销程序。

（1）在董事会授权人审批权限内报销的程序：经办人→部门主管审核→分管副总经理（或总经理）→财务部审核、付款结算→董事长。

（2）超出董事会授权人审批权限报销的程序：经办人→部门主管审核→分管副总经理（或总经理）→董事长→财务室审核、付款结算。

注：如涉及货款支付，则必须交总经理签名。

第九条 公司报销授权规定。

经公司董事长授权，报销金额在500元以下的，可由总经理审批后即可报销； 且财务出纳人员在付款后，仍须将支付后的报销单据，交总经理签字确认。

第十条 审批人员注意事项。

（1）部门负责人:

部门负责人需要审核部门人员报销事项的真实性，例如出差审核出差时间、出差路线，以及要报销的相关事项的真实性；部门负责人签字可注明本人意见，如“情况属实”等。如以后经查实被审核事项有舞弊、不负责任行为，审核人负连带责任。

（2）分管副总经理:

分管副总签字需要审核报销事项的合规性、合理性、准确性，例如按公司制度是否应该报销、报销的金额是否是按公司制度来计算的、金额的准确性等；副总经理可发表自己的审核意见，如“同意实报” “同意报销×× 元”等。如以后经查实被审核事项有舞弊、不负责任行为，审核人负连带责任。

（3）财务人员：

财务核算人员接到员工报销款项，应对单据进行审核、登记，并对所有费用支出进行分析，以供费用资金预算参考之用。

财务出纳人员接到员工报销款项，应首先对单据进行复核，然后将报销款冲抵员工的个人借支。

在认为员工所报销的费用不真实、不合规的情况下，可以暂时不予报销，并直接向公司董事长汇报。

第十一条　各类费用报销注意事项。

（1）按月报销相关费用：

公司管理层及员工按月报销相关费用，例如手机费用，必须由当事人向公司总经理提交费用报销申请，并注明每月报销金额；总经理审批同意后，于财务核算人员处登记，交一份给财务部出纳人员备份，当事人即可每月向公司申请报销此项费用，但报销程序仍与上面所述一致。

（2）按次报销相关费用：

管理层及员工报销的零星费用，按上述报销程序操作，经相关人员审批后即可报销；如发生紧急的费用支出，出纳人员应按授权范围，向总经理口头申请事后再补签单据。

（3）报销零星采购支出：

采购人员报销零星采购支出，应将采购单、已签收的客户送货单作为单据附件，按上述报销程序操作，经相关人员审批后即可报销。

（4）出差期间因公支出的费用，据实报销，但以下费用不得报销：

- 违规罚款不得报销（司机为工作需要闯禁区的除外）。
- 有报销手机费的员工，外出不得报销邮电费。
- 在外请客户或受客户宴请时，不得报销餐费补助。
- 业务人员宴请客户发生之费用，未注明宴请对象的不得报销。
- 无出差报告（当天往返及司机除外），不得报销差旅费。
- 出差无申请表的也不得报销。

（5）车辆使用费用报销之特别说明：

- 填写司机差旅费报销单，要注明车牌号码、随车人员、目的地、发出时间、回厂时间。
- 费用开支（包括用餐、过路、加油、维修保养）一律凭发票报销。
- 单据经审批后，于财务核算人员处登记。

（6）员工在报销差旅费时，经审查发现有多开发票金额、多报金额的，按多报金额10倍处罚，并按公司制度进行行政处分，直至开除。

▲ **其他**

第十二条　公司财会人员有权对一切报销单据和所发生经济业务的合理性、合法性、真实性进行审核，对违反本规定一律不予报销；任何人不得打击报复。

第十三条　本规定由财务部解释、修订，经公司开会批准颁行。

4. 现金收支管理办法

第一条　各部门应支付的一切费用费用，包括可控制费用与不可控制费用，均应自财务部汇入之金额中支付。

第二条　各部门的可控制费用统一于每月月底前由财务部就下月份各部门的费用概算一次（必要时得分次）汇入各部门的计划内备支。

第三条　各部门的收入款项除财务部汇入的款项外，一律不得自行挪用部门内收回的应收账款（包括现金及支票收回的应收账款），而应依账款管理办法的规定，悉数寄回公司财务部。

第四条　现金收支旬报表的填写应一次复写两联，第一联于每旬第一日（即每月1日、11日、21日）中午以前就上旬收支逐项编制妥当，连同费用科目的正式收据或凭单呈部门主管签核后，以限时转送寄送财务部；第二联由各部门自行汇订成册，作为费用明细账，并凭此于月底当天填制“费用预算分析表”。

第五条　现金收支旬报表上的编号系指费用的笔项而言，采用每月一次连续编号方式；月内的每月编号应相互衔接并连续编至当月月底止，次月一日再行重新编号。

第六条　现金收支旬报表上科目栏中“类别”的填写，系指依所发生的各项费用其分属类别，分别以“业”或“服”或“管”等字表示，其性质的区分如下：

（1）业务费用：凡属业务人员所发生费用。

（2）服务费用：凡属服务人员所发生的费用。

（3）管理费用：凡营业费用及服务费用外所发生的一切费用。

第七条　现金收支旬报表上科目栏中的“名称”系指各项费用的科目名称，其明细如下：

（1）业务费用，即业务人员所发生的下列诸费：

- 汽车诸费：业务人员汽油、机油、过桥费、寄车费等。
- 旅费：业务人员计程车资及营业员因业务之需所付的差旅费。

- 公共关系：凡业务人员因业务上应酬所需支付者。
- 薪工津贴：业务人员薪资（包括本薪、机车津贴、交际津贴、成交奖金、各项加给及值班费等）。
- 名片费用：业务人员所印名片。

（2）服务费用,即服务人员所发生下列诸费:

- 汽车诸费：服务人员所支之汽油、机油、过桥费、寄车费等。
- 旅费：服务人员所支之计程车资及服务人员因服务的需要所支的差旅费。
- 公共关系：服务人员因服务上的需要所支的交际费。
- 薪工津贴：全体服务同仁的薪资（包括本薪、机车津贴、绩效奖金、加给及值班费等）。
- 坏账：账款尾数无法收回者。
- 名片费用：全体服务同仁所印的名片费。
- 工具费用：单价在 100 元以下的工具费。

（3）管理费用,即业务费用及服务费用外所发生的费用:

- 汽车诸费：业务人员及服务人员外所支付的汽油、机油。
- 旅费：在业务人员及服务人员之外所支付的计程车资或出差旅费。
- 运费：装载货物所支付的费用。
- 文具用品费用：购买日常所用的文具纸张等所支费用。
- 清洁费用：雇佣清洁公司打蜡所支的费用及其他费用。
- 邮资：邮寄函件及包裹的邮资及购邮票等所支费用。
- 电话费：业务上的长途电话及市区电话费用。
- 电报费：因业务上的需要而拍发电报所支费用。
- 电力费：用电所支付的费用。
- 自来水费：用自来水所支付的费用。
- 修理费：汽车修理及保养费等。
- 人事广告费：刊登招员启事等所支费用。
- 报章杂志：订阅报章杂志所支付的费用。
- 固定薪资：在业务人员及服务人员之外的薪资。
- 公共关系：在业务人员及服务人员之外所支付的交际费。

- 租金支出：房屋的租金。
- 税捐：支付营业印花税。
- 其他变动费用：未能列入该分类科目的费用。

第八条 上述所列项目，会计员应按其性质区分（即业务费用、服务费用、管理费用等）妥予分类报支，不得相互混淆，始得由财务部汇寄支付。

第九条 “费用预算分析表”上的费用率系指当月份的费用与营业额的百分比；“本月费用预算”一栏之计算公式如下：

（1）本月“营业费用”预算＝上月营业费用×（1士本月营业收入成长率）

（2）本月“服务费用”预算＝上月服务费用×（1士本月服务收入成长率）

（3）本月“管理费用”预算＝上月管理费用×（1士本月营业及服务总收入成长率×20%）

第十条 本办法由财务部呈总经理核准公布后实施，修订时同。

五、应收账款管理制度

1. 应收账款及应收票据管理制度

第一条 为确保公司权益，减少坏账损失，特制定本准则，以资遵行。

第二条 各营业部门应翔实办妥客户征信调查，并随时侦查客户信用的变化（可利用机会通过A 客户调查B 客户的信用情况），并签注于征信调查表相关栏内；但政府机关、公营事业、信用良好的民营大企业及风险低的小金额或现金交易客户应不受此限。

第三条 营业部门最迟应于出货日起60 日内收款；如超过上列期限者，财务部门就其未收款项详细列表，通知各营业部门主管，转为呆账，并自奖金中扣除，嗣后收回票据时再行冲回。但政府机关、公营事业及民营大企业等制定有其内部付款程序者，应依其规定。

第四条 营业部门所收票据，自销售日起算至票据兑现日止，以120 天为限；过上列期限者，财务部即依查得资料，就其超限部分的票据编列明细表，通知营业部门加收利息费用，利息概以月息2 分计算。

第五条 赊售货品收受支票时，应注意下列事项：

（1）注意发票人有无权限签发支票。

（2）非该商号或本人签发的支票，应要求交付支票人背书。

（3）注意查明支票有效的绝对必要记载事项，如文字、金额、到期日、发票人盖章等是否齐全。

（4）注意所收支票账号号码愈少表示与该银行往来期愈长，信用较为可靠（可直接向银行查明或请财务部协办）。

（5）注意所收支票账户与银行往来的期间、金额、退票记录情况（可直接向付款银行查明或请财务部协办）。

（6）支票上文字有无涂改、涂销或更改。

（7）注意支票记载何处不能修改（如大写金额），可更改者是否于更改处加盖原印鉴。

（8）注意支票上的文字记载（如禁止背书转让字样）。

（9）注意支票是否已逾到期日一年（逾期一 年失效）；如有背书人，应注意支票提示日期，是否超过后列第六条的规定。

（10）尽量利用机会通过A 客户注意B 客户支票（或客票）信用。

第六条　本公司收受的支票提示付款期限，最迟应于到期日后6 日内予以处理。

第七条　所收支票已上交者，如退票或因客户存款不足或其他因素，要求退回兑现或换票时，营业单位应填具票据撤回申请书，经部门主管签准后，送财务部办理；营业部门取回原支票后，必须先向客户取得相当于原支票金额的现金或担保品或新开支票，将原支票交付，但仍须依上列规定办理。

第八条　应收账款发生折让时，应填具折让证明单；其折让部分应设销货折让科目表示，不得直接由销货收入项下减除。

第九条　财务部接到银行通知客户退票时，应即转告营业部门；对于退票，营业部门无法换回现金或新票时，应即寄发存证信函，通知发票人及背书人，并迅速拟定方案处理。

第十条　营业部门对退票申诉案件送请财务部办理时，应提供下列资料：

（1）发票人及背书人户籍所在地（先以电话告知财务部）。

（2）发票人及背书人财产（土地应注明所有权人、地段、地号、面积、抵押）、建筑物（土地改良物应注明所有权人、建号、设定抵押）、其他财产(应注明名称、存放地点、现值等)。

（3）其他投资事项。

第十一条　上列债权确定无法收回时，应专案送递财务部，并附经税捐机关认可的合法凭证(如法院裁定书或当地派出所证明文件或邮政信函等）呈总经理核准后，才能冲销应收账款。

第十二条　依法申诉而无法收回债权部分，应取得法院债权凭证，交财务部门保管；如事后发现债务人（利益偿还请求权时效为 15 年）有偿债能力时，应依上列有关规定申请法院执行。

第十三条　本公司营业人员不依本准则的各项规定办理或有勾结行为致使本公司权益蒙受损失者，依人事管理规则议处，情节重大者移送司法机关。

第十四条　本办法经呈准后公布实施，修订时亦同。

2. 问题账款处理办法

第一条　为妥善处理“问题账款”，争取时效，以维护本公司与销货经办人的权益，特制定本办法。

第二条　本办法所称的“问题账款”系指本公司营业人员于销货过程中所发生被骗、被倒账、收回票据无法如期兑现或部分货款未能如期收回等情形的案件。

第三条　因销货而发生的应收账款自发票开立之日起逾两个月尚未收回、亦未按公司规定办理销货退回者，视同“问题账款”。但情形特殊经呈报副总经理特准者不在此限。

第四条　“问题账款”发生后，该单位应于 2 日内据实填妥“问题账款报告书”（以下简称“报告书”），并检附有关证据、资料等依序呈请单位主管查证并签注意见后，转请财务协助处理。

第五条　上条所述报告书上的基本资料栏由经办人填写；经过情形、处理意见及附件明细等栏由销货经办人填写。

第六条　办公室应于收到报告书后 2 日内与经办人及单位主管会商、了解情况后拟订处理办法，呈请直属副总经理批示，并协助经办人处理之。

第七条　经批示后的报告书，办公室应即复印一份通知财务部备案；如为尚未开立发票的“问题账款”，则应另复印一份通知财务部备案。

第八条　仓库部接到办公室转来的报告书后，应将“问题账款”的商品专案列账，免受试用日数的限制。

第九条　经办人填写报告书后，应注意：

（1）务必亲自据实填写，不得遗漏。

（2）发生原因栏如勾填“其他”时，应在括弧内注明简略原因。

（3）经过情形栏应从与客户接洽时起，依时间的先后，逐一载明至填报日期止的所有经过情形；本栏空白若不敷填写，可另加粘白纸填写。

（4）处理意见栏仅供经办人自己拟具赔偿意见之用；如有需公司协助者，亦请在本栏内填明。

第十条　报告书未依前条规定填写者，办公室得退回经办人，请其于收到原报告书 2 天内重新填写提出。

第十一条　“问题账款”发生后，经办人未依规定期限提出报告书、请求协助处理者，办公室应不予受理；逾 15 天仍未提出者，该“问题账款”应由经办人负全额赔偿责任。

第十二条　会计员未主动填写报告书的基本资料或单位主管疏于督促经办人于规定期限内填妥并提出报告书，致经办人应负全额赔偿责任者，该单位主管或会计员应连带受行政处分。

第十三条　“问题账款”处理期间，经办人及其部门主管应与办公室充分合作；必要时，办公室得借阅有关部门的账册、资料，并请求有关部门主管或人员配合查证，该部门主管或人员不得拒绝或借故推拖。

第十四条　办公室协助业务部门处理的“问题账款”，自该“问题账款”发生之日起 40 天内尚未能处理完毕的，除情形特殊经报请副总经理核准延期赔偿者外，概由财务部依外务人员、业务主管部门待遇办法中有关倒账赔偿的规定，签拟经办人应赔偿的金额及其偿付方式，呈请总经理核定。

第十五条　本办法各条文中所称“问题账款发生之日”如为票据未能兑现，系指第一次收回票据的到期日；如为被骗，则为被骗的当日；此外的原因，则为该笔交易发票开立之日起第 60 天算。

第十六条　经核定由经办人先行赔偿的“问题账款”，办公室仍应寻求一切可能的途径继续处理；若事后追回商品或货款时，应通知财务部于追回之日起 5 天内依比率一次退还原经办人。

第十七条　办公室对“问题账款”的受理，以报告书的收受为依据；如情况紧急时，得由经办人先以口头提请办公室处理，但经办人应于次日补齐报告书。

第十八条　经办人未据实填写报告书，以致妨碍“问题账款”的处理者，除应负全额赔偿责任外，办公室并得视情节轻重签请惩处。

第十九条　本办法经总经理核准后公布实施，修正时相同。

3. 呆账管理办法

第一条　本公司为处理呆账，确保公司在法律上的各项权益，特制定本办法。

第二条　公司应对所有客户建立“客户信用卡”，并由业务代表依照过去半年内的销售实绩及信用的判断，拟定其信用限额（若有设立抵押的客户，以其抵押标的担保值为信用限额），经主管核准后，应转交会计人员善加保管，并填记于该客户的应收账款明细账中。

第三条　信用限额系指公司可赊销货品给某客户的最高限额，即指客户的未到期票据及应收账款总和的最高极限；任何客户的未到期票款都不得超过信用限额，否则应由业务代表及业务主管、会计人员负责，并负所发生倒账的赔偿责任。

第四条　为适应市场并配合客户的营业消长，每年分两次，可由业务代表呈请调整客户的信用限额，第一次为 6 月 30 日，第二次为 12 月 31 日，核定方式如上述第二条。

第五条　业务代表所收受支票的发票人非客户本人时，应交客户以店章及签名背书，经主管核阅后缴交出纳；若因疏忽所遭致的损失，则应由业务代表及主管各负 1/2 的赔偿责任。

第六条　各种票据应按记载日期提示，但经公司主管核准者不在此限；催讨换延票时，原票尽可能留待新票兑现后始返还票主。

第七条　业务代表不得以其本人的支票或代换其他支票充缴货款；如经发现有违反，除应负责该支票兑现的责任外，以侵占货款名义依法追究其责任。

第八条　公司收到退票资料后，倘退票支票为客户本人属发票人时，则公司主管应立即督促业务代表于一周内收回票款；倘退票支票有背书人时，应即填写支票退票通知单，一联送背书人，一联存查，并进行催讨工作；若因违误所造成的损失，概由公司主管及业务代表共同负责。

第九条　公司对催收票款的处理，在一个月内经催告仍无法达到催收目的、其金额在 2 万元以上者，应即将该案移送法务室依法追诉。

第十条　催收或经诉讼案件、有部分或全部票款未能收回者，应取得警察机关证明、邮局存证信函及债权凭证、法院和解笔录、申请调解的裁决凭证、破产宣告裁定等其中任何一种证件，送财务部作冲账准备。

第十一条　没有核定信用限额或超过信用限额的销售而遭致倒账，其无信用限额的交易金额，由业务代表负全数赔偿责任。而超过信用限额部分，若经会计或主管阻止者，全数由业务代表负责赔偿；若会计或主管未加阻止者，则业务代表赔偿 80% ，会计及主管各赔偿 10%；若超过信用限额达 20%以上的倒账，除由业务代表负责赔偿外，公司主管则视情节轻重予以惩处。

第十二条　业务代表应防止而未防止或有勾结行为者，以及没有合法营业场所或虚设行号的客户，不论信用限额如何，全数由业务代表负赔偿责任；送货签单因归罪于业务代表的疏忽而遗失，以致货款无法回收者亦同。

第十三条　设立未满半年的客户，其信用限额不得超过人民币 2 万元；如违反规定而发生呆账，由业务代表负责全额赔偿。

第十四条　各业务主管、业务代表于其所负责的销售区域内，容许呆账率（即实际发生呆账金额除以全年销售净额的比率）设定为全年的5‰。

第十五条　各业务主管、业务代表其每年发生的呆账率超过容许呆账率的惩处如下：

（1）超过5‱，未满6‱者，警告一次，减发年终奖金10%。

（2）超过6‱，未满8‱，通报批评一次，减发年终奖金20%。

（3）超过8‱，未满10‱，记小过一次，减发年终奖金30%。

（4）超过10‱，未满12‱，记小过二次，减发年终奖金40%。

（5）超过12‱，未满15‱，记大过一次，减发年终奖金50%。

（6）超过15‱以上，即行调职，不发年终奖金。

若中途离职，于其任期中的呆账率达到上列程度时，减发奖金的比例以离职金计算。

第十六条　各业务主管、业务代表其每年发生的呆账率低于5‱时的奖励如下：

（1）低于‱（不包括5‱），高于4‱（包括4‱），嘉奖一次，加发年终奖金10%。

（2）低于4‱，高于3‱，嘉奖两次，加发年终奖金20%。

（3）低于3‱，高于2‱，记小功一次，加发年终奖金30%。

（4）低于2‱，高于1‱，记小功两次，加发年终奖金40%。

（5）低于1‱，记大功一次，加发年终奖金50%；若中途离职，不予计算奖金。

第十七条　呆账率容许规定。

对各业务主管、业务代表以外人员的奖励的条件是每年所发生的呆账率低于如下容许内容：

（1）低于5‱（不包括5‱），高于4‱（包括4‱），每人加发年终奖金5%。

（2）低于4‱，高于3‱，每人加发年终奖金10%。

（3）低于3‱，高于2‱，每人加发年终奖金15%。

（4）低于2‱，高于1‱，每人加发年终奖金20%。

（5）低于1‱每人加发年终奖金25%。

第十八条　业务部门因倒账催讨回收的票款，可作为其发生呆账金额的减项。

第十九条　法务室依上述第九条接受办理的呆账，依法催讨收回的票款减除诉讼过程的一切费用的余额，其承办人员可获得如下的奖金：

（1）在受理后 6 个月内催讨收回者，得 20%的奖金。

（2）在受理后 1 年内催讨收回者，得 10%的奖金。

第二十条　依上述第十一条已提列坏账损失或已从呆账准备冲转的呆账，业务人员及稽核其收回的票款，由催收回者获得 30%奖金。

第二十一条　本办法的呆账赔偿款项，均在该负责人员的薪资中，自确定月份开始逐月扣赔；每月的扣赔金额，由其主管签呈核准的金额为准。

第二十二条　本办法经总经理核准后实行，修改时亦同。

4. 应收账款日常管理制度

第一条　为了进一步规范应收账款的日常管理和健全客户的信用管理体系，对应收账款在销售的事前、事中、事后进行有效控制，特制定本制度。

第二条　建立客户档案，进行有效的信用评估和跟踪记录。

第三条　事前控制（签约到发货）。

从初识客户到维护老客户，业务人员以及经办业务的各级管理人员都应全面了解客户的资信情况，选择信用良好的客户进行交易。

（1）对客户的审查内容（“5W”）：

who ——人员素质，销售业绩，社会关系。

Where ——地理位置，物流配送情况。

when ——从事本行业的时间，何时开始合作，有否合作经历。

what ——信用档案，有无不良纪录。

why ——关键点，为什么要合作，合作原因，合作动机，合作前景。

（2）对客户的评定等级：

- A 类客户，回款 2 个月内。
- B 类客户，回款 5 个月内（最好预付一部分货款）。
- C 类客户，回款 8 个月内（必须预付一部分货款）。
- D 类客户，回款时间相当长，不可靠（必须货款两清）。

（3）合同是解决应收账款追收的根本依据，签约时要对销售合同的各项条款进行逐一审查核对，合同的每一项内容，都有可能成为日后产生信用问题的凭证。

（4）在销售合同中应明确的主要内容：

· 明确交易条件，如品名、规格、数量、交货期限、价格、付款方式、付款日期、运输情况、验收标准等；

· 明确双方的权利义务和违约责任；

· 确定合同期限；

· 签订时间和经办人签名加盖合同专用章或公司印章（避免个人行为的私章、单一签字或其他代用章）；

· 电话订货，最好有传真件作为凭证。

合同的签订必须经过市场部经理审核确认才可以盖章。

第四条　事中控制（发货到收款）。

（1）发货查询，货款跟踪。每次发货前客服部必须与销售合同保持核对；公司在销售货物后，就应该启动监控程序，根据不同的信用等级实施不同的收账策略，在货款形成的早期进行适度催收，同时注意维持跟客户良好的合作关系（由销售人员和客服中心进行全程跟踪）。

收账策略如下：

· A 类客户，按常规合同。

· B 类客户，最好预付一部分货款。

· C 类客户，必须预付一部分货款。

· D 类客户，必须货款两清。

（2）回款记录、账龄分析。财务要形成定期的对账制度，每隔一个月或一季度必须同顾客核对一次账目，形成定期的对账制度，不能使管理脱节，以免造成账目混乱互相推诿、责任不清；并且详细记录每笔货款的回收情况，经常进行账龄分析。

有几种情况容易造成单据、金额等方面的误差。

· 产品结构为多品种、多规格；

· 产品的回款期限不同，或同种产品回款期限不同；

· 产品出现平调、退货、换货时；

· 客户不能够按销售单据或发票回款。

以上情况会给应收账款的管理带来困难，而定期对账会避免双方财务上的差距像滚雪球一样越滚越大并终造成呆、死账现象；同时对账之后要形成具有法律效应的文书，而不是口头承诺。

第五条　事后控制（欠款到追收）。

（1）欠款到追收。对拖欠账款的追收，要采用多种方法清讨，催收账款责任到位；原则上采取业务经理负责制，再由业务经理落实到具体的业务员身上。

对已发生的应收账款，可按其账龄和收取难易程度，逐一分类排序，找出拖欠原因，明确落实催讨责任；对于确实由于资金周转困难的企业，应采取订立还款计划，限期清欠，采取债务重整策略；应收账款的最后期限，不能超过回款期限的 1/3（如期限是 60 天，最后收款期限不能超过 80 天），如超过即马上采取行动追讨。

（2）总量控制，分级管理。财务部门负责应收账款的计划、控制和考核，销售人员是应收账款的直接责任人，公司对销售人员考核的最终焦点是收现指标。货款回收期限前一周，电话通知或拜访负责人，预知其结款日期，并在结款日按时前往拜访。

追款三步骤：

① 联系：电话-联系沟通-债务分析-分析拖款征兆

销售人员要适时与客户保持电话联系，随时了解客户的经营状况、财务状况、个人背景等信息并分析客户拖款征兆。

② 信函：期限-实地考察-保持压力-确定追付方式

销售人员要对客户进行全程跟进，与客户接触率与成功回收率是成正比的，越早与客户接触，与客户开诚布公地沟通，被拖欠的机会就会越低；并且给予客户一个正确的观念:我们对所有欠款都是非常严肃的，是不能够容忍被拖欠的！

③ 走访：资信调查-合适的催讨方式

销售人员要定期探访客户，客户到期付款，应按时上门收款，或电话催收；即使是过期一天，也应马上追收，不应有等待的心理；遇到客户风险时，采取风险预警和时时、层层上报制，在某个责任人充分了解、调查、详细记录客户信用的情况下，由主管、经理等参与分析，及时对下属申报的问题给予指导和协助。

（3）对已拖欠款项的处理事项:

① 文件：检查被拖欠款项的销售文件是否齐备。

② 收集资料：要求客户提供拖欠款项的事由，并收集资料以证明其正确性。

③ 追讨文件：建立账款催收预案。根据情况不同，建立三种不同程度的追讨文件——预告、警告、律师函，视情况及时发出。

④ 最后期限：要求客户了解最后的期限以及其后果，让客户明确最后期限的含义。

⑤ 要求协助：使用法律手段维护自己的利益，进行仲裁或诉讼。

第六条　预警管理。

（1）每一客户会计年度终结，必须取得欠款人对所欠款的书面确认。

（2）任何应收款应在发货之日起，逾期一年零六个月，一律报告公司总经理，并通知公司法律顾问启动催讨程序。

5. 应收账款对账制度

▲ 目的

第一条　为明晰客户的应收账款，减少不必要的账款纠纷，保护公司的资产安全，特制定本制度。

第二条　对于需要对账的客户，应由销售人员向本单位应收会计人员提出提供对账单请求。

▲ 对账程序

第三条　会计人员应及时从财务系统内导出客户对账单提供给销售人员，同时做好已发出对账单的记录，以备将来核销和查询。

第四条　销售人员收到后向客户邮寄、传真或者以其他方式（电子邮件等）传送对账单。

第五条　客户收到对账单确认余额后或者未确认余额并列明异议情况后以邮寄、传真或者以其他形式传递到公司财务部。

第六条　如果该客户在发出对账单后一个月没有回复，则会计应通知销售人员下个月继续对账；如果该客户连续三个月没有回复对账单，对口的销售人员应该将该笔对账业务转交销售部专人或者法务人员，由该专人负责通过电话等形式高频率督促该客户回复对账结果；对于账龄超过一年的并且有连续三次未收到对账单回单的账款，对口的销售人员必须亲自到客户处对账，否则发生的坏账由相关的销售人员承担相应的经济责任。

第七条　应收会计收到的对账单回单后核销已发出对账单的记录，将汇单装订保存备查；如果对账单回单有异议，则财务人员应该和销售人员及物流人员共同寻找差异原因（例如货到发票未到）。

第八条　如果对方对余额有异议，要求提供明细账，或者对账单回单没有提供对方明细账的情况，会计人员应该告知客户会发送从不符合开始的月份开始的明细账。

▲ 对账单内容和使用说明

第九条　对账单标题，客户名称，币种，对账期间，客户公司地址，电话，电子邮件和联系人，公司地址，电话，传真，电子邮件和会计姓名。

如下表所示：

客户名称	××公司	地址		联系人		电话		传真		电子邮件	
××公司		地址		会计		电话		传真		电子邮件	
贵公司× 期间交易信息如下，请贵公司详细核对后于两周内回复，谢谢。截止×× 年× 月×日 ，贵公司尚有× 元账款未向我公司支付。如果确认请在此处签名或盖章；如果有异议请在此处列明，或在对账单背面附上贵公司的应付款明细　×××公司公章											
记账日期	客户订单号	商品名称	数量	单据类别	单据号码	应收款	收到款	应收余额	核销记录或差额		
				发票							
				收单							

第十条　应收款余额。如果客户的对账情况较好则只需提供余额。

第十一条　应收账款明细：每笔客户订单，发票号码，商品名称，发货单号码，数量，金额，账款到期日期。如果与客户的余额对不平，或者该客户长期对账情况不佳，则应收会计要提供余额从对不平会计期开始的应收账明细。

第十二条　告知客户：如果余额与客户的应付账不符合，请将客户应付公司账款的明细账附在公司对账单的背面发回公司；如果公司已经向客户提供应付明细账，则请客户在不相符合明细记录的客户会计核销记号栏中打上差错标记并写上差异金额。

▲ 对账单的确认形式

第十三条　在公司对账单上签字或者盖章后邮寄回或者传真回公司。

第十四条　如果公司曾以电子邮件文档形式发出对账单的，客户的回复电子邮件（必须含有客户邮件地址），也可以作为确认形式。

第十五条　对于客户仅仅在对账单上签名或者电话告知销售人员之后由销售员代签的，公司会计需要以电话方式向客户方会计抽查“重要客户和对账情况不佳的客户”对账结果。

▲ 对账周期

第十六条　一般半年一次（含审计一次）；对于会计力量较弱的客户做到四个月一次。

第十七条　对于新发生业务或者业务往来较少的客户，原则上在收账期未到期前不发出账单。

第十八条　账龄超过一年的应收账款项目和超过应收账款信用额度预警线的客户，要每月对账。

▲ 附则

第十九条　在对账的实际操作中，遇到需要特殊处理的情况（如预计的索赔损失超过了应收款余额），需要征得财务和销售领导人的同意。

第二十条　本制度每隔一定时期要针对各种实际情况进行修订。

六、会计档案管理制度

1. 会计档案管理制度

第一条　为加强会计管理，特制定本管理制度。

第二条　企业的会计档案，包括会计凭证、会计账簿、会计报告、查账报告、验资报告财务会计制度以及与经营管理和投资者权益有关的其他重要文件，如合同、章程、董事会计等各种会计资料。

第三条　会计档案的保存。

（1）财务部应有专人负责保存会计档案，定期将财务部归档的会计资料，按顺序立卷登记。

（2）会计档案的保管期限为永久保存和定期保存两类。

（3）会计档案保管期满需要销毁时，由会计档案管理人员提出销毁意见，经部门经理审查，总经理批准，报上级有关部门批准后执行；由会计档案管理人员编制会计档案销毁清册；销毁时应由审计部和财务部有关人员共同参加，并在销毁单上签名或盖章。

第四条　会计档案的借用。

（1）财务人员因工作需要查阅会计档案时，必须按规定顺序及时归还原处；若要查阅入库档案，必须办理有关借用手续。

（2）集团内各单位若因公需要查阅会计档案时，必须经本单位领导批准证明，经财务经理同意，方能由档案管理人员接待查阅。

（3）外单位人员因公需要查阅会计档案时，应持有单位介绍信，经财务经理同意后，方能由档案管理人员接待查阅，并由档案管理人员详细登记查阅会计档案人的工作单位、查阅日期、会计档案名称及查阅理由。

（4）会计档案一般不得带出室外；如有特殊情况需带出室外复制时，必须经财务部经理批准，并限期归还。

第五条　由于会计人员的变动或会计机构的改变等，会计档案需要转交时，须办理交接手续，并由监交人、移交人、接收入签字或盖章。

第六条　本制度适用于公司总部、下属全资及控股企业；会计档案的类别不同，保管期限也不同。

（1）会计凭证类：

① 原始凭证、记账凭证 15 年。

其中：涉及外来和对私改造的会计凭证永久性保存。

② 银行存款余额调节表 3 年。

（2）会计账簿类：

① 日记账 15 年。

其中：现金和银行存款日记账 25 年。

② 明细账、总账、辅助账 15 年。

③ 涉及外来和对私改造的会计账簿永久性保存。

（3）会计报表类：

① 主要财务指标报表 3 年。

② 月、季度会订报表 15 年。

③ 年度会计报表永久性保存。

（4）其他类：

① 会计档案保管清册及销毁清册 25 年。

② 财务成本计划 3 年。

③ 主要财务会计文件、合同、协议永久性保存。

2. 电算化系统会计档案管理制度

▲ 资料管理与保密

第一条　现金记账凭证及日记账的输出及保管。

现金收付业务要做到当日业务当日清。现金记账凭证一律由专职会计人员手工做记账凭证，审核无误后当日输入计算机并打印出现金日记账页，审核后交现金出纳人员核对现金库存，相符后出纳员及主管负责人在账页上盖章，按月编页码装订成册加盖封印，年终将各月现金日记账顺序装订成册，加盖封印妥为保管。

第二条　银行记账凭证、账册的输出与保管。

银行记账凭证分机制凭证和手编记账凭证两种。有关财务人员必须及时把经审核无误的原始凭证或手编凭证，当日输入计算机并打印银行日记账，以保证银行出纳当日业务当日清；银行账页经出纳审核无误后，出纳和主管会计签字盖章，按日装订成册，年终将各月银行日记账顺序装订成册，并加盖封印，妥为保管。

现金、银行记账凭证可采取汇总的方式，装订成册，妥为保管。

第三条　转账凭证的输入、输出与保管。

转账凭证包括手编凭证和机制凭证两种，有关会计人员应及时将审核无误的原始凭证或手工编制的记账凭证，输入计算机；机制凭证在输入计算机后要打印输出，并与手编凭证同样装订成册，妥为保管。

第四条　科目汇总表、账簿打印时间。

（1）现金、银行日记账每天打印。

（2）银行余额调整表每月打印一次。

（3）总分类账和各种明细分类账每月打印一次。

（4）现金、银行存款、转账记账凭证的科目汇总表每本打印一次，并同该本记账凭证一起装订。

（5）会计报表、计算表、分析表，按管理要求和时间打印输出，经有关财会人员审核无误后签字生效。

第五条　其他。

由机器打印输出的会计档案发生缺损时，必须补充打印，并要求操作人员在打印输出的账页上签字盖章，财务主管签字盖章认可。

▲ 数据备份管理

第六条　由于会计核算数据的重要性，必须经常进行备份工作。

第七条　在日常工作中，准备三套软盘循环使用，隔日进行备份，以避免意外和人为错误造成对工作的干扰。

第八条　需要做备份的包括系统设置文件、科目代码文件、期初余额文件、本月账务文件、报表文件及其他核算子系统的数据文件。

第九条　机内凭证及总分类账、明细分类账、报表，应视同会计资料按月做两套软盘备份，交会计档案保管员分别放置在不同地方妥为保管。

▲ 会计档案管理

第十条　会计档案存档手续：打印输出的凭证、账册、报表，必须有会计主管的签章才能存档保管。

第十一条　为保证备份数据的安全，备份软盘必须贴上写保护标签，装人盘套，放进硬盒，存放在安全、洁净、防热、防潮、防磁的场所。

第十二条　由打印输出的凭证、账册、报表等书面形式的会计档案按《 会计档案管理办法》所规定的保管期限和管理办法管理。

第十三条　随计算机配置而来的操作系统、各类应用程序软件，以及所购买的商品化会计核算系统软件和以上软件的备份磁盘，皆作为会计档案保管。

第十四条　各类会计档案的出借，均必须经过会计主管审批同意并签章；如果对备份磁盘的操作可能危及该备份磁盘的完整性，应制作该备份磁盘的复制件，使用复制件进行操作。

第十五条　必须加强会计档案的保密工作，任何人如有伪造、非法涂改变更以及故意毁坏数据文件、账册、备份磁盘等的行为，将受到行政处分；情节严重者，将追究其法律责任。

七、有关经济责任的规定

1. 向财务部申请支付各种款项，必须如实填写申请手续，不得弄虚作假；以“付货款”的名义支付费用和借款给外单位，或变相作为长、短期投资或联营，一经发现，除责成责任人限期收回已付款项外，另加以严处。

2. 凡违反本办法有关规定将不该付的款付出或将应收回的款不及时收回的，责任人均应限期收回；若因此形成债权纠纷或经济损失的，责任人应赔偿部分或全部经济损失。

3. 会计人员未认真核实情况或有意伙同有关人员弄虚作假造成违反本办法有关规定的，视其责任大小，每笔标的按责任人的 0.5～5 倍扣减收入或予以严处。

第三部分 人事管理制度

一、招聘与录用管理制度

1. 员工聘用制度

第一条 为本公司各单位经内部人员调整不能满足经营管理和业务发展对人力的需求时采取公开招聘的方式引进人才，特制定本制度。

第二条 确定用人单位岗位编制的原则：

（1）符合公司及本单位长远发展规划、经营战略目标和为此需实现的利润计划的需要；

（2）符合目前或近期业务的需要；

（3）需作好劳动力成本的投入产出评估；

（4）有助于提高办公效率和促进业务开展，避免人浮于事；

（5）适应用人单位的管理能力和管理幅度。

第三条 公司聘用人员均首先要求具有良好的品德和个人修养，在此基础上选择具有优秀管理能力和专业技术才能的人员；各岗位人员要力争符合德才兼备的标准。有下列情况之一或多条者，不得成为本公司员工：

（1）剥夺政治权利尚未恢复；

（2）被判刑或被通缉，尚未结案；

（3）参加非法组织；

（4）品行恶劣，曾受到开除处分；

（5）吸食毒品；

（6）拖欠公款，有记录在案；

（7）经医院体检，本公司认为不合格；

（8）年龄未满 18 周岁。

第四条 公司各部门如确有用人需要，应在符合上述第二条的前提下，填报《固定从业人员需求申请表》，交办公室核转，由办公室报总经理审批后，方可制定招聘方案并组织实施。

第五条　办公室会同用人单位共同对应聘人员进行筛选、考核（总经理将视情况决定是否亲自参加），填写考核记录和录用意见，报经总经理审批后办理录用手续。

（1）办公室会同用人单位进行招聘准备工作：

- 确定招聘的岗位、人数、要求（包括性别、年龄范围、学历和工作经验等）；
- 拟定日程安排；
- 编制笔试问卷和面试纲要；
- 成立主试小组；
- 整理考试场地；
- 需要准备的其他事项。

（2）实施步骤：

第一步，办公室通过刊播广告、加入人才供求网络等形式发布招聘信息，收集应聘者材料。

第二步，办公室汇总、整理材料，会同用人单位根据要求进行初次筛选，向中选人员发笔试通知。

第三步，人力资源部组织应聘者参加笔试，会同用人单位根据笔试结果进行二次筛选，向中选人员发初次面试通知。

第四步，办公室会同用人单位组织应聘者参加初次面试，根据结果进行三次筛选，向中选人员发再次面试通知。

第五步，办公室会同用人单位组织应聘者参加再次面试，根据结果确定聘用名单，向中选人员发录取通知，向落选人员发辞谢通知。

第六条　新录用人员持《录取通知》向公司办公室报到，由办公室组织统一体检；体检合格者参加人力资源部主持的岗前培训，培训内容包括：

（1）讲解公司的历史、现状、经营范围、特色和奋斗目标；

（2）讲解公司的组织机构设置，介绍各部门人员；

（3）讲解各项办公流程，组织学习各项规章制度；

（4）讲解公司对员工道德、情操和礼仪的要求；

（5）介绍工作环境和工作条件，辅导使用办公设备；

（6）解答疑问；

（7）组织撰写心得体会及工作意向。

第七条 新聘用人员培训完毕，与公司签订《公司试用协议》，持该协议向工作单位报到，由部门经理负责安排具体工作；办公室同时向财务部发《试用人员上岗通知书》。

第八条 新聘用人员在报到后需填写《公司员工履历表》，连同身份证复印件一张、一寸照片两张交人力资源部；履历表中的内容以后如有变更，应在一周内以书面形式通知人力资源部。

第九条 新聘用人员，应一律办理保证手续，填写保证书应注意遵守法律程序。办理保证手续的规定和内容有：

（1）在本公司工作的员工不得担任保证人。

（2）被保证人有下列情形之一者，保证人应付赔偿及追缴责任：

- 营私舞弊或有其他一切不法行为，致使本公司蒙受损失；
- 侵占、挪用公款、公物或损坏公物；
- 窃取机密技术资料或财物；
- 拖欠账款不清。

（3）保证人如需中途退保，应以书面形式通知本公司，待被保证人另外找到保证人，办理新的保证手续后，方能解除保证责任。

（4）保证人有下列情形之一者，被保证人应立即通知本公司更换保证人，并应于下列事情发生后 15 天内另外找到连带保证人。

- 保证人死亡或犯案；
- 保证人被宣告破产；
- 保证人的信用、资产有重大变动，因而无力保证；
- 不欲继续保证；
- 被保证人离职三个月后，如无手续不清或拖欠公款等情况，保证书即发还其本人。

第十条 对试用合格并愿意继续在公司工作的员工向部门经理提交《试用期工作总结》及转正申请，经部门经理签署意见呈交办公室，办公室主任签署意见后再呈总经理审批；转正申请得到批准的员工与公司签订《聘用合同》，由办公室同时向财务部发送《员工聘用通知书》。

第十一条 公司原则上不雇用临时人员；各部门如因业务需要需雇用临时人员，向办公室主任或公司总经理申请决定。

第十二条 本制度适用于公司所有部门。

第十三条　本制度由公司人力资源部负责解释。

第十四条　本制度自××××年×月× 日起实施。

2. 管理人员录用制度

第一条　本制度适用于本公司招聘录用管理人员，目的是选聘更好的管理人才。

第二条　考试分笔试和面试两种:笔试之后，合格者才有资格参加面试；面试前，需要应试者提交求职申请和应聘管理人员申请。

第三条　是否正式聘用，还要经对应聘者以往任职情况的调查和体检后才决定。任职调查根据另项规定进行，体检由企业指定医院代为负责。

第四条　笔试 2 小时，面试 2 小时。各考试方式的考试总时间原则上应为 4 小时以上，以附带考查应聘者的毅力和韧性。

第五条　笔试内容因各部门具体管理对象不同而各应有所侧重。一般有以下五个方面：

（1）应聘部门所需的专业知识；

（2）应聘部门所需的具体业务能力；

（3）领导能力和协调能力；

（4）对企业的经营方针和战略的理解；

（5）职业素质和职业意识；

第六条　面试考核的主要内容主要是管理风险、表达能力、应变能力和个人形象等。

第七条　在参考笔试和面试成绩的基础上，最终的录用建议由人力资源部提出，报总经理核准后决定录用。

二、员工考勤与休假管理制度

1. 人事考勤制度

第一条　为加强考勤管理，维护工作秩序，提高工作效率，特制定本制度。

第二条　公司员工必须自觉遵守劳动纪律，按时上下班，不迟到，不早退，工作时间不得擅自离开工作岗位；外出办理业务前，须经本部门负责人同意。

第三条　周一至周五为工作日，周六、日为休息日。公司周末和夜间值班由办公室统一安排；

因工作需要周末或夜间加班的，由各部门负责人填写加班审批表，报分管领导批准后执行。节日值班由公司统一安排。

第四条 严格请、销假制度。员工因私事请假 1 天以内的（含 1 天），由部门负责人批准；1 天以上的，报总经理批准。副总经理和部门负责人请假，一律由总经理批准。请假员工事毕向批准人销假。未经批准而擅离工作岗位的按旷工处理。

第五条 上班时间开始后 5 分钟至 30 分钟内到班者，按迟到论处；超过 30 分钟以上者，按旷工半天论处。提前 30 分钟以内下班者，按早退论处；超过 30 分钟者，按旷工半天论处。

第六条 一个月内迟到、早退累计达三次者，扣发 5 天的日工资；累计达三次以上五次以下者，扣发 10 天的日工资；累计达五次以上者，扣发当月的日工资。

第七条 旷工半天者，扣发当天的日工资；每月累计旷工 1 天者，扣发 5 天的日工资，并给予一次警告处分；每月累计旷工 2 天者，扣发 10 天的日工资，并给予记过一次处分；每月累计旷工 3 天者，扣发当月日工资，并给予记大过一次处分；每月累计旷工 3 天以上、6 天以下者，扣发当月日工资，第二个月起留用察看，发放基本工资；每月累计旷工 6 天以上者（含 6 天），予以辞退。

第八条 工作时间禁止打牌、下棋、串岗聊天、上网聊天等与工作无关的事情(公司因业务需要安排除外)。如有违反者，当天按旷工 1 天处理；当月累计两次的，按旷工 2 天处理；当月累计三次的，按旷工 3 天处理。

第九条 参加公司组织的会议、培训、学习、考试或其他团队活动，如果有事请假的，必须提前向组织者或带队者请假；在规定时间内未到或早退的，按照本制度第五条、第六条、第七条规定处理；未经批准擅自不参加的，视为旷工，按照本制度第七条规定处理。

第十条 员工按规定享受探亲假、婚假、产育假、结育手术假时，必须凭有关证明资料报总经理批准；未经批准者按旷工处理。员工病假期间只发给基本工资。

第十一条 经总经理或分管领导批准，决定假日加班工作或值班的每天补助 20 元；夜间加班或值班的，每人补助 10 元；节日值班每天补助 40 元。未经批准，值班人员不得空岗或迟到；如有空岗者，视为旷工，按照本制度第七条规定处理；如有迟到者，按本制度第五条、第六条规定处理。

第十二条 员工的考勤情况，由各部门负责人进行监督、检查。部门负责人对本部门的考勤要秉公办事，认真负责；如有弄虚作假、包庇袒护迟到、早退、旷工员工的，一经查实，按处罚员工的双倍予以处罚。凡是受到本制度第五条、第六条、第七条规定处理的员工，取消本年度先进个人的评比资格。

2. 员工休假制度

▲ 目的

第一条　为确保公司进行有秩序的管理休假，特制定本制度。

▲ 适用范围

第二条　适用于公司所有员工。

▲ 责任

第三条　各部门主管、经理为本制度执行责任人。

▲ 程序内容

第四条　病假。

（1）员工休病假，超过 1 天要出具由医院开具的假条。

（2）员工休病假的时限，应以假条上的时间为准，遇节假日不顺延。

（3）从员工转正开始，员工每年可享受 5 天带薪病假。

（4）员工带薪病假休满之后，如果因病仍不能上班，则应申请进入医疗期；公司将根据病情决定是否批准其进人医疗期。员工只有在患难以治愈的疾病或非常严重的慢性病时方可进入医疗期；进人医疗期的，其待遇按公司医疗期制度执行。不批准进入医疗期的，员工又确实不能上班，按无薪病假待遇；员工连续休经公司批准的无薪病假超过 15 天以后，公司按照国家有关规定，每月发给全市最低工资 60 %的基本生活费、按其基本生活费的标准缴纳养老保险，并按规定报销医药费，其他待遇不再享受，待合同期满不再续订劳动合同。

（5）员工无论休何种病假，必须按时递交有效的医生诊断证明，请部门经理批准，否则按旷工处理。

第五条　年假。

（1）公司规定员工的年假为：5 天 / 年。10 年以上老员工年假由总经理根据实际情况酌情增加天数。

（2）年假遇节假日顺延。

（3）员工休年假必须考虑有关客户的要求及所在部门的工作安排；休年假必须提前一周申请，

并经总经理同意批准。

（4）公司希望员工利用年假的机会使身心得到调整。办公室将在每个自然年度开始时，通知每位员工所应享受的年假；该年假的有效期为一年时终止，当年内有效，不再累计。

（5）员工如愿意放弃年休假，年假期间的工资按日基本工资的 2 倍计算。

第六条　工伤假。

（1）员工在工作期间发生工伤事故，直接主管应立即到现场调查受伤情况，要立即作出处理，并报告至办公室、总经理。

（2）公司根据医生的诊断确定是否需要给予工伤假。

（3）员工休工伤假享受全薪。

（4）员工休工伤假期间，应按照公司的要求定期到指定医院进行检查。

第七条　婚假。

（1）女职工年满 23 周岁前结婚有薪婚假 3 天。

（2）女职工年满 23 周岁后结婚有薪婚假 10 天。

（3）男职工年满 25 周岁前结婚有薪婚假 3 天。

（4）男职工年满 25 周岁后结婚有薪婚假 10 天。

（5）男、女职工婚前体检可享受半天全薪假。

第八条　产假。

（1）产假所涉及的假期，均应包含节假日，即遇节假日不顺延。

（2）员工妊娠期间每月可享受半天全薪假以供“妊检”。

（3）员工生育可享受 90 天全薪产假。

（4）年龄 24 周岁以上生育第一胎者，可延长一个月带薪产假。

（5）如遇难产，可凭医院证明增加有薪产假 15 天。

（6）多胞胎生育的，每多生一个婴儿，增加产假 15 天。

（7）男员工可以在妻子生育后享有一天陪产假。

（8）女员工生育后的第一次流产，公司将依据医生的诊断证明给予 15 天带薪假，以后的流产全部按无薪病假计算。

第九条 丧假。

（1）父母、养父母、继父母、配偶父母、配偶或子女死亡：5 天。

（2）祖父母、兄弟姊妹死亡：5 天。

（3）特殊情况需延长时间的，由本人申请，说明理由，由总经理特事特批。

第十条　倒休假。

（1）员工在休息日加班后，经部门经理批准，可以享受因休息日加班产生的倒休假。

（2）员工休倒休假时，须考虑部门工作的安排，并应提前一周申请，经主管同意。

（3）员工休倒休假时，应在请假单后附有部门经理批准倒休的加班申请单（参见加班制度）。

（4）倒休假只限当年有效。

第十一条　公共假日。

员工享受下列法定公共假日：

（1）元旦：放假 1 天。

（2）春节：放假 3 天。

（3）清明：放假 1 天。

（4）五一：放假一天。

（5）端午：放假 1 天。

（6）中秋：放假 1 天。

（7）国庆：放假 3 天。

（8）女员工可在妇女节享有半天公休（遇休息日不顺延）；如国家政策有调整，则遵循国家政策。

第十二条　事假。

（1）事假系无薪假，公司根据工作安排决定是否批准员工休无薪假。

（2）事假最长不超过两周。

第十三条　请假批准权限：请假 1 天以上者一律由总经理批准。

第十四条　请假程序：员工填写请假单，报主管、经理或总经理批准后，于下班之前转至办公室备查。

3. 员工加班制度

第一条　为规范公司加班管理工作，保障员工正常作息时间，特制定本制度。

▲ 适用范围

第二条　本制度适用于公司普通员工加班。

▲ 加班原则

第三条　公司鼓励员工在“八小时工作制”内完成本职工作，不鼓励加班。

第四条　确因工作需要加班，才予批准。

第五条　加班时间限制：

（1）一般每日不超过 1 小时，特殊情况下每日不超过 3 小时(业务安排需要除外)。

（2）每月累计加班一般不超过 36 小时。

（3）原则上不安排在怀孕期或哺乳未满 1 周岁婴儿的女员工加班。

▲ 加班程序

第六条　凡需加班者，均须填写加班申请表申请加班，经有关主管批准后方能加班。

第七条　加班完毕后填写加班记录情况，经有关主管签字确认后送人事部留存。

第八条　每月由人事部统计加班情况，在员工工资中支付加班费。

▲ 加班费用计算

第九条　平日加班。

（1）平时加班为平时工资的 1.5 倍：

加班工资＝时工资×1.5 倍×加班时间

（2）双休日加班。双休日加班为平时工资的 2 倍：

加班工资＝时工资×2 倍×加班时间

（3）法定节日加班。法定节日加班为平时工资的 3 倍：

加班工资＝时工资×3 倍×加班时间

（4）超过加班定额（每月 36 小时）部分，不支付加班费；值班津贴另行计算。

▲调休

第十条　加班员工可不领取加班费以调休代替。

第十一条　凡调休的员工均应填写申请，并经部门主管和办公室同意送总经理批准。

第十二条　调休时间以三个月为最小单位。

▲ 附则

第十三条　特殊或紧急情况处置可突破加班时间限制和常规程序，但须事后补充有关手续。

第十四条　本制度由办公室解释、执行，经公司总经理批准后施行。

4. 员工缺勤处理方法

员工的准时出勤是公司正常运转的必要前提。只有完成生产要求才能满足客户的要求；每一个员工都是这个团体的一份子，要达到目标，就必须保证出勤。

缺勤和迟到状况都会被记录在案。公司希望员工能准时到达工作地点。迟到是指员工超过制定时间到达工作地点。若预先知道可能要迟到，应通知相关人员。由于迟到会妨碍其他员工的工作，故准时到岗其实也是方便大家的。迟到和早退都是不被允许的。

计算方法规则如下：

- 缺勤半天以上，计缺勤一次。
- 缺勤 1 天或多个工作时，计缺勤一次；如连续 2 天缺勤，计缺勤 1 天。
- 先因生病缺勤一次；在工作 1 天以上后因各种疾病再次缺勤，只记缺勤一次。连续缺勤将予以口头警告、书面警告、停职，甚至于解雇。

若不能出勤，要预先通知相关人员，且应不晚于正常的开工时间，这样公司才便于作其他的工作安排；除紧急情况，休假应至少提前 24 小时通知。

若员工因疾病而缺勤并提前通知相关工作人员，可视为病假。因体格检查或与专业人士（如律师）的约会而缺勤，或可提供令人信服的其他理由，经上级批准，可视为事假。

缺勤超过三个连续工作日，并未预先通知相关的工作人员，视为自愿辞职，并将其从员工名册上除名。“认可”的缺勤，公司需要将认可缺勤的理由记录在案，如病假或紧急任务；该记录需经查对。因恶劣天气而未出勤的，视缺勤一次。

5. 员工打卡管理规定

第一条　本公司员工上下班打卡，悉依照本规定办理。

第二条　本公司员工上午上班、下午下班均应打卡。

第三条　本公司员工下午加班者，普通下班时间不必打卡，待加班完毕后才予以打卡。

第四条　本公司员工因事早退或出差需要离开公司，且当天不再返回公司者，应打退卡后才能离开公司。

第五条　员工上下班，必须亲自打卡；若替人打卡，打卡者及被打卡者均给予记一次大过处分。

第六条 班中外出办理业务不能按时回公司打卡的，须电话告之主管领导或办公室；因事外出者，其出入均不必打卡，但须向主管领导或指定人员提交出外申请单，经核准后于下班时间之前交办公室备查。

第七条 上下班忘记打卡者，持记录卡请直属主管领导证明上下班时间并签名后，卡片放回原处。

第八条 本公司上下班时间，由办公室看守打卡情况及调整打卡钟。

三、员工绩效管理制度

1. 员工绩效考核制度

第一条 目的。

绩效考核在于通过对员工一定时期的工作成绩、工作能力的考核，把握每一位员工的实际工作状况，为教育培训、工作调动以及提薪、晋升、奖励表彰等提供客观可靠的依据；更重要的是，通过这些评价可促使员工有计划地改进工作，以保证公司营运与发展的要求。

第二条 绩效考核原则。

（1）考绩不是为了制造员工间的差距，而是实事求是地发现员工工作的长处、短处，以扬长避短，有所改进、提高。

（2）考绩应以规定的考核项目及其事实为依据。

（3）考绩应以确认的事实或者可靠的材料为依据。

（4）考绩自始至终应以公正为原则，决不允许营私舞弊。

第三条 适用范围。

本制度除下列人员外适用于公司全员：

（1）考核期开始进入公司的员工。

（2）因私、因病、因伤而连续缺勤 30 日以上者。

（3）因工伤而连续缺勤 75 日以上者。

（4）虽然在考核期任职，但考核实施日已经退职者。

第四条 本公司员工考核分为试用考核、平时考核、年终考核三种。

（1）考核依本公司人事规则规定任聘人员，均应试用三个月；试用三个月后应参加试用人员考核，由试用部门主管考核。如试用部门主管认为有必要缩短、延长试用时间或改派其他部门试用抑或解雇，应附试用考核表，注明具体事实情节，呈报经理核准；延长试用，不得超过3个月。考核人员应督导被考核人提具试用期间心得报告。

（2）平时考核：

① 各部门主管对于所属员工应就其工作效率、操行、态度、学识每月进行考核；其有特殊功过者，应随时报请奖惩。

② 主管人事人员对于员工假、勤、奖、惩，应统计详载于请假记录簿内，以供考核参考。

（3）年终考核：

① 员工于每年12 月底举行总考核一次。

② 考核时，担任初考的各部门主管参考平时考核记录及人事记录的假勤记录，填具考核表送复审。

第五条　考核年度为自1月1日至12月31日止。

第六条　考核标准。

（1）人事考核的种类：

人事考核可以分为两种：

① 能力考核，就是参照职能标准，以员工在一定时间承当职务的能力，进行评定。

② 业绩考核，就是参照职务标准，对员工在一定时间内职务工作完成的情况，进行评定。

（2）人事考核必须把握的能力：

人事考核把握并测评的能力是职务担当的能力，包括潜在能力和显在能力。潜在能力是员工拥有的、可开发的内在能力；显在能力是指员工工作中发挥出来并表现在业绩上的努力。潜在能力，可根据知识技能、体力以及经验性能力来把握；显在能力，则可能通过工作业绩（质和量）以及对工作的态度来把握。

第七条　考评者的职责。

（1）第一次考评者，必须站在直接监督的立场上，并且对于想要特别强调的评分和评语，以及对评定有显著影响的事项，必须予以注明。

（2）第二次考评者，必须在职务、级别上高于第一次考评者；有关需要特别强调的评分和评语，或与第一次评定有明显差别的地方，必须予以注明；特别在遇到与第一次评定有显著差别的情况下，需要倾听一下第一次考评者的意见，有必要的话，相互商讨对评定作出调整；在不能作出调整的情况下，至少应该把第二次评定的结果告诉给第一次考评者。

（3）裁定、拍板者，参考评定经过报告，作出最终评语。

（4）在职务级别层次很少的部门，二次考核可以省掉。

（5）为了使人事考核公平合理的进行，考核者必须遵守以下原则：

① 必须根据日常业务工作中所观察到的具体事实作出评价。

② 必须消除对被考核者的厌恶感、同情心等偏见，排除对上、对下的各种顾虑，在自己的信念基础上作出评价。

③ 考核者应根据自己所作出的评价结论，对被考核者进行扬长补短的指导教育。

④ 在考核过程中，要注意加强上下级之间的沟通与能力开发，通过被考核者填写自考表、了解被考核者的自我评价及对上级的意见和建议，以便上下级之间相互理解。

第八条 考核结果的运用。

为了把考核的结果，应用于开发利用员工的能力、应用于人事管理的待遇方面的工作中去，做法如下：

（1）教育培训。管理者以及教育工作负责人，在考虑教育培训工作时，应把人事考核的结果作为参考资料，借此掌握教育培训，是开发、利用员工能力工作的关键。

（2）调动调配。管理者在进行人员调配工作或岗位调动时应该考虑人事考核的结果，把握员工适应工作和适应环境的能力。

（3）晋升。在根据职能资格制度进行晋升工作考评时，应该把能力以及业绩考核的评语，作为参考资料加以运用。考核评语须是规范化的、按职能资格制度之要求的。

（4）提薪。在一年一度的提薪之际，应该参照能力考核的评语，决定提薪的幅度。

（5）奖励。为了能使奖励的分配对应于所作的贡献，应该参照业绩考核的评语进行。

第九条 考核结果的反馈。

部门经理通过面谈形式，把考核的结果以及考核的评定内容与过程告诉被考核者本人，并指明今后的努力方向、自我培养和发展的要点，以及相应的期待、目标和条件等等。

第十条 考核表的保管与查阅。

（1）考核表的保管：

① 保管者。考核表由规定的保管者加以保管。

② 保管期限。考核自制成之日起，保存 10 年。但是，与退休、退职人员有关的考核表，自退

休、退职之日起，保存 1 年。

（2）表内容的查阅:管理者在工作中涉及到某员工人事问题，需要查阅有关内容时，可以向考核表的保管者提出查阅要求。

第十一条　考核者的培训。

（1）在取得考核者资格之后，必须经过考核者培训。

（2）培训包括：

① 理解考核制度的结构；

② 确认考核规定；

③ 理解考核内容与项目

④ 统一考核的基准。

第十二条　人力资源部负责考核考绩的计划和具体组织工作。

2. 员工绩效考核办法

员工绩效考核是公司人力资源管理的重要一环，它是对员工进行任用、晋升、调薪、奖惩、培训的客观依据，其过程和结果也是重要的激励手段。为保证员工绩效考核有效地进行，特制定本办法。

第一条　员工绩效考核由人力资源部统一组织管理，由各部门和直属单位具体实施。

第二条　员工绩效考核工作应坚持考核内容、考核标准、考核程序事先公开，以员工实绩和行为事实为依据（考核结果与本人见面）；考核由直属主管主持；考核评分、评语对不同的人应有差别，即考核应坚持公开、公平、公正等原则以保证考核的客观性与激励性。

第三条　年度考核分年中考核、年终考核两种。年中考核主要用于改进上半年工作绩效，发放季度或上半年奖金；年终考核主要用于年终奖金、调薪和职务晋升。

绩效考核的工作原则:

（1）考核结果与员工本人见面。

（2）主管及被考核者不能将考核结果泄露给他人。

（3）考核结果员工应签名，有意见可表述，无签名考核结果同样有效。

第四条　考核因素的类别。

各考核要素的定义是明确的、统一的，在考核时，均应以统一的定义作为评价标准，进行相同尺度的评价；设计考核标准时，一般可在定义的“好”或“不好”的基础上加以细分，形成“优”“良”“中”“差”“劣”五个等级。

第五条　考核采用评分与评语相结合的方式进行：

（1）各类考核因素均分为 A 、B 、C 、D 、E 五等级。

（2）权重。

（3）考核在逐项考核计分后由主管写出评语；评语应包括员工的主要工作成效、总体评价和对员工改进工作绩效的计划。

第六条　强制分配。

强制分配取之于正态分布，以部门为考核统计单位，按下列分值强制分配。

五等级制	A	B	C	D	E
分　值					
年度分值	按每年决算后再公布				
人员比较					

第七条 考核者。

评核次数 / 考核者 / 被考核	第一次评核	第二次评核

第八条　考核程序。

考核依下列程序进行：

（1）员工以本人的实绩与行为事实为依据，对本人逐项评分。

（2）直接主管以下属的实绩与行为事实为依据，对员工逐项评分并写评语。

（3）事业部与职能部进行综合评核打分，总评核后直接主管将考核结果告知员工。

（4）由直接主管与员工面谈，并提出改进意见；如员工本人不同意主管考核意见，可向上一级主管提出申诉并由上一级主管作出最终考核。职工应理解和服从考核结果。

（5）半年考核时，各事业部与职能部仅向人事部送交绩效考核分数汇总表，半年性绩效考核表存各事业部与职能部；年终考核时，应将年度绩效考核表和考核分数汇总表一并送交人力资源部。

（6）员工的年终考核分数汇总表交人力资源部存档；人力资源部应对年终考核结果作出分类统计分析，报正、副总经理进行签核。

第九条　考核后的影响。

（1）半年考核结果交部门保存，并汇总评分上报人力资源部。

（2）员工的年终考核交部门主管，由部门主管进行综合平衡并提出对员工升、降、调、转、奖惩、表彰等意见；部门所提出意见要保证考核结果呈正常态势分布，符合人力资源部有关工资晋升、奖金分配的总体要求。

3. 员工绩效考评制度

绩效考评（以下简称“考评”）是指用系统的方法、原理，评定、测量员工在职务上的工作行为和工作效果。

第一条　考评的目的和用途。

（1）考评的最终目的是改善员工的工作表现，以达到企业的经营目标，并提高员工的满意程度和未来的成就感。

（2）考评的结果主要用于工作反馈、报酬管理、职务调整和工作改进。

第二条　考评的原则。

（1）一致性：在一段连续时间之内，考评的内容和标准不能有大的变化，至少应保持 1 年之内考评的方法具有一致性。

（2）客观性：考评要客观的反映员工的实际情况，避免由于光环效应、亲近、偏见等所带来的误差。

（3）公平性：对于同一岗位的员工使用相同的考评标准。

（4）公开性：员工要知道自己的详细考评结果。

第三条 考评的内容和分值。

（1）考核的内容分以下三部分：

① 重要任务：本季度内所完成的重要工作，考评的工作不超过三项，由任务布置者进行考评。

② 岗位工作：岗位职责中所描述的工作内容，由直接上级进行考评。

③ 工作态度：指本职工作内的协作精神、积极态度等，由部门内部同事或被服务者进行考评。

（2）分值计算：

原则上，总分满分180分，重要任务满分90分，岗位工作、工作态度分别为45分；对于没有“重要任务”项的岗位，原则上其他两项的分数乘以200%为总分。

第四条 考评的一般程序。

（1）员工的直接上级为该员工的考评负责人，具体执行考评程序。

（2）员工对“岗位工作”和“工作态度”部分进行自评；自评不计人总分。

（3）直接上级一般为该员工的考评负责人。

（4）考评结束时，考评负责人必须与该员工单独进行考评沟通。

（5）具体考评步骤在各岗位的考评实施细则中具体规定。

第五条 保密。

（1）考评结果只对考评负责人、被考评人、人事负责人、（副）总经理公开。

（2）考评结果及考评文件交由人力资源部存档。

（3）任何人不得将考评结果告诉无关人员。

第六条 其他事项。

（1）公司的绩效考评工作由人力资源部统一负责。

（2）考评每季度进行一次，原则上在3月、6月、9月、12月下旬进行。

（3）考评负责人在第一次开展考评工作前要参加考评培训（由人力资源部组织）。

（4）各岗位的考评实施细则在本制度基础上由人力资源部、考评负责人及被考评人共同制定。

第七条 本制度自颁布之日起实行。

四、薪酬福利管理制度

1. 薪酬管理制度

▲ 基本原则

第一条　公司的薪酬分配制度按现代企业制度的要求贯彻按劳分配、效率优先和兼顾公平三项基本原则。

第二条　根据激励、高效的原则，员工薪酬的收入与其为公司所创造的效益和工作业绩挂钩，实行考核。

根据简单实用、便于操作的原则，公司在建立平等竞争、用人制度及相应的岗位基础上，实行岗位系数工资制，体现以岗选人、以岗定薪，拉开差距、考核升级的原则；根据公司发展的需要，薪酬管理制度与人力资源管理紧密结合，体现能够留住人才、吸引人才、激励人才、人尽其才的作用。

▲ 管理规则

第三条　根据聘任、管理、考核、分配一体化的原则，公司各部门、各类人员及由公司直接聘任员工的薪酬分配统一由公司总经理工作部管理，并实行统一的岗位系数工资制。

第四条　以工程建设期间为时间单位的公司各项目经理部所聘用的员工的薪酬标准，由项目经理参照社会劳动力价格确定，经公司总经理同意后，报公司总经理工作部备案。

第五条　公司年度薪酬发放应严格控制在公司董事会所核定的年度薪酬总额以内；公司总经理工作部根据总经理的指令和公司的生产经营指标，对公司的年度薪酬总额实行动态管理。

第六条　公司任何部门、项目未经总经理批准发放钱物，均视为越权行为，应追究有关人员的责任。

第七条　公司员工的岗位在签订劳动合同或岗位聘用合同时应明确，员工岗位由总经理根据劳动复杂程度、劳动强度、劳动责任、劳动环境等因素采用谈话协商的方式确定；员工工作一定期限后，由总经理工作部对员工进行考核评定，根据考核结果由总经理作出调整岗位或作出终止劳动合同的决定。

▲ 薪资构成

第八条　公司员工的薪资由以下三个单元构成：基本薪资；岗位薪资；奖金。

第九条 薪资各单元相加为员工月实际薪资。

第十条 员工的月基本薪资为岗位所对应的基本薪资基数。

第十一条 员工的月岗位薪资为岗位所对应的基本薪资基数×系数×实际出勤天数。

第十二条 奖金分为月度奖、季度奖、年终奖及其他专项奖金；奖金基数由总经理根据当期的生产经营成效确定。

第十三条 设立总经理专项奖，由总经理嘉奖当期为公司生产经营作出突出贡献的员工；总经理专项奖总额为当期奖金总额的30%。

员工的奖金为当期奖金基数×系数×出勤天数＋总经理专项奖。

试用期内的员工薪资标准按拟聘用岗位薪资的60%执行。

▲ 特殊情况下的薪资计发

第十四条 因工作需要，经部门以下领导批准加班加点，可以依据加班加点时间计发加班薪资。

第十五条 加班加点薪资的计算方法为：

日薪资＝月基本薪资／21.75天

小时薪资＝月基本薪资／（月计薪天数×8小时）

第十六条 加班加点薪资的计算标准为：正常工作日加班薪资为本人小时薪资的150%，休息日加班薪资为本人薪资的200%，节假日加班薪资为本人薪资的300%。

第十七条 员工依法享受本公司的年休假、探亲假、婚假、丧假等期间，不扣发本人薪资，但不得因为休假影响公司的正常工作。

第十八条 员工当月请病假、事假，超过三个工作日以上，当月薪资按实际出勤天数×日薪资计发。

第十九条 员工请病假超过一个月（30天），基本薪资按75%计发，岗位薪资、奖金停发；请病假超过六个月基本薪资按60%计发；请病假超过一年即被认为不能胜任在本公司工作，终止劳动合同，或双方协商解决。

▲ 薪资支付

第二十条 公司执行下月发薪制度，每月10日根据上月的考勤结果向员工支付上月的薪资；季度奖、年终奖和其他专项奖金根据公司的生产经营情况和考核结果，由总经理决定发放时间。

第二十一条 公司员工的薪资不公开，由财务部在指定银行设立个人账户；员工的薪资由公司财务部统一办理，转人个人账户。

第二十二条　薪资计发人员及各类公司员工均不得随意打听、传播别人的薪资收入情况，避免盲目攀比。

第二十三条　员工的个人所得税由公司代扣代缴。

第二十四条　因员工个人原因给公司造成损失应赔偿的，可以在本人月薪资总额内扣缴。

▲ 附则

第二十五条 本薪酬管理制度经总经理签发，于××年×月×日发布，从发布之日起实施。

第二十六条 本薪酬管理制度由总经理工作部负责解释；如有条款修订，报总经理批准后发布执行。

2. 福利管理制度

▲ 总则

第一条　为吸引和留住优秀人才，并根据国家、当地政府有关劳动、人事政策，特制定本制度。

▲ 指导思想和原则

第二条　结合公司经营、管理特点，建立起公司规范合理的福利制度体系。

第三条　公司的福利体系体现多元化、丰富化的特点，满足员工不同层次的需求。

▲ 福利对象

第四条　本福利制度适用于公司全体员工。

▲ 福利项目

第五条　各类带薪假期。

包括：法定节假日、年假、婚假、丧假、产假（详见《 员工休假管理制度》）。

第六条　进修、培训教育机会（具体事宜见《 员工培训管理制度》）。

第七条　各类补贴。

（1）交通补助：每人每天给予 4 元标准的交通补助，根据每月实际出勤天数予以发放。

（2）午餐补助：上班时间公司为员工提供午餐。

（3）加班补贴：员工晚间加班，公司提供晚餐；加班超过晚 21：00 的员工，经领导确认的，享受晚间打车费用报销的待遇。

第八条　各类保险。

（1）社会保险及采暖统筹金:

公司为员工统一办理养老保险、医疗保险、失业保险、工伤保险、生育保险等国家所规定的各类社会保障。

按照员工实际工资标准，足额予以缴纳；缴存基数以当地政府所认定的上一年度社会平均工资的三倍为最上限。凡依法参加社会保险并符合享受相关待遇的员工，其待遇按照本地区规定执行。

（2）住房公积金：

公司根据国家相关规定，以公司和个人各10%的比例为员工缴纳住房公积金；缴存基数按照员工实际工资标准足额予以缴纳，以当地政府认定的上一年度社会平均工资的三倍为最上限。

（3）缴费原则：

各类社会保险、住房公积金按从入职当月起至离职月止缴费。员工当于入职时将个人保险、住房公积金、人事档案等劳动关系转入公司；如因个人原因不能按时将其转入公司而延误缴费者，公司会对其保险、公积金等进行补缴，但由此发生的滞纳金等费用由个人自行承担。

第九条　其他福利。

（1）生日祝贺：

在员工生日当天，公司为其提供不低于50元标准的生日贺礼。

（2）新婚贺礼：

员工办理结婚登记手续后，请将结婚证于注册后一个月内呈报人力资源部，公司将给予价值500元的新婚贺礼。

（3）健康体检：

为充分体现公司对员工的关注，在公司工作满1年的员工可以享受健康体检；公司每两年组织一次健康体检，费用由公司统一负责。

第十条　各类活动。每年组织各种文体活动。

▲ 附则

第十一条　本规定由人力资源部负责解释和修订，自发布之日起实施。

3. 员工保险管理办法

▲ 总则

第一条　为实施公司福利制度方案，构造合理的员工保险体系，特制定本办法。

▲ **社会保险险种**

第二条　离退休养老保险。

（1）公司各类职工按国家规定，均应办理强制性养老保险社会统筹。

（2）实行企业缴费与个人缴费相结合，具体缴费比例据当地政府文件规定。

（3）养老金的计发根据当地政府社会保险部门文件规定。

第三条　公司具有较好财务状况时，可为职工办理补充性养老保险，由自有资金中的奖励福利基金中支付。鼓励并协助职工参加储蓄性养老保险。

第四条　医疗保险。

（1）当地有医疗保险社会统筹时，公司应按规定参加，为全体职工办理相应的手续。

（2）当地总工会组织大病、重病统筹时，公司应积极参加。

第五条　失业保险。

按政府有关规定，公司按当地失业保险规定办理有关手续，按全部职工工资总额的×%（一般为 0.6% ，最多不超过 1%）缴纳失业保险费。

第六条　失业保险领取标准。

（1）失业前在企业连续工作 1 年以上不足 5 年，领取最长期限为 12 个月。

（2）失业前在企业连续工作 5 年以上，领取最长期限为 24 个月；失业救济金相当于当地社会救济金的 120%～150%。

第七条　失业保险领取或失去资格的情形。

（1）领取资格情形：

- 公司依法破产后；
- 职工在公司整顿期被精减；
- 公司被撤销解散后；
- 职工终止或解除了劳动合同；
- 被辞退、除名或开除。

（2）失去资格情形：

- 领取期限届满；
- 参军或出国定居；
- 重新就业；
- 无正当理由，两次拒绝接受就业机构介绍的工作；

• 在领取期间被劳教或被判刑。

第八条 意外伤害保险。

公司为危险工作岗位或全体职工，向当地商业保险机构办理有关意外伤害保险手续；公司自行确定意外伤害保险投保范围。

第九条 随着社会保险的发展和所提供的保险商品越来越多，公司应精心选择合适的保险机构和保险品种，以求获得低成本、高效益的保险效果。

▲ 公司内部保险待遇及措施

第十条 退职养老保险。

职工丧失劳动能力但未达到退休条件的，根据规定，退职后公司可按月发给本人标准工资×%（如40%）的生活费。

第十一条 疾病保险。

（1）对长期固定工：

① 患病停工治疗在六个月以内的，根据其工龄长短，公司发给本人标准工资的60％～100％病假工资。

② 患病停工治疗在六个月以上的，根据其工龄长短，公司发给本人标准工资的40%～60%疾病救济费。

③ 医药费由公司负担。

④ 职工死亡，公司发给相当于本公司两个月平均工资的丧葬费；另外，一次性发给其供养直系亲属救济费；供养1人，发给死者生前六个月的标准工资；供养2人，发给九个月的标准工资；供养3人，发给十二个月的标准工资。

（2）对劳动合同工：

① 给予一定时间的医疗期。

实际工作年限10年以下及在本公司工龄5年以下的，医疗期为三个月；在本公司工龄5年以上的，为六个月；

实际工作年限10年以上及在本公司工龄5年以下的，医疗期为六个月；在本公司工龄5年以上10年以下的，为九个月；在本公司工龄10年以上15年以下的，为十二个月；在本公司工龄15年以上20年以下的，为十八个月；在本公司工龄20年以上的，为二十四个月。

② 在医疗期，其医疗待遇、病假工资和固定工相同。

③ 医疗期满后，因不能胜任工作而被解除劳动合同的，由公司发给不低于六个月工资的医疗补助费；同时按本公司工龄，每满 1 年增加相当于一个月工资的经济补偿金；另外，患重病的增加不低于 50 %的金额，患绝症的增加不低于医疗补助费 100 %的金额。

（3）对农民合同工和临时工。

① 农民合同工，公司根据其实际工作年限和在本公司工龄，给予三至六个月的医疗期；对临时工不超过三个月。

② 在医疗期，其医疗待遇和病假工资与固定工基本相同。

③ 医疗期满后，因不能胜任工作而被解除劳动合同的，由公司酌情发给一次性×个月（如三至六个月工资）的医疗补助费。

第十二条　工伤保险的范围。

（1）执行日常工作、临时指定或经同意的工作时的伤害。

（2）在紧急情况下虽未经上级批准但对公司有利的工作时的伤害。

（3）在从事技术发明或改造时的伤害。

（4）因工出差或工作调动期间及往返途中意外事故所导致的伤亡。

（5）工作中受伤但未察觉，事后发作疼痛而不能工作。

（6）因工负伤医疗终结后，旧伤复发而导致伤残或死亡。

（7）因紧急任务加班而不能回家休息，临时在现场睡眠发生意外事故且非本人应负主要责任。

（8）在日常工作中，与坏人作斗争而遭坏人伤害。

（9）因严重医疗事故而使病伤恶化，并经医务劳动鉴定委员会鉴定属实。

（10）在本公司餐厅就餐而食物中毒。

（11）参加公司或代表公司参加各种文化体育活动比赛时伤亡。

（12）参加公司组织的参观旅游、政治活动和社会公益活动时伤亡。

（13）各种职业病的侵害（卫生部规定为 9 类 99 种）。

第十三条　工伤保险待遇。

（1）职工因工负伤，医疗费用和住院膳食费用全部由公司承担；医疗期间，原标准工资照发，直至医疗结束时止。

（2）职工患职业病，凡被确诊的，享受国家有关规定的工伤保险待遇或职业病待遇。

（3）职工因工致残，经劳动鉴定委员会确认的，按伤残等级发给证书并享受相应待遇：

①完全丧失劳动能力的，按规定实行退休；

②部分丧失劳动能力的，公司安排力所能及的工作，因变岗降低了工资则应发给因工伤残补助费。

（4）职工因工死亡，公司发给相当于本公司三个月平均工资的丧葬费，另每月支付其供养直系亲属抚恤费：供养 1 人，为死者本人工资的 25% ；供养 2 人，为死者本人工资的 40% ；供养 3 人及以上者，为死者本人工资的 50% 。此供养直到受供养者失去受供养条件为止。

第十四条　生育保险待遇。

根据国家有关规定，公司对女职工实行以下特殊劳动保护：

（1）禁止女职工从事不利于身体健康的工作。

（2）划定女职工经期、已婚待孕期、怀孕期、哺乳期禁忌从事的劳动范围，并严格遵守。

（3）女职工在怀孕期、产期、哺乳期，享有基本工资，不得解除劳动合同，允许在劳动时间内进行产前检查。

（4）女职工产假为 90 天；其中，产前休假 15 天，难产增加休假 15 天。

▲ 保险管理

第十五条　公司为每位员工建立保险工作卡或保险档案。

第十六条　保险范围一般在中国境内；出境考察或在国外长期工作的保险，可预先在国内投保或按所在国规定办理。

第十七条　保险支付或索赔。

如发生投保条款中所规定的事件，应由公司有关部门或由员工（或受益人）向保险机构（公司）申请支付或索赔；必要时维持现场原貌或保存证据；在索赔时应提供所需要的各类证明。

第十八条　及时办理与职工新聘用、调岗和辞退相关的保险关系的初建、增减、企业间转移、撤保、续约等事务。

▲ 附则

第十九条　鉴于目前正进入社会保险的重大时期，保险法规、政策变动较大，公司应密切关注中央和本地政府保险法规、政策的动态，并及时作出相应调整。

第二十条　本办法与当地政策抵触时，以当地政府规定为准。

第二十一　条依据本办法，人事部会同财务部制定具体实施细则，并由董事会批准。

五、员工激励管理制度

员工奖惩制度

▲ 总则

第一条　为严明纪律，奖励先进，处罚落后，调动员工积极性，提高工作效益和经济效益，特制定本制度。

第二条　对员工的奖惩实行以精神鼓励和思想教育为主、经济奖惩为辅的原则。

第三条　本制度适于公司全体员工。

第四条　董事会监察委员会和公司监察部负责监督本制度的贯彻实施。

第五条　本制度适用于未注明条款的其他各项规章制度。

▲ 奖励

第六条　本公司设立如下奖励方法：

（1）大会表扬；

（2）奖金奖励；

（3）晋升提级。

第七条　对有下列表现之一的员工，应当给予奖励：

（1）遵纪守法，执行公司规章制度，思想进步，文明礼貌，团结互助，事迹突出；

（2）一贯忠于职守，积极负责，廉洁奉公，全年无事故出现；

（3）完成计划指标，经济效益良好；

（4）积极向公司提出合理化建议，并为公司所采纳；

（5）全年无缺勤，积极做好本职工作；

（6）维护公司利益，为公司争得荣誉，防止或挽救事故、经济损失有功；

（7）维护财经纪律，抵制歪风邪气，事迹突出；

（8）节约资金，节俭费用，事迹突出；

（9）领导有方，带领员工良好完成各项任务；

（10）坚持自学，不断提高业务水平，任职期内取得中专以上文凭或获得其他专业证书；

（11）其他对公司作出贡献、董事会或总经理应当给予奖励的。

员工有上述表现符合《晋升制度》规定的，给予晋升提级。

第八条　奖励程序如下：

（1）员工推荐、本人自荐或单位提名。

（2）监察委员会或监察部会同劳动人事部审核。

（3 ）董事会或总经理批准。其中，属董事会聘任的员工，其获奖由监察委员会审核，董事会批准；属总经理聘任的员工，其获奖由监察部审核，总经理批准。

▲ 处罚

第九条　员工有下列行为之一，经批评教育不改的，视情节轻重，分别给予扣除一定时期的奖金、扣除部分工资、警告、记过、降级、辞退、开除等处分。

（1）违反国家法规、法律、政策和公司规章制度，造成经济损失或不良影响的；

（2）违反劳动法规，经常迟到、早退、旷工、消极怠工，没完成生产任务或工作任务的；

（3）不服从工作安排和调动、指挥，或无理取闹，影响生产秩序、工作秩序的；

（4）拒不执行董事会决议及总经理、经理或部门领导决定，干扰工作的；

（5）工作不负责，损坏设备、工具，浪费原材料、能源，造成经济损失的；

（6）玩忽职守，违章操作或违章指挥，造成事故或经济损失的；

（7）滥用职权，违反财经纪律，挥霍浪费公司资财，损公肥私，造成经济损失的；

（8）财务人员不坚持财经制度，丧失原则，造成经济损失的；

（9）贪污、盗窃、行贿受贿、敲诈勒索、赌博、流氓、斗殴，尚未达到刑事处分的；

（10）挑拨是非，破坏团结，损害他人名誉或领导威信，影响恶劣的；

（11）泄露公司秘密，把公司客户介绍给他人或向客户索取回扣、介绍费的；

（12）散布谣言，损害公司声誉或影响股价稳定的；

（13）利用职权对员工打击报复或包庇员工违法乱纪行为的；

（14）有其他违章违纪行为，董事会或总经理应予以处罚的。

员工有上述行为，情节严重，触犯刑律的，提交司法部门依法处理。

第十条　员工有上述行为造成公司经济损失的，责任人除按上述规定承担应负的责任外，按以下规定赔偿公司损失：

（1）造成经济损失 5 万元以下（含 5 万元），责任人赔偿标价的 10%～50%；

（2）造成经济损失 5 万元以上的，由监察部或监察委员会报总经理或董事会决定责任人应赔偿的金额。

第十一条　各企业领导发现本企业员工违犯本制度所规定的行为时，应及时向监察部或监察委员会报告；员工也可向上述部门检举、揭发任何人的违纪违章行为，并要求处理。

第十二条　监察部或监察委员会接到报告、检举、揭发，应立即报总经理或董事会批准后进行调查处理；调查完毕，监察部或监察委员会提出《 处理意见书》 呈报总经理或董事会批准，交有关部门执行并通知受处分人。

第十三条　给予员工行政处分和经济处罚，应当慎重决定；必须弄清事实，经过有关会议讨论，征求有关部门意见，并允许受处分人进行申辩。

第十四条　调查、审议员工处分的时间，从证实员工犯错误之日起，开除处分不得超过两个月，其他处分不得超过一个月。

第十五条　对员工进行处分，应书面通知本人，并记入档案。

第十六条　员工对处分决定不服的，允许按监察制度规定提请复议；对复议决定不服的，允许向上级主管机关申诉。

第十七条　受处分的员工，在处罚事项未了结之前，不得调离公司（公司宣布辞退、开除的除外）。

第十八条　受处分的员工，能改正错误，积极工作，在 1 年内弥补经济损失或完成利润指标的，经所在单位提议或本人要求，监察部或监察委员会审核后呈报总经理或董事会批准，可酌情减轻或免除处分。

六、员工调整管理制度

1. 晋升管理制度

第一条　本公司各单位经内部人员调整不能满足经营管理和业务发展对人力的需求时，采取晋升的方式引进人才，为此特制定本制度。

第二条　为鼓励员工积极向上、多作贡献及奖励先进、选拔贤能，使公司员工晋升及调任有所依据。

第三条　本制度所指的晋升，是指公司对符合晋升条件的员工给予工资的晋级或职务的升迁。

第四条　公司员工工作努力、业绩突出者，均可成为被晋升的对象；对员工的晋升应当严格要求，公平对待，对公司所有在职员工实行公平公正的晋升机制。

晋升机制内容如下：

（1）晋升原则：

① 能调动大部分员工的积极性，被提升者让大部分员工都心服口服；

② 员工之晋升及调任，应以各部门编制职称及人数为基准，遇有缺额时始得办理；

③ 各部门编制职称及人数，每半年至少应检讨修订一次，并于每年 6 月、12 月前提报人力资源部转呈总经理核定；

④ 各部门之职称及人数编制以部门为单位，若其总人数未达编制人数时，为人员训练培养需要，应以较低职称人员占用较高职称之编制缺额；

⑤ 晋升各级主管以先晋升副主管再晋升正主管为原则，其任职副主管至少应满六个月以上，并经考核适任始得晋升为正主管；无副主管编制者亦同。

（2）晋升条件：

品行良好，工作表现突出者；未违反公司任何纪律，忠于公司，在公司效力三个月以上且表现良好者；积极做好本职工作、成绩突出受到公司表彰者；身体健康者；并达到以下一条或多条条件者，可给予晋升：

① 业务有突出专长，个人年创利突出者；

② 连续数次对公司发展提出重大建议并为公司所采纳，且产生重大经济效益者；

③ 非本人责任而为公司挽回重大经济损失者；

④ 领导有方，所领导的单位连续几年创利达到公司要求或成绩显著者；

⑤ 领导亏损单位扭亏为盈，经营管理有方者；

⑥ 有其他突出贡献，董事局或总经理认为该给予晋级嘉奖者；

⑦ 对成绩特别突出或贡献特别重大、同时具备领导才能者，可给予晋升薪级的奖励。

（3）有下列情况之一或多个者，不得有晋升的机会：

① 品行恶劣，对公司造成损失者；

② 上季度曾记过或考绩在 60 分以下者；

③ 拖欠账款不清；

④ 参加非法组织；

⑤ 吸食毒品；

⑥ 经医院体检，本公司认为身体不合格者。

（4）晋升程序：

① 人力资源部会同各单位进行晋升前筛选准备工作。

② 确定需晋升的岗位、人数、要求（包括性别、年龄、学历和工作经验等）。

A. 拟定日程安排；

B. 编制笔试问卷和审核纲要；

C.成立审核小组；

D.需要准备的其他事项。

③ 人力资源部会同各单位通过员工推荐、本人自荐或单位提名等形式筛选出表现比较突出的人员，列出中选人员名单，收集人员材料。

④ 人力资源部会同各单位对中选人员进行以下综合能力分析:

A.职员品行分析；

B.生产部门业务能力分析；

C.主管能力考核；

D.综合能力考核。

⑤ 人力资源部汇集、整理材料，会同晋升用人单位根据要求进行初次筛选，向中选人员发出考核通知书。

⑥ 人力资源部组织中选员工参加第一次考核；员工须填写《 甄选人员基本情况登记表》；人力资源部对被考核者所填写的《 甄选人员基本情况登记表》 进行整理、分析，组织被考核者个别面谈、进行评审。

⑦ 人力资源部会同用人单位根据第一次考核结果进行第二次筛选，向中选人员发第二次考核通知。

⑧ 人力资源部组织应聘者参加第二次考核，主要进行文化试题笔试（须另拟定）。

⑨ 力资源部会同用人单位根据第二次考核结果进行第三次筛选，向中选人员发第三次考核通知。

⑩ 人力资源部会同用人单位组织员工参加第三次考核，组织被考核者个别面谈，进行评审；根据评审结果确定待晋升人员名单，需对待晋升人员进行以下岗前工作技能和管理能力培训:

A.人力资源部会同用人单位拟定《 在职技能培训计划申请表》；

B.待晋升人员培训完后须填写《 训练成效调查表》；

C.人力资源部对待晋升人员进行受训评估。

⑪ 人力资源部会同用人单位对待晋升人员进行综合评估，确定晋升人员名单；上报总经理审批，审核后向中选人员发出晋升通知，向落选人员发辞谢鼓励通知。

（ 5）晋升监控:

人力资源部会同用人单位须对晋升后人员进行为期三个月的后期跟踪考核，每月月底考核一次，每次都需进行以下几项的考核:

- 职员品行分析；
- 生产部门业务能力分析；
- 主管能力考核；
- 综合能力考核；
- 晋升等级。

第五条　总经理批准。其中，总经理提名由总经理批准；属总经理聘任的员工，其晋升由总经理审核，人力资源部和各单位提名报总经理批准。

第六条　公司原则上不雇用临时人员；各部门如因业务或生产需要需雇用临时人员，由人力资源部经理或全资公司总经理自行决定；临时人员需填写《 临时人员情况登记表》，交公司人力资源部备案。

第七条　本制度适用于公司本部及下属全资公司。

第八条　本制度由公司人力资源部负责解释。

第九条　本制度自总经理审查公布之日起实施。

2. 员工降职管理规定

第一条　“降职”的定义

“降职”即指从原有职位降到较低的职位；降职的同时意味着削减或降低被降职人员的地位、权利、机会和薪金。所以，降职实际上是一种带有惩处性质的管理行为。

第二条　降职的原因。

大多数情况下，下列情形可对员工进行降职处理：

（1）因为企业机构调整而精简工作人员；

（2）因为不能胜任本职工作，调任其他工作又没有空缺岗位；

（3）应员工要求，如身体健康状况不好不能承担繁重工作等而对员工降职；

（4）依照考核与奖惩规定，对员工进行降职。

第三条　降职的程序。

降职程序一般是由用人部门提出申请，报送人事部门；人事部门根据企业政策，对各部门主管所提出的降职申请事宜予以调整，然后呈请主管人事的上级核定。凡已经核定的降职人员，人事部门应以人事变动发布通告，并以书面形式通知降职者本人；公司内各级员工收到降职通知后，应于指定日期内办理好移交手续，履任新职，不得借故推诿或拒绝交接。

第四条　降职的审核权限。

依据企业人事管理规则，审核权限一般按以下情况核定：

（1）高层管理人员的降职由企业最高管理者裁决，人事部备案；

（2）各部门主管人员的降职由人事部提出申请，报总经理核定；

（3）各部门一般管理人降职由用人部门或人事部提出申请，报经理审核，由总经理核定；

（4）一般员工的降职由用人部门提出申请，报人事部核准。

第五条　降职的薪金处理。

降职时，其薪金由降职之日起重新核定；凡因兼代职务而加发的职务津贴，在免除兼代职务后，其薪金按新的职务标准发放。

第六条　附则。

如果被降职的人员对降职处理不满，可向人事部提出申请；未经核准前不得出现离开现职或怠工现象。

3. 解除劳动关系管理制度

▲ 总则

第一条　为了加强公司对解除劳动合同关系的管理，完善和规范公司劳动人事制度，特制定本规定。

▲ 适用范围

第二条　本规定适用于本公司总部、各事业部的合同制员工和签约服务期六个月以上的员工。

▲ 解除劳动合同关系

第三条　辞职是指在合同期内，由员工提出终止聘用关系的行为。

第四条　员工辞职必须提前一个月（钟点工以合同为准，但至少提前一周）以书面形式向公司提出申请，经公司研究同意后，方可办理辞职手续。

第五条　劝退是指在合同期内，由公司提出解除劳动合同关系，经双方协商，一致同意解除劳动合同关系的行为。

第六条　公司劝退员工须提前一个月通知被劝退员工，或按劳动法规定立即劝退加一个月工资补助代替通知。劝退应包括公司有关部门或领导的暗示其提出辞职申请的，而本人自己提出辞职申请的也应享受劝退的待遇补偿。

第七条 如本公司员工患有非本职工作所引起的疾病或非因公负伤，医疗部门证实身体不适、不能胜任本职工作的，本公司予以劝退。

第八条 如本公司员工工作能力明显不适应本职工作需求，在内部劳动力市场又找不到适当的工作，本公司予以劝退。

第九条 如本公司员工参加岗位适应性培训后考核仍不合格，或在内部劳动力市场找不到合适的工作的，本公司予以劝退。

第十条 辞退是指在合同期内，员工不合格或工作态度、技能、绩效等不符合公司要求，公司决定提前终止与员工聘用关系的行为。

第十一条 公司辞退员工必须以书面形式提前一个月（钟点工以合同为准，但至少提前一周）通知被辞退员工，或按劳动法规定立即辞退，以加一个月工资补助代替通知。

第十二条 如本公司员工试用期未满，被证明不符合录用条件或能力较差、表现不佳而不能保证完成工作任务的质量，本公司予以辞退。

第十三条 如本公司员工合同期内劳动态度差，工作缺乏责任心和主动性的，予以辞退。

第十四条 如本公司员工经过岗位适应性培训后，再上岗工作表现仍然达不到要隶的，本公司予以辞退。

第十五条 除名是在合同期内，员工违反公司有关规定或作有损于公司的行为，对公司造成较大的损失，公司根据有关规定与其解除劳动合同并予以除名的行为。

第十六条 公司除名员工时，必须以书面形式通知被除名员工。

第十七条 如本公司员工严重违反劳动纪律或公司规章制度的，本公司予以除名。

第十八条 如本公司员工严重失职、营私舞弊、贪污腐化或有其他严重不良行为，对公司利益或声誉造成损害的，本公司予以除名。

第十九条 如本公司员工对公司有严重的欺骗行为的，本公司予以除名。

第二十条 如本公司员工因触犯法律而被拘留、劳教、逮捕或判刑的，本公司予以除名。

第二十一条 如本公司员工泄露商业或技术秘密，使公司蒙受损失的，本公司予以除名。

第二十二条 自动离职是指在合同期内，员工未经公司批准而擅自离开工作岗位三天以上的行为。辞职、劝退、辞退员工未在报告批准后三个工作日内开始办理离职手续或十个工作日内未办完离职手续者，原则上人力资源部亦会将其转为自动离职。

第二十三条 对于自动离职的员工，公司人力资源部应以书面形式通知其本人。

第二十四条 合同期满，公司提出不再续签劳动合同。此种情况是指合同期满，公司根据情况不再与员工续签劳动合同的行为。原则上，在合同到期一个月前，公司以书面形式，通知员工本人合同到期不再与其续签合同。 人力资源部人事处应在合同到期两个月前将需续签合同人员名单提交各部门管理部；各管理部根据员工工作表现及公司发展需要决定是否续签劳动合同人员名单，并在 15 天内反馈给办公室，由办公室安排合同续签事宜或提前一个月向员工下达不再续签劳动合同的书面通知。

第二十五条 合同期满，员工提出不再续签劳动合同。此种情况是指合同期满，员工不愿与公司续签劳动合同。原则上，在合同到期前一个月员工应以书面形式通知公司到期不再续签劳动合同。

4. 员工解雇、辞退管理制度

第一条 因公司业务情况或方针有变而产生冗员及员工不能胜任工作而又无法另行安排者，公司有权予以解雇。

第二条 解雇需提前一个月书面通知其本人，或发给一个月基本工资代替此项通知。

第三条 根据员工在本公司具体工作时间，每满一年发给一个月的基本工资。

第四条 第四条 公司员工离职都应办妥离职手续，否则公司不予提供该员工的任何有关人事资料或冻结其名下工资，必要时采取法律途径追讨公司损失。

第五条 员工因违反公司规章制度，经教育或警告无效，公司可以马上辞退，无须提前一个月通知本人。

5. 员工离职管理细则

第一条 本细则是依据人事管理规则的规定而制定的。

第二条 本公司职员经解职或调职时应办理移交，除另有规定外悉依本办法办理。

第三条 本公司职员的移交分下列级别：

（1）主管人员：是指部门经理、室主任、组长。

（2）经管人员：是指直接经管某种财务或某种事务的人员。

第四条 移交事项规定如下：

（1）造具移交清册或报告书（格式另定）；

（2）缴还所领用或保管的公用物品（簿册、书类、图表、文具、印章、轮锁等）；

（3）应办未办及已办未结案应交代清楚；

（4）其他应专案移交事项。

第五条　主管人员的移交清册应由各该层次人员或经管人员编造；经管人员移交清册应自行编造，并均由各有关人员加盖印章，做成三份，一份送人事科，另两份分别由移交人和接管人留存。

第六条　移交清册应合订成一册，移交人、接管人、监交人应分别签名盖章；监交人在科室由主管科长办理，部门科长以上人员由经理办理，经理、协理由副总经理或派专人办理。

第七条　各级人员移交应亲自办理；倘是调任或重病或其他特别原因不能亲自办理时，可委托有关人员代为办理，对所有一切责任仍由原移交人员负责。

第八条　前任人员在规定或核准移交期限届满而未将移交表册送齐，致使后任无法接收或有短交遗漏事项、且经通知仍不依限补交者，应由后任会同监交人员呈报以“逾期不移交”或“移交不清、拘情不报”论处。

第九条　后任核对或盘查移交案若发现亏短舞弊时，应单独或会同监交人员揭报上级主管；倘有隐匿，除当予议处外，还应与前任负连带赔偿的责任。

七、员工行为管理制度

1. 员工守则

第一条　本公司员工均应遵守下列规定：

（1）准时上下班，对所担负的工作争取时效，不拖延、积压。

（2）服从上级指挥；如有不同意见，应婉转相告或以书面陈述，但一经上级主管决定，应立即遵照执行。

（3）尽忠职守，保守业务上的秘密。

（4）爱护本公司财物，不浪费，不化公为私。

（5）遵守公司一切规章及工作守则。

（6）保持公司信誉，不得有任何损公司信誉的行为。

（7）注意本身品德修养，切戒不良嗜好。

（8）不私自经营与公司业务有关的商业或兼任公司以外的职业。

（9）待人接物要态度谦和，以争取同事及顾客的合作。

（10）严谨操守，不得收受与公司业务有关人士或行号的馈赠、贿赂或向其挪借款项。

第二条　本公司员工因过失或故意使公司遭受损害时，应负赔偿责任。

第三条　本公司工作时间，每周为 40 小时，星期六、星期天及纪念日均休假；业务部门如因采用轮班制，无法于星期六、星期天休息者，可每 7 天给予 2 天的休息，视为例假。

第四条　管理部门的每日上、下班时间，可依季节的变化事先制定，公告实行。业务部门每日工作时间，应视业务需要，制定为一班制或多班轮值制；如采用昼夜轮班制，所有班次，必须一星期调整一次。

第五条　上、下班应亲自签到或打卡，不得委托他人代签或代打；如有代签或代打情况发生，双方均以旷工论处。

第六条　员工应严格按要求出勤。

第七条　本公司每日工作时间定为 8 小时；如因工作需要，可依照政府有关规定延长工作时间至 10 小时，所延长时数为加班。

除前项规定外，因天灾事变、季节关系，依照有关政策规定，仍可延长工作时间；但每日总工作时间不得超过 12 小时，每月延长之总时间不得超过 46 小时，其加班费依照公司有关规定办理。

第八条　每日下班后及例假日，员工应服从安排值日值宿。

第九条　员工请假，应照下列规定办理：

（1）病假。因病须治疗或休养者可请病假，每年累计不得超过 30 天；可以未请事假及特别休假充抵逾期仍未痊愈的天数，即予停薪留职，但以一年为限。

（2）事假。因私事待理者，可请事假，每年累计不得超过 14 天；可以特别休假充抵。

（3）婚假。本人结婚，可请婚假 8 天。

（4）丧假。祖父母、父母或配偶丧亡者，可请丧假 8 天；外祖父母或配偶的祖父母、父母或子女丧亡者，可请丧假 6 天。

（5）产假。女性从业人员分娩，可请产假 8 星期（假期中的星期例假均并入计算）；怀孕三至七个月而流产者，给假 4 星期；七个月以上流产者，给假 6 星期；未满三个月流产者，给假 1 星期。

（6）公假。因参加政府举办的资格考试（不以就业为前提者）、征兵及参加选举者，可请公假，假期依实际需要情况决定。

（7）工伤假。因公受伤可请工伤假，假期依实际需要情况决定。

第十条 请假逾期，除病假依照前条第一款规定办理外，其余均以旷工论处；但因患重病非短期内所能治愈、经医师证明属实者，可视其病况与在公司资历及服务成绩，报请总经理特准延长其病假，最多三个月；事假逾期系因特别或意外事故且提出有力证明者，可请总经理特准延长其事假，最多 15 天，逾期再按前规定办理。

第十一条 请假期内的薪水，依下列规定支给：

（1）请假未逾规定天数或未延长病事假者，其请假期间内薪水照发；

（2）请公假者薪资照发；

（3）工伤假工资依照劳动保险条例由保险机关支付，并由公司补足其原有收入的差额。

第十二条 从业人员请假，均应填写请假单呈核；病假在 7 日以上者，应附医师的证明，工伤假应附劳保医院或特约医院的证明；副经理以上人员请假，以及申请特准延长病事假者，应呈请总经理核准；其余人员均由其主管核准，必要时可授权下级主管核准；凡未经请假或请假不准而未到者，以旷工论处。

第十三条 旷工 1 天扣发当日薪资，不足 1 天照每天 8 小时比例以小时为单位扣发。

第十四条 本守则第九条第一、二款规定请病、事假的天数，系自每一从业人员报到之日起届满一年计算。全年均未请病、事假者，每年给予一个月的不请假奖金；每请假 1 天，即扣发该项奖金 1 天；请病事假逾 30 天者，不发该项奖金。

第十五条 本公司人员服务满一年者，可依下列规定，给予特别休假：

（1）工作满 1 年以上未满 3 年者，每年 1 天；

（2）工作满 3 年以上未满 5 年者，每年 3 天；

（3）工作满 5 年以上未满 10 年者，每年 5 天；

（4）工作满 10 年以上者，每满 1 年加给 1 天，但休假总数不得超过 30 天。

第十六条 特别休假，应在不妨碍工作的范围内，由各部门就业务情况排定每人轮流休假，期后施行；如因工作需要，得随时令其销假工作，等工作完毕公务较闲时，补足其应休假期；但如确因工作需要，至年终无法休假者，可按未休天数，计发其与薪水相同的奖金。

2. 员工礼仪举止规范

第一条　站姿。

（1）抬头，挺胸，收腹，双肩舒展，双目平视。

（2）双臂和手在身体两侧自然下垂，女员工双臂可下垂交叉放于身体前。

（3）女员工站立时，双膝和脚跟要靠紧，双脚呈“v ”字型。

（4）男员工站立时，双脚可并拢呈“v ”字形；也可分开，分开时双脚应与肩同宽。

（5）站立时，双手不可叉在腰间，不宜放入裤子口袋中，也不宜在胸前抱臂。

（6）站立时双腿不可不停地抖动。

第二条　坐姿。

（1）从容就座，动作要轻而稳，不宜用力过猛。

（2）就座时，不宜将座椅或沙发坐满，也不宜仅坐在座椅边上。

（3）就座后，上身应保持正直而微前倾，头部平正，双肩放松。

（4）男员工就座后，双手可自然放于膝上，或轻放于座椅扶手上，手心向下，注意手指不要不停地抖动。

（5）女员工就座后双手交叉放于腿上，手心向下。

（6）女员工身着裙装人座时，应先用手将裙子向双腿拢一下，要注意裙子不要被其他东西挂着。

（7）男员工就座后双腿平行分开，不宜超过肩宽；女员工就座后双腿并拢，采用小腿叉向后或偏向一侧，注意双腿不可向前直伸。

（8）若需要同侧边的人交谈，宜将身体稍转向对方。

（9）离座站起时要稳重，可右脚后收半步，然后从容站起。

（10）注意坐下后双腿都不可不停地抖动。

第三条　走姿。

（1）行走时，上身保持正直，双肩放松，目光平视，双臂自然摆动；男员工注意手不放易在裤子口袋里。

（2）迈步时应从容自然，男员工步伐矫健、有力，女员工步伐自然、优雅。

（3）行走时不宜左顾右盼，脚步不宜太沉重而发出较大声响。

第四条　蹲姿。

（1）在查看位置较低的事物或拾取物品时，往往应蹲下，而不宜直接弯腰进行。

（2）下蹲时，采取两脚前后交叉的蹲姿，一脚在前，一脚在后；在前面的脚应全脚着地，后脚则脚尖着地、脚跟抬起、双腿下压、上身直立、置重心于后脚之上。

（3）下蹲时，女员工要两腿靠紧；如身着裙装，要用手把裙子向双腿拢一下再下蹲。

3. 员工言行规范

一言一行，一举一动，都是个人形象的展示。员工个人形象是公司整体形象的组成部分，因此，每个员工的言行都是公司形象的体现。热情、礼貌的言行不仅体现出公司员工的整体素质，更体现出公司深厚的文化底蕴。

第一条　言谈规范。

（1）恰当地称呼他人。在社交场合，无论新朋友还是老朋友，都应称呼对方姓氏加头衔或职称，这是对他人的尊敬。

（2）使用礼貌用语。在受到对方赞扬或帮助时应表示感谢；在打扰或妨碍到别人时，应表示歉意；在指称陌生的第三者时，应使用“那(这)位先生”　“那(这)位女士”等之类称呼。

（3）正式交谈前的寒暄是展开话题的重要手段。寒暄时应选取大家共同感兴趣的话题，避免涉及私人问题或某些敏感话题。

（4）与他人交谈时，不宜出现插入、打断、讽刺、模仿等不礼貌行为。

（5）在交谈过程中，不宜出现过激的言语或过分的玩笑。

（6）在交谈过程中，应合理使用行为语言以配合表达，如微笑、点头等。

（7）交谈时不可用手指点他人。

第二条　吸烟规范。

（1）工作时间不宜在办公室吸烟，可以到走廊、洗手间等地方吸烟。

（2）如有必要，应在办公区域内适当的地方设置吸烟室。

（3）若有访客欲在办公室吸烟，应向其说明办公室是禁烟区，在征得对方同意后，可到会客室或吸烟室吸烟。

（4）在公共活动场合不宜吸烟；若要吸烟，看有无禁烟警示及烟缸等卫生器具，再考虑是否吸烟。

第三条　引导客人规范。

(1) 在引导的途中，引导者应走在客人的侧前方；若被引导的是一群人，引导者应灵活处理，一般应在最前面的人的侧前方。

（2）指引方向时，右臂伸出，小臂与上臂略成直角，掌心向上，拇指微向内屈，四指并拢伸直，指向所要去的方向。

（3）上楼梯时，引导者应走在客人的后面。

（4）下楼梯时，引导者应走在客人的前面。

（5）若有我方人员不认识的客人来访，引导者应相互介绍，顺序一般是先介绍我方人员给客人。

第四条　电梯使用规范。

（1）进入电梯时，让客人或领导先入；若人较多，应注意用手按住电梯按钮以使所有人顺利进入。

（2）在电梯内尽量站成“凹形”，以方便后进入者。

（3）电梯内空间较小，一般不宜交谈。

（4）出电梯时，应让客人或领导先行；若自己站在门口而同行者又较多，则应先出电梯，按住电梯键，等候他人出来。

（5）不可在电梯内丢放垃圾。

第五条　介绍规范。

（1）介绍时，应将被介绍人的姓名、职位、单位、职称等介绍清楚。如“某某经理”“这位是某某公司某某部经理某某先生”。

（2）介绍时，应先将职位低者介绍给职位高者，先将主人介绍给客人，先将男士介绍给女士。

（3）介绍时，应将手心向上，五指并拢，指向被介绍者。

第六条　握手。

（1）初次见面握手不应握满全手，仅握手指部位即可。

（2）握手时，伸出右手，上身直立微向前倾，目光平视对方，点头致意。

（3）握手力度应适中，力度太轻给人感觉无诚意，太重给人感觉过于鲁莽。

（4）握手时间一般在 3 秒钟之内，握一两下即可。

（5）如戴有手套，一定要脱掉手套再与对方握手。

（6）通常由年长者、职位高者、上级先伸手发出握手信号，年轻者、职位低者、下级再伸出手与之呼应。

（7）平级男士和女士之间，一定要女士先伸出手，男士再握其手。

（8）握手时切忌抢握，或者交叉相握。

第七条　名片使用。

（1）在与他人交换名片时，应双手递上，身体微向前躬，手臂高度略与胸齐；规范用语为：“我叫××，这是我的名片。”

（2）若想得到对方的名片时，可使用的规范用语为：“如果您方便，请留张名片给我。”

（3）接受名片时，双手接过对方的名片仔细看一遍，慎重收好，切忌随意丢放。

（4）若发现名片上有不认识的字或不理解的内容，则应虚心求教，以避免引起误会。

4. 员工仪容仪表规范

第一条　着装。

（1）员工上岗时，必须穿着符合工作要求的服装。

（2）任何指定穿着的服装要随时保持清洁、平整。

（3）不得穿着有褶皱、破损、掉扣的服装上岗。

（4）生产操作型员工上岗需着公司所指定的工装。

（5）非生产型员工上岗，如由公司配备，应着公司服装；未配备的，亦应该按照公司的要求穿着相应的服装。

（6）员工出席公司组织的重大活动应着西装，佩戴领带及领夹，穿皮鞋；领带长度要适中，领带要结扎得规范美观，保持皮鞋洁净亮泽。

（7）在岗时严禁卷露衣袖、裤腿等不雅穿着。

（8）员工须按公司要求佩戴、显露公司标志；非工作需要，员工一般不将公司所配备的工作服装在公司以外穿着。

第二条　仪容规范。

（1）面带笑容，保持开朗心态，有利于营造和谐、融洽的工作气氛。

（2）保持身体清洁卫生，这不仅是健康的需要，更是文明的表现，有利于与人交往。

（3）头发梳理整齐，面部保持清洁。

（4）男员工不留长发，女员工不化浓妆。

（5）保持唇部润泽、口气清新，以适合近距离交谈。

（6）手部干净，指甲修剪整齐；男员工不留长指甲，女员工不涂抹鲜艳的指甲油。

（7）宜使用清新、淡雅的香水。

（8）社交场合不宜戴墨镜（参观、旅游除外）。

（9）女员工不宜佩戴有声响的饰物。

（10）公文包（手提包）外观整洁，男士公文包以黑色为佳。

八、员工劳动关系管理制度

1. 劳动用工制度

第一条　目的。

为了增强和提升企业的核心竞争力，充分发挥员工的工作潜能和社会劳动力市场的作用，提高企业的劳动生产率，要对企业的劳动用工制度进行规范化管理。

第二条　基本原则。

员工的劳动用工分为合同工制、钟点工制两种方式；企业主要技术、业务、管理骨干实行合同工制，其他辅助岗位实行钟点工制。

第三条　管理办法。

（1）岗位分类：

按岗位性质、特点、所应承担的责任的不同分为两大类：

第一类岗位（采用合同工制），指从事技术、市场、生产、业务、管理等与企业产品直接价值创造链关联性大的工作，并且需要在企业长期积累经验的岗位。

第二类岗位（采用钟点工制），指从事辅助性技术与业务、行政事务、生产操作、辅助管理等以支持企业产品直接价值创造链的工作，并且社会可置换性较强或阶段性需要的岗位。

（2）分类进行：

在职员工在第一类岗位工作的为合同制；在第二类岗位工作的，原则上可为合同制，也可以在本人自愿的情况下选择钟点工制。

对于第二类岗位的新入职员工，自××年×月起可实行钟点工制，对现职员工各部门可根据自身发展及劳动力市场状况分阶段进行分类。

（3）协议签订：

合同工制员工须与企业签订《员工聘用协议书》，约定双方的权利和义务。

第一次可签 2～3 年；第二次续签协议时，可根据前期工作情况签 3～5 年；第三次以后可签更长时间。

钟点工制员工须与企业签订《 钟点工聘用协议书》，明确双方的权利和义务，企业视员工表现情况和实际工作需要确定聘用期限。

第四条　薪酬待遇管理。

（1）企业全面推行同岗、同工、同责、同酬，绩效不同则薪酬不同的制度。

钟点工也实行这一待遇原则；而且企业将进一步完善钟点工的管理制度，强化钟点工的责任、规范和管理。

（2）为了保证钟点工的利益，钟点工在同工、同岗、同责的合同工工资的基础上上浮 25%；此 25%包含企业为其提供的参加国家社会保险的费用，如基本养老保险、医疗保险、失业保险等保险的费用。

（3）企业出资为其购买工伤保险。

（4）钟点工的加班薪酬，按相关规定的标准，以定额或小时计算；任何安排应当由派工者负责。

（5）企业基层合同制员工的工资水平，按照具体岗位的责任和难度以及比社会同类工作的工资水平高 50%～80%的标准确定；钟点工在此基础上再上浮。

（6）钟点工的月收入为：企业相应岗位工资标准×（ 1+25%）＋实际有效加班工资。

（7）钟点工与合同工同样享有伙食补贴与交通补贴；钟点工享有正常年休假和年终双薪。

（8）钟点工在聘用期间诚实劳动，胜任本职工作，企业可以长期聘用。

第五条　续聘、解聘或合同期内个人辞工与企业辞退应按合同规定执行。

第六条　附则。

（1）钟点工的招聘管理、工作及考核管理、薪酬定级、核算及发放管理另行规定。

（2）本规定自签发之日起生效，解释权归人力资源管理部。

2. 劳动合同管理办法

第一条　劳动合同是劳动者与用人单位确定劳动关系、明确双方权利和义务的协议，凡在公司工作的员工都必须按规定与公司签订劳动合同。

第二条　劳动合同签订规定。

（1）试用员工与公司签订《劳动试用协议》，用以明确试用期间双方的权利和义务关系。

（2）临时或兼职员工与公司签订《临时（兼职）劳动协议》，明确双方的权利和义务关系。

（3）试用合格、正式聘用的员工，在接到由人力资源部通知后5日内到人力资源部签订《劳动合同》；如因特殊原因不能5日内签订劳动合同，应及时说明理由，否则视为自动延长试用期。

第三条　劳动合同期限规定。

（1）公司高层领导职务15年。

（2）中级管理岗位职务10年。

（3）中级以下管理岗位职务5年，一般技术人员3年，一般行政人员和工人为1年。

（4）正式员工如不愿按所要求的年限签订劳动合同，可与公司协商劳动合同年限；协商年限须人力资源总监批准。

第四条　签订3年以上劳动合同的员工须承诺保守公司的商业机密。

第五条　员工首次签订劳动合同时，应书面声明无原单位或已与原单位依法解除劳动合同关系。

第六条　在员工劳动合同期满前10日，由人力资源部通知员工本人及用人部门；用人部门根据员工合同期内工作表现确定是否继续聘用该员工，并将结果及时通知人力资源部；人力资源部根据双方续签劳动合同的意愿，通知员工签订劳动合同；员工在接到通知3日内到人力资源部签订劳动合同，逾期不签且未作说明即视为自动待岗。

第七条　员工劳动合同期满而原工作部门不同意续签、员工又不能联系到新工作部门的，劳动合同终止；合同期满员工不愿意再在公司工作的，可以终止劳动合同；合同所约定的终止条件出现，合同亦应终止。

第八条　办公室于合同终止当日通知合同终止，员工办理终止劳动合同及离职手续。

第九条　在试用期被证明不符合录用条件，或者严重违反公司规章制度、严重失职、营私舞弊而给公司利益造成重大损失，或者被依法追究刑事责任的员工，公司有权随时解除劳动合同。

第十条　员工在试用期可以随时要求解除劳动合同；非试用期内要求解除劳动合同，应提前30天提出申请，经批准同意后办理离职手续。

第十一条　员工提出解除劳动合同，在未得到批准和办完解除劳动合同手续前，应坚持本岗位工作，不得在外应聘、兼职和就业。

第四部分 安全管理制度

一、安全保卫管理

1. 安全保卫管理制度

▲ 总则

第一条 为了加强公司的安全防范工作，规范公司治安、消防和其他安全工作，保护公司财产和员工人身安全，保障各项工作的顺利进行，特制定本制度。

第二条 公司的安全工作以“百年大计，安全第一；安全就是效率，安全就是效益”为原则，全方位实施安全管理。

▲ 组织管理

第三条 公司的安全保卫工作由行政管理部统一负责，下设安全保卫管理科具体实施日常管理工作；主要工作有安全教育、安全检查、事故处理等。

▲ 安全制度规定

第四条 员工自觉接受安全教育，增强安全防范意识；防火、防盗、防灾、防破坏、防恶性事故为每位员工应尽的义务，要敢于与坏人坏事作斗争。

第五条 员工上下班、外出公干、出差，严格遵守道路交通管理法规、条例，确保人身、财产安全。

第六条 员工不得将贵重、大件私人用品存储于公司办公场所或仓库。

第七条 员工下班前认真检查本岗位、办公场所，消除水、电、气等设备所存在的隐患；如本人不能解决，下班前应立即报告主管领导。

第八条 上班时间外出应及时锁好抽屉、橱柜，钥匙随身携带，最后离开者关窗锁门；下班和午休时间文件、现金妥善存放，锁好各类门锁，有保险的加锁保险，开启报警系统。

第九条 发现事故苗头、可疑或不法行为的人或事，应先立即报告主管或保安部。

第十条　做好交接工作，班次之间无缝衔接。

第十一条　不得将亲友或无关人员带入工作场所，不准在值班场所留客。

第十二条　不准私接电源或使用电炉，不准在禁烟区抽烟。

第十三条　不得偷窃个人或公司财务；拾到遗留钱物一律上交。

第十四条　财务部门之重要票据、支票等一律入保险箱随时上锁。

第十五条　现金一般不要过夜，应及时押解银行。

第十六条　未经许可，不得擅自安排公司或外来人员在公司内住宿。

第十七条　保安人员按时到岗；门卫值班、值日，以及领导值班制度须正常运行。

第十八条　使用明火和高空作业，必须经安保或政府有关部门批准才能进行。

第十九条　员工积极参加防火演习，了解有关消防知识，熟记火警电话，熟悉电源开关、出口通道、灭火器具位置及使用方法等。

▲ 安全生产教育

第二十条　思想教育:主要是正面宣传安全生产的重要性，选取典型事故进行分析，从事故的政治影响、经济损失、个人受害后果等几个方面进行教育。

第二十一条　法规教育:学习有关法律、法规、条例及公司的具体规定、制度和纪律条文。

第二十二条　安全技术教育:包括生产技术、一般安全技术和专业安全技术教育训练。

▲ 安全检查

第二十三条　检查有无进行安全教育。

第二十四条　检查安全操作规程是否公开张挂。

第二十五条　检查在布置生产任务时有无布置安全工作。

第二十六条　检查安全防护、保险、报警、急救装置或器材是否完备。

第二十七条　检查个人劳动防护用品是否齐全及正确使用。

第二十八条　检查工作衔接是否配合合理。

第二十九条　检查事故隐患是否存在。

第三十条　检查安全计划是否落实。

▲ 安全事故处理流程

第三十一条　如遇意外伤害事件，应照顾伤者或协助转送医院。

第三十二条　及时通报公司主管或值班人员。

第三十三条 对危险区加设标志，警告别人勿靠近或指派专人看护。

第三十四条 对突发事件保持镇静。

第三十五条 迅速通知有关部门和领导。

第三十六条 在自身安全情况下，适时处置。

第三十七条 无关人员不得进入事故现场。

第三十八条 对外界暂行封锁消息，统一对外发布口径。

▲ 火警事故处理流程

第三十九条 保持镇静，力戒惊慌。

第四十条 拨打火警电话，准确报告起火部位、燃烧品等情况。

第四十一条 按动附近火灾报警器。

第四十二条 关掉一切电源开关，关闭火警现场的门窗。

第四十三条 迅速呼唤同事援助。

第四十四条 利用附近灭火设备，尽力将火扑灭。

第四十五条 防止因用水或泡沫灭火器灭火引起漏电而导致火灾。

第四十六条 服从现场主管指挥，见义勇为，身先士卒，奋力扑救。

第四十七条 接到疏散通知，切勿搭乘电梯，而应由安全楼梯转移。

▲ 附则

第四十八条 本守则由行政管理部安保科解释、补充，经总经理办公室会议批准执行，修改亦同。

2. 安全消防管理办法

▲ 总则

第一条 为加强公司安全消防意识，做好公司安全消防工作，保障公司正常、稳定的工作环境，特制定本办法。

▲ 责任人

第二条 公司法定代表人为公司安全消防第一责任人。履行下列职责：

（1）制定并落实安全消防责任制和防火、灭火方案，以及火灾发生时保护人员疏散等安全措施；

（2）配备安全消防器材，落实定期维护、保养措施，改善防火条件，开展消防安全检查，及时消除安全隐患；

（3）管理本公司的专职或群众义务消防队；

（4）组织对员工进行消防安全教育和防灭火训练；

（5）组织火灾自救，保护火灾现场，协助火灾原因调查。

第三条　公司层层分解、落实，建立公司安全消防体系和分层责任制，横向到边，纵向到人，职责落实。

（1）各部门应确立各自的责任人，并制定相应的安全消防制度的措施。

（2）各部门确立各自的防范重点部位和防范对策。

（3）各部门定期或不定期进行安全检查，并备有记录。

（4）公司普及安全消防知识，进行培训和示范教育，有条件的应举办模拟演示。

（5）公司所有员工遵守安全守则。

▲ 治安管理

第四条　每天下班、节假日应关好门窗、电灯、开关、水龙头或其他用电、用水设施。

第五条　上班时间外出应及时锁好抽屉、橱柜，钥匙随身携带，最后离开者关窗锁门；下班和午休时间文件、现金妥善存放。

第六条　财务部门之重要票据、支票等一律入保险箱随时上锁。

第七条　现金一般不要过夜存放，应及时押解银行。

第八条　未经许可，不得擅自安排公司或外来人员在公司内住宿。

第九条　安保人员按时到岗；门卫值班、值日，以及领导值班制度须正常运行。

▲ 消防管理

第十条　公司制定详细的防火、灭火管理制度以及实施细则。

第十一条　公司建筑工程和内装修防火设计，须符合国家和当地消防技术规范要求。

第十二条　建筑工程和内装修防火设计，送公安消防监督机构审核批准后组织实施，且不得私自改动；施工完成后，向公安消防监督机构申请消防验收。

第十三条　公司施工应落实防火安全制度，配备必要的灭火器具，指定专人负责施工现场的消防工作。

第十四条　公司内下列场所应当设置疏散指示标志、紧急照明装置和必要的消防设施：

（1）易燃易爆危险品的厂房、储存场地；

（2）高层建筑、地下人防工程、原材料及成品仓库；

(3) 车队、油库（加油站）、液化气站、变电站；

(4) 临时搭建的房屋、商店、展销会场。

第十五条　公司所使用的消防器具和设备，必须是有国家生产许可证和产品质量认证证书的产品；所使用的电器设备的质量，必须符合消防安全要求；电器设备的安装和电器线路的设计、铺设，必须符合安全技术规定并定期检修。

第十六条　禁止在火灾危险的场所擅自动用明火；需要使用明火器具应事先提出申请，说明安全措施，经安保部批准后才予以使用。

第十七条　作业人员应当持证上岗，对电焊、气割、砂轮切割、煤气燃烧以及其他具有火灾危险作业的，必须依照有关安全要求操作。

第十八条　划定禁烟区，员工不得在禁烟区吸烟。

第十九条　公司根据现有消防状况和财力状况，合理配置消防器材，不得擅自移动、损坏、挪用，并定期检查和更换。

第二十条　员工自行车、摩托车和公司车辆，按指定区域、地点有序存放；物品有序堆放，废旧物品及时处理。

第二十一条　公司下列人员须接受消防安全培训：

(1) 各级防火安全第一责任人或分管负责人；

(2) 消防安全管理人员；

(3) 消防设备的安装、操作、维修人员；

(4) 易燃易爆品仓库管理人员。

▲ 安全生产管理

第二十二条　公司各部门的工作，按安全操作规程进行。

(1) 使用电梯，须专人管理，定期检修；电梯工凭证上岗。

(2) 使用机电设备后，每次清洁机器，切断电源，确保安全可靠。

(3) 登高作业时，现场须有安全保护，使用合适的架梯工具。

(4) 只有电工或专业人员才能安装电线、维修电器设备。

(5) 各部门、下属企业进行新建、改建、扩建工程项目时，要由安全、消防部门审查，评估安全消防的可靠性。

▲ 责任及考核

第二十三条　公司制定安全消防考核指标体系。

第二十四条　公司应按有关规定为公司财产投保火灾险和公众责任险。

第二十五条　公司任何人发现火灾或其他安全问题都应迅速报警；各部门或员工应为报警无偿提供方便，有为扑救火灾提供帮助的义务。

第二十六条　公司在消防队到达前应迅速组织力量扑救、减少损失；火灾后及时向投保的保险公司报案，并保护好现场及协助查清火灾原因。

第二十七条　公司对因扑救火灾、消防训练、制止安全事故、见义勇为而受伤、致残、死亡的人员，其医疗、抚恤费用按照国家有关规定办理。

第二十八条　公司定期或不定期地对公司各部门安全、消防管理工作进行考核，决定相应的奖励或处罚。

第二十九条　对各种安全消防事故的责任人和违反本办法的人，将从严处罚，分别给予罚款降级乃至辞退，严重者送交司法部门追究法律责任。

▲ 附则

第三十条　本办法由安保部解释、补充，经总经理办公会议批准颁行。

3. 值班管理制度

▲ 总则

第一条　为保障公司正常工作秩序不间断和财物安全，特制定本制度。

▲ 管理要点和内容

第二条　门卫值班。

（1）目的：维护公司工作秩序，防止公司财产遭受损失。

（2）实行分班制，保证 24 小时有人当班。

（3）值班要点：

- 保证通讯系统畅通；
- 防止公司财物失窃；
- 及时排除公司火灾、漏水事故；
- 监查下班后公司人员进出情况；
- 接待来宾，保存邮件。

第三条　值日。

(1)目的：维护公司日常工作秩序，及时联络、处理事务。

(2)一般以工作时间为责任时间。

(3)值班要点：

- 巡察办公场所保洁情况；
- 打开水等后勤事务；
- 电话记录、处理、转送；
- 完成领导所交办的任务。

第四条　领导值班。

(1)目的：以公司业务工作为主。

(2)一般以下班时间或节假日为值班时间。

(3)值班要点：

- 接待下班后来客；
- 处理未完成工作；
- 处置下班后的突发、紧急事件；
- 值班人员接打值班电话，应记录来电时间、单位、授话人、主要内容；
- 值班接待来宾要记录来访时间、单位、来访人、主要内容，提出处理意见；
- 值班人员要按规定准确填写值班日志。

▲ 值班规定

第五条　遵守值班纪律，按时交接班，有事须先请假，以便安排临时代替人员；无关人员不得在值班室留宿。

第六条　值班时坚守岗位，不得聚众打牌、看电视、磕睡，不给坏人可乘之机。

第七条　在规定的时间内加强巡视，做好防盗、防火、防灾工作，尤其加强对重点部位的监管。

第八条　接待来宾外松内紧、热情招呼，具有高度警惕性，善于鉴别来人意图，要守口如瓶，不能随便乱说。

第九条　值班人员要密切关注领导活动行踪，遇到紧急情况即能取得联系；须将公安、消防、医院、供水、供气、供电、通讯等部门及火车、船、飞机、出租车的地址、电话、路线等信息置于明显处，以备应急需要。

第十条　遇到紧急事件，首先要冷静，敢于负责，一方面大胆采取应急措施，以免贻误；另一方面，要及时汇报给主管领导或向公安部门报警。

▲ **接听值班电话应注意**

第十一条　礼貌相待:打进、接入，应主动通报公司名称、职务、姓名；如对方未通报，应客气地询问清楚。

第十二条　使用语言文明，切忌粗声粗气。

第十三条　对重要或较长的电话内容，可请对方复述一遍。

第十四条　对要求打公司领导的电话，首先问清对方的单位名称、职务、姓名，然后婉转回答“请您稍等，我给您找一下”之类的话再处置。

第十五条　对打听事情、咨询类的电话要保持态度和蔼、礼貌对待，恰到好处地回答。

第十六条　除紧急情况随时报告外，一般将若干电话内容集中到一起，有条理地予以报告。

第十七条　加大节假日值班力量，由公司领导带班，征求下属同意后排定值班表，印发各有关部门和人员。

第十八条　根据需要，可安排公司司机值班或待班，一有用车要求，能在最短时间内抵达用车地点；如有必要，可为其配备移动通讯工具。

第十九条　根据需要，可安排公司单身职工多兼值班工作，并给予适当的加班补贴。

▲ **附则**

第二十条　值日、领导值班为义务值班；门卫值班为正常工作制，必要时可予以轮休。

第二十一条　本制度由行政部与安保部解释、补充、执行，经总经理批准颁行。

4. 突发事件处理办法

第一条　目的：对突发性的事件或异常情况，能迅速、果断地进行处理，将损失减少到最低程度。

第二条　范围：适用于本公司内所发生的盗窃、匪警、火警、争吵、斗殴、停水停电、设备重大事故等各类突发事件或异常情况。

第三条　火警事故。

（1）白天发生时，迅速通知总机；晚上发生，迅速通知值班保安，并迅速拿灭火器将其熄灭。

（2）若灭火器无法将其熄灭，火速打电话 119 。

（3）用广播呼叫消防委员会成员集结，发挥消防编组功能，按平时演练的方法进行。

（4）疏散组人员指导员工向安全地区有组织地疏散。

（5）通知派出所协助交通管制事宜。

（6）警戒组人员高度警惕，严防趁火打劫者。

（7）火势熄灭后应清查人员及物品损害情形，并保持完整现场，以供警方或保险公司处理。

第四条　水灾。切断电源，将财物转移到楼上。

第五条　打架斗殴。

（1）迅速通知值班保安进行制止，将当事人交保安队长处理；如当事人有不听制止者，保安应合力予以制止。

（2）有多人围观起哄时，将肇事双方带到其他地方处理，并疏散围观起哄人员。

（3）事态严重，若保安竭尽全力都制止不住时，应拨打 110 报警。

（4）保安处理事件时，立场要公正，千万不可偏袒或加入其中一方。

（5）若外来人员滋事，应管制员工不得与其对打。

（6）关闭大门及所有出入口，并通知所有保安人员集结，以防万一。

（7）尽量劝说对方，以理服人。

（8）认清对方面貌、特征、人数，及其有无携带刀枪、车牌号码及滋事原因等。

第六条　打劫被盗。

（1）发现可疑人物，应与保安人员联系并监视。

（2）发现社区（厂区）物品被盗，及时通知保安，并保留被盗现场，由上级决定是否报案。

第七条　员工急病或工伤。

（1）上班时，立即通知总部车辆调度人员安排司机。

（2）下班时，应立即通知值班保安与舍监，联络司机，送往医院。

二、安全生产制度

1. 安全生产管理制度

（1）安全生产组织机构：

① 公司的安全生产由总经理全面负责，由行政管理部协助分管；成立公司“安全生产领导小组”，负责公司安全工作；设专（兼）职安全员（安全监察员），管理公司安全生产日常工作。

② 公司安全生产领导小组由公司总经理、各部门经理及有关部门的领导组成。

③ 部门安全生产由各部门负责人全面负责；生产管理部（工厂）成立安全生产小组，设专（兼）

职安全员(安全监察员)，管理本部(工厂)安全工作，并在班组设不脱产兼职安全员。

（2）安全生产责任制：

公司总经理安全职责：

① 总经理为公司安全生产的第一责任人，必须坚持“安全第一，预防为主”的方针，把安全生产作为企业的一件大事来抓。

②组织领导企业认真贯彻执行党和政府的有关劳动保护政策、法规，建立健全安全工作组织机构，实行“谁主管，谁负责”的原则，层层签订安全责任书，对安全工作实行目标管理。

③组织有关部门按规定编制安全技术措施计划，坚持做到安全与生产“五同时”和新建、改建、扩建、技术更新项目的“三同时”，不断改善劳动条件。

④组织领导有关部门制定、健全和审定劳动保护规章制度与安全技术操作规程。

⑤组织有关部门搞好安全生产教育和培训，提高职工的安全意识和素质，增强职工自我防护能力；并组织搞好安全生产检查，及时发现和整改安全生产方面存在的问题和隐患。

⑥发生重伤、死亡等重大事故时，要立即报告有关机关，亲临事故现场调查处理事故，并吸取事故教训，做好预防工作。

(3)部门责任人安全职责：

① 必须坚持“安全第一，预防为主”的方针，认真贯彻执行安全生产的政策、法规，严格按签订的安全责任书执行并承担第一责任人责任。

② 组织有关人员按照上级机关和公司的要求，编制、实行部门安全生产工作计划，坚持做到生产与安全“五同时”。

③ 组织有关人员，集中群众智慧，编制本部门、工厂各工种的安全技术操作规程，制止违章作业。

④ 加强安全宣传和教育工作，经常对职工进行安全生产、安全知识的宣传教育，并组织有关人员，切实搞好新职工的“三级安全教育”工作，提高职工安全意识和素质。

⑤ 组织有关人员进行定期或不定期的安全检查，切实解决生产中出现的各种安全问题和事故隐患，杜绝重大事故的发生。

⑥ 发生重大人身、设备事故时，要立即赶赴现场组织抢救，保护现场，并立即报告；事后要调查分析事故原因，提出初步处理意见，按照“三不放过”的原则，采取有效措施，防止类似事故再次发生。

(4)安全保卫部主任安全职责：

① 认真贯彻执行党和国家安全生产的方针、政策和上级指示，加强调查、研究，当好领导的参谋，积极协助公司领导搞好公司的安全工作。

② 制订审查公司安全、保卫工作计划，并督促有关部门实施。

③ 组织和协助有关部门建立健全和完善安全保卫制度和安全技术操作规程，并对执行情况进行监督检查。

④ 定期或不定期地进行安全、保卫、消防检查；对所查出的问题，督促有关部门采取措施，及时整改；发现不安全的重大、紧急情况，有权指令停止作业，并立即报告领导、研究处理。

⑤ 参加新建、改建、扩建项目和有关劳动安全、消防设施的技术更新、改造项目设计的审查，参加技术鉴定和竣工验收，发现有违反劳动安全法规的情况，有权通知有关部门和人员迅速纠正。

⑥ 定期深入仓库、现场进行安全检查，发现有不符合安全生产、劳动保护和消防条例所规定的情况和事故隐患，有权进行纠正、制止、罚款和限期整改。

⑦ 组织、会同有关人员对新进公司的职工进行“三级安全教育”和消防培训，安排组织特殊工种的职工参加安全培训，并经常性地向职工进行安全消防知识的宣传、教育。

⑧ 参加事故的调查处理，坚持按“三不放过”的原则进行事故的分析、调查、处理，协助有关部门提出防止事故的措施并监督实施。

2. 安全生产检查制度

公司安全检查要做到领导与群众相结合、普遍检查与专业检查相结合、经常性检查与定期检查相结合、检查与整改相结合。

（1）公司每月要进行一次定期检查，同时还将根据情况，进行不定期的或专业性的安全检查；部门也应采用定期检查和经常性检查相结合的办法进行安全检查，切实解决在安全生产中出现的各种问题，搞好安全生产。

（2）安全检查的内容：

①领导是否把安全生产摆入议事日程，生产与安全是否做到了“五同时”，奖惩是否分明。

②是否建立健全并认真执行“安全法规”和有关安全生产的规章制度、操作规程，各级是否签订责任书，职责是否明确。

③安全生产思想的教育是否制度化、经常化，有无忽视安全的思想和行为。

④有无隐瞒不报、虚报或故意迟报事故的现象，对事故是否按照“三不放过”的原则认真进行

了处理。

⑤是否按规定提取劳动保护、安全生产措施经费并合理使用。

⑥检查如氧气瓶、乙炔气瓶等专业设备是否按规定使用和检验、各种车辆和机械设备等是否坚持维修保养制度，以及是否有超温、超压、超负荷和带病运行的现象等。

⑦检查生产现场是否规范化、生产道路是否畅通、警示标志是否鲜明、夜间工作场地光线是否充足、物品及工具堆码是否合理，以及有无违章指挥、违章作业和不按规定穿戴劳保用品等现象，以有利于安全生产。

⑧各种安全防护装置是否有效、可靠，劳动保护措施是否落实；对查出的各种问题和隐患，实行“三定”(定整改项目、措施，定整改负责人，定完成时间)的办法落实整改，以确保职工的生命安全、身体健康和公司财产的安全。

3. 消防设施、器材管理制度

（1）公司和生产管理部(工厂)的消防器材应按照国家有关消防技术规范设置、配备，设置在明显、便于取用的指定地点，周围不准堆放物品和杂物。

（2）消防设施，器材在指定地点应按要求存放，并由专人进行管理和登记，负责消防设施、器材的检查、清洁、保养、维修、更换和添置，保证设施、器材完整好用。

（3）各部门和职工个人不准以任何借口将消防设施、器材挪作他用；确因某种原因须将消防器材移动时，要经有关部门同意，违章将根据消防条例严肃处理。

（4）公司、生产管理的安全通道、消防车道等消防通道，应保持畅通，严禁堆放物品。

4. 消防管理制度

（1）公司消防工作要坚持“预防为主、防消结合”的方针，遵守《消防管理条例》的各项规定。

（2）公司消防工作由总经理全面负责，各部门各自分管，保安部负责日常具体工作。

（3）公司消防工作实行分级管理、分级负责的办法，各部门领导应对本部门消防工作负责，并与公司签订消防责任书，做到各明其职、各负其责。

（4）公司要按有关规定和需要配备足够的消防器材，并经常进行检查、维护，做到有效好用。

（5）加强检查，对避雷设施按规定做到每年检查一次，对消防设施、器材、电器、天然气等要定期进行检查，及时消除各种大险隐患。

（6）按照《消防管理条例》的有关规定，对认真遵守《消防管理条例》，在消防工作方面作出成绩的给予奖励；对违反《消防管理条例》的，将根据《消防管理条例》的有关规定，酌情予以处罚。

第五部分 后勤管理制度

一、车辆管理制度

1. 车辆管理规定

第一条 为加强本公司车辆的保管及有效运用，特制定本规定。

第二条 本制度所指车辆系指公司的行政办公用车。

第三条 本公司的办公用车由行政部管理。

第四条 车辆由专职司机驾驶；专职司机应每周实行定期车辆检查及保养，确保行车安全。

第五条 车辆的有关证件及保险资料统一由行政部保管，按车建立资料、费用档案。

第六条 车辆发生故障，应立即停止使用，并立即进行修理。

第七条 用车部门在用车前须填写“派车单”，经部门经理签字后交行政部负责人审批调派；行政部负责人依重要性顺序派车；不按规定办理申请者，不得派车。

第八条 车辆行前须进行安全检查；车辆行车途中应安全行驶并严格遵守交通规则，若有违规罚款，由驾驶员负担。

第九条 公司用车应设置车辆行驶记录表，并在使用前核对车辆里程表与记录表与上前一次用车的记载是否相符；使用后应记载行驶里程、时间、地点、用途等。

第十条 公司用车应设置车辆使用表，由公司会计于每次加油及修养时记录，以了解车辆受控状况；每月初连同行驶记录表一并转行政部稽核。

第十一条 节假日或工余时间，车辆的使用应呈请行政部负责人核准后方可调派。

第十二条 车辆日工作任务结束之后和节假日期间，应停放在公司指定场所，并将车门锁好。

2. 车辆维修保养管理规定

第一条 司机负责车辆的日常保养，应爱惜车辆，及时保持车辆清洁，确保车辆性能良好，行车安全；如因保养不善发生机械事故，将通报批评。

第二条 车辆要定期进行保养，由行政管理中心派专职人员负责。

第三条 车辆的维修按照公司的有关规定执行，实行严格的登记制度，凡维修、保养，器材的更换、损耗、油料的决算等均认真登记，并定期检查。

第四条 车辆检修须报告行政总监，并提出具体的维修意见（包括维修项目和大致需要的经费等）；未经批准，不许擅自将车辆送厂维修。

第五条 行政管理中心每月上报车辆使用情况。

3. 车辆安全管理规定

第一条 严格遵守交通法规，服从交警管理，严禁酒后驾驶，严禁带故障出车，严禁开赌气车、“英雄”车、麻痹车，确保行车安全。

第二条 公司所有营运车辆都必须凭公司调度令才能出车。

第三条 公司车辆如无运输任务，所有车辆都必须进公司危爆车辆专用停车场停放。

第四条 公司要紧紧抓住车辆的“管、用、养、修、检” 五个环节，对车辆设备实施标准化管理。

第五条 在车辆使用上，公司每年要对驾驶员的安全操作技术进行一次测定，每年要举行一次车辆驾驶技术操作比赛，以确保司机对车辆的安全使用。

第六条 在车辆管理上，公司要为每一辆营运车辆建立启用日期、行驶里程、维修保养记录和使用年限等完整的计算机信息化技术数据档案，使每一辆车的车况始终处于受控状态。

第七条 在车辆的养护方面，公司除了要执行国家的维护标准外，还把养护的重点放在日常的例行保养上，做到一日三保养，以便能及时发现隐患，把不安全因素消灭在萌芽状态。

第八条 在车辆修理方面，公司要严格按照修理作业规程，要求做到小修不过夜、有故障不出车。

第九条 在车辆检测方面，要运用先进的科技手段、设备对车辆的各项安全综合性能参数进行检测。

第十条 车辆安全性能达不到国家要求，坚决不装载危险货物。

二、其他管理制度

1. 日常消耗性办公用品管理办法

（1）日常消耗性办公用品(不包括单价 50 元以上的低值易耗品)均由行政管理部统一购置管

理。

(2) 办公用品的购置坚持先报批后购置的原则；每种办公用品每次的采购量应从以一个月的正常使用量为限。

(3)办公用品的购置和报销需填写“费用报销单”，经总经理签批后方可报销。

(4)办公用品由行政管理部负责保管。

(5) 办公用品的领用需经行政管理部经理签字。

2. 其他费用的管理办法

(1) 报刊杂志由办公室统一管理，经公司总经理批准后方可预订。

(2) 临工费用、借用人员费用由总经理签批。

(3) 到市、县办事原则上不能乘坐出租车；因特殊情况需要应写明事由，经总经理签批后财务部方能报销。

(4)日常维修及材料费必须事先报行政管理部经理批准。

(5)公司车辆养路费、油料费、过路费、停车费、洗车费、修理费和上交有关部门的费用，必须经总经理签批后方能报销。

(6)私家车公用:公司高级管理人员每月限额在 3000 元报销，超出部分自己承担；中级管理人员在 1500 元报销，超出部分自己承担；其他人员另行规定。

上述费用以外的其他日常费用需要开支的，必须由总经理签批或总经理授权人签批。

附　录

企业评价

成都市龙城园林绿化工程有限公司企业评价

十八大以后，在大众创业、万众创新的政策感召下，小微企业如雨后春笋，茁壮成长。

尽管利好政策不断推出，然而小微企业存活率却不高。究其原因，尽管众说纷纭，但管理的缺位是最主要的。我们看到，无数小微企业蓬勃兴起的时候，舍得投资在固定资产、设施设备等硬件上，却舍不得把钱花在管理这个软件上。如何提高小微企业的存活率？如何让小微企业立于不败之地？只有创新我们的管理！

《小微企业管理模式构建与创新》这本书，以大量企业实践验证的优化模式为版本，为我们小微企业建立一套适合自身特点的管理模式提供了模板和指导。愿我们众多的小微企业尽早认识到管理的重要性，以此为鉴，少走弯路；也盼更多从事企业管理的实践者为小微企业走在规范的道路上添砖加瓦！

成都市龙城园林绿化工程有限公司

2016 年 4 月

南充攀信工贸有限责任公司企业评价

我们公司成立至今已10多年，作为攀钢集团在川东北地区的一级代理商，之所以发展到今天的规模，是与成都维度企业管理顾问有限公司一直陪伴与帮助分不开的。自从请成都维度企业管理顾问有限公司为我公司定制设计了一套管理模式并实施和其作为企业顾问以来，我们公司的经营管理水平得到了很大提高、员工素质得到很大提升、公司绩效年年递增。我公司受到攀钢集团和用户的一致好评，公司的品牌有口皆碑。

自从企业运行实施了这套管理模式以来，组织了一系列系统学习和培训，规范了公司的治理结构、管理行为和规章，明确了各部门各岗位的职责，提高了企业的规范意识和整体素质。对此，我们的感受是：企业创新，管理模式的创新才是最重要的。公司有了一部内部“宪法”，企业有了发展的“软实力”。正如员工在述职报告中所说：“能在一个管理规范、以人为本的企业工作是我们员工的幸运。我们员工真切感受到公司对员工的关心、爱护和温暖，认识到企业与员工是命运共同体，只有企业好，才有员工好。”这套管理模式在我们公司的成功案例不仅说明了“成在经营，败在管理”的正确性，而且系统、实用、实效操作性强。

正如设计者所言:新常态下，大众创业、万众创新浪潮如春天的阳光，普照大地。小微企业迅猛发展，每天以10万户新注册登记。然而，小微企业却大都成功率很小，究其原因，几乎90%的企业都是由于管理不善造成的。

成在经营，败在管理，是小微企业面临的课题。小微企业战略的缺少、管理认知的缺位、治理体系的缺失、激励机制的缺乏、约束监督的缺席，使许多企业不适应新常态的要求，出现危及企业生存的状况。如何让小微企业打破成功率较小这一宿命，如何让小微企业走在正确的道路上，小微企业如何建立完善的管理体系——《小微企业管理模式构建与创新)》这本书助你前行，定制设计帮你解决迫切难题！

《小微企业管理模式构建与创新)》这本书，是为适应市场经济的需要和现代企业制度的要求，运用现代企业管理的理论、方法，在吸取先进管理之精华，总结设计者长期理论研究和实践经验的基础上，根据各类企业成长的过程、目前的状况和未来发展的需要，特别是根据小微企业的特性，而专门编写的，具有较强的针对性、引导性、实效性和操作性。内容系统全面，案例生动详实，为小微企业规范管理，提高管理水平提供了可靠的实用指导。而小微企业在初创期间大多又无力或不愿进行专业设计，于是，为满足适应新常态下解决小微企业对规范管理的迫切需求，设计者专门编写了这本《小微企业管理模式构建与创新》，小微企业用买本书的钱就可根据自身状况，借鉴建立一套自己的管理模式。

这正是设计者的社会责任感之可贵之处。为此，以我们的成功向大家力荐！

南充攀信工贸有限责任公司

2016年1月8日

成都市龙泉龙峰农资有限公司企业评价

我们企业正在建规立制，花了很多时间和精力，也没成形。此时，朋友向我们推荐这本《小微企业管理模式构建与创新》，看后，感觉真是久旱逢甘露，真是小微企业对管理“渴望”的模式。谢谢朋友的推荐及编著者。我们学习过不少知名企业各种模式，没有一套有益于我们小微企业实战的管理模式。即使有，也是一个观点，一个片断，不能运用和实施。《小微企业管理模式构建与创新》这本书则不同，它内容系统全面，案例生动翔实，为小微企业规范管理，提高管理水平提供了可靠的实用指导，解决了小微企业在初创期间或成长积累中大多不愿花钱请专业机构设计而又对规范管理迫切需求的纠结心理。

企业是一个系统，管理更是一个系统。我们小微企业当中不乏有老板认为自已会挣钱，自然会管理，不需要什么管理，我说了算。结果，我们看到身边的朋友挣钱快，败家也快。殊不知，挣钱是偶然的，管理才是必然的，正如编著者所说“成在经营，败在管理”。“经营能出效益，管理也能出效益”。企业要持续生存和发展，不能光凭经营，规范管理才是正道。企业经营者不仅要成为经营的能手，更应成为管理的专家。唯有如此，你才能算得上善经营懂管理的真正经理人！

成都市龙泉龙峰农资有限公司

2016年4月6日

四川皇冠建材股份有限公司企业评价

《小微企业管理模式构建与创新》一书的诞生，为众多小微企业注入了灵魂。

小微企业需要这样的管理模式！它博采众长、总结梳理、融会贯通、求实创新、自成体系，是小微企业管理者的操作指南，具有较强的适用性和可操作性。书中所阐明的是大量的基础性通用性管理工作，这正是当前和今后一个时期小微企业改进管理、提高管理水平和经济效益所需要解决的一个重要课题。没有理论的指导，没有规范的制度，靠摸着石头过河是很可怕的。

当今，面对新常态，国家要依法治国，企业也要依法治企。没有法制的企业，其成功是慢的，失败是快的。《小微企业管理模式构建与创新》一书，翔实生动、 易于传播、 涉猎广泛、易读易懂，是企业以人为本，实现有效管理、和谐管理，建立命运共同体、增强企业“软实力”的一部通人心窍的法宝。我们公司借鉴实施后，业绩大升，上下点赞。

四川皇冠建材股份有限公司

2016年4月6日

醉咖啡生活馆(温江玺龙湾店) 企业评价

我们醉咖啡生活馆，是在大众创业、万众创新的感召下创立的。之前，我们投入了不少资金和硬件设施，期盼生意兴隆。然而，我们深知，不仅要经营好，更要管理好，软件建设必须跟上。当我们正愁如何管理好时，我们看到了《小微企业管理模式构建与创新》这本书，被她的内容深深所吸引，感到真是雪中送炭。她内容系统全面，案例生动翔实，为我们小微企业规范管理，提高管理水平提供了可靠的实用指导和借鉴。它的最大特点就是针对性、实效性和操作性强，满足了我们小微企业对建立一套自己的管理模式的渴望。

醉咖啡生活馆(温江玺龙湾店)

2016 年 4 月

四川省宏日投资发展有限公司企业评价

在大众创业、万众创新蓬勃发展的今天，每个小微企业都面临着如何快速提高自己管理水平，建立一套适合自已有序、高效的管理模式的挑战。《小微企业管理模式构建与创新》正逢恰时，满足了无数小微企业对管理规范化的迫切需求。

《小微企业管理模式构建与创新 》 把管理科学中的精华与中国小微企业的实情结合得较好，其突出的优点是它的实用性和可操作性，为小微企业提供了一套系统而全面的管理模式，必将助力小微企业的健康发展。

然而，很多小微企业在快速发展，忙着赚钱的时候，却忽略或才想到管理跟不上的问题，不能不说是失策。在小微企业成长的过程中，企业在管理上暴露出的问题越来越多，如不及时革故自新，实施有效管理，就很难在竞争中取胜，很难使企业站稳脚跟。我们周围不少小微企业失败的原因尽管很多，各有各的难处或困境，但有一条惊人的相似，那就是“疏于管理、荒于经营”，缺乏一套科学的管理模式。

“兴于机遇、衰于管理”几乎成了这类企业所共有的规律。管理赢天下，已被越来越多的老板和管理者所认识，从而更加证明了“成在经营，败在管理”的正确性。

如果说经营打通了通往财富的途径，那么管理则是决定能否真正攫取财富的基础，二者不可偏废。经营渗透着管理，管理覆盖着经营。所以，一个企业，不仅要经营得好，更要管理得好。管理是企业的命脉，你不创新，别人在创新，你就会落后，就会被无情的市场淘汰。所以，无论从经营上讲，还是从管理上说，做完一件事很容易，做对一件事难，做好一件事就很难。

管理无小事，创新是大事。管理是个系统工程，管理的每一个事件无论大小都具有关联性，事事相关，环环相扣，一件“小事”失控、错乱必会影响全局；一点失误，步步被动，其害就大了。而创新是企业生命之源，生存发展之本。所以，经营要创新，管理更要创新；否则，我们的经营管理水平、干部职工素质将无法提升，我们的效率和效益无法提高。

《小微企业管理模式构建与创新 》不仅为我们小微企业管理提供了模板，更为小微企业管理插上了翅膀。

四川省宏日投资发展有限公司

2016 年 4 月

龙泉阳光城汽车客运有限公司企业评价

看完《小微企业管理模式构建与创新》这本书，让我们感到一股春风扑面而来。

它不像一些专家写的书，感觉就理论而理论，理解困难，运用更难。它更像根植于小微企业这块热土，浅显易懂，实用实在，既有理论依据，又有实际效果。它运用现代企业的理论、方法，在吸取先进管理之精华，总结设计者长期理论研究和实践经验及一些企业成功运用成果的基础上，把新常态下小微企业通用有效的管理方法、管理制度作了系统梳理和归纳提炼，具有极好的针对性，特别适合小微企业的现实需求。

《小微企业管理模式构建与创新》这本书，上篇《小微企业管理模式十大系统》解决的是管理创新的问题，中篇《小微企业部门职能及岗位描述》解决的是职责创新问题，下篇《小微企业基本管理制度》解决的是制度创新的问题，三者相辅相成，缺一不可。这套模板，为我们小微企业或建立、或完善、或改造、 或统一、或创新模式提供了范本。它不仅切切实实为我们小微企业节约了资金投入，更为我们小微企业节省了时间投入，为我们小微企业办了一件实事、好事！

龙泉阳光城汽车客运有限公司

2016 年 4 月 16 日